BUSINESS MODELS DE PLATEFORMES

HENRI ISAAC

Université Paris-Dauphine, PSL

BUSINESS MODELS DE PLATEFORMES

Les clés pour accélérer votre transformation numérique

Vuibert

Du même auteur

E-commerce. Vers le commerce connecté, Montreuil, Pearson, 4e éd., 2017.

Marketing digital, avec Dave Chaffey, Fiona Ellis-Chadwick et Maria Mercanti-Guérin, Montreuil, Pearson, 7e éd., 2020.

Mise en page : PCA
Couverture : Valérie Le Roux

ISBN : 978-2-311-40823-2

SOMMAIRE

INTRODUCTION

En l'espace de trois décennies, le monde économique a connu une transformation que d'aucuns nomment la « transformation digitale ». eBay, Leboncoin, Blablacar, Airbnb, Uber, Shopify, WordPress, Zalando, Asos, Amazon, Waze, Citymapper et Booking sont des noms qui ont fait irruption dans la vie quotidienne de millions de consommateurs. Deux phénomènes génèrent de nouveaux mécanismes de création de valeur : la mise en réseau du monde et la généralisation de sa mise en données. Cette combinaison inédite donne lieu à l'émergence de nouvelles formes d'organisation de la production, les plateformes, qui sont au cœur de cet ouvrage.

Les plateformes reposent sur des architectures techniques puissantes, articulant de vastes écosystèmes, collectant les données et extrayant la valeur de cet ensemble. Cet ouvrage apporte une compréhension approfondie de ce nouveau modèle de création de valeur, qui s'appuie sur les deux phénomènes sous-jacents que sont la mise en réseau et la mise en données du monde.

LES PLATEFORMES, CONSÉQUENCES DE LA TRANSFORMATION NUMÉRIQUE

La mise en réseau du monde

La mise en réseau du monde s'appuie sur le déploiement des réseaux de communication qui se sont multipliés avec le développement de la téléphonie mobile et des réseaux informatiques sans fil. Mais la connectivité est également permise par des protocoles à la portée plus limitée, comme le Bluetooth ou encore les protocoles NFC (*Near Field Communication*) utilisés dans les cartes de transport ou les systèmes de paiement sans contact.

Le Web, déployé sur l'infrastructure Internet, a été le premier protocole de communication offrant la possibilité de publier et d'éditer des documents en ligne, et d'établir des liens entre eux grâce aux liens hypertextes. La connexion des documents entre eux a propulsé le Web comme une des applications les plus utilisées d'Internet à la fin des années 1990. Il n'en demeure pas moins que ces activités n'ont pas atteint tous les citoyens et encore moins les entreprises. Avec l'arrivée du haut débit grâce aux technologies xDSL, de nouveaux usages de publication et de partage de contenus multimédias sont apparus. Le Web 2.0 a contribué à faire émerger de nouveaux services qui reliaient des personnes plutôt que des documents. Dès lors, les réseaux sociaux électroniques ont pris leur essor avec l'arrivée des réseaux mobiles haut débit et des terminaux mobiles comme l'iPhone en 2007. Ceux-ci ont modifié radicalement le nombre d'utilisateurs par l'abaissement du prix du terminal relativement au prix d'un ordinateur. Rapidement, les usages se sont déportés sur le smartphone qui représente l'essentiel des activités numériques en 2020 au travers des applications mobiles.

L'extension de la connectivité, après avoir concerné les documents et les humains, se porte désormais sur les objets et le vivant. La connectivité des objets est grandement accélérée par la miniaturisation des processeurs et des batteries tout comme le déploiement de réseaux très haut débit, comme la 5G. De nombreux objets voient ainsi leurs fonctionnalités augmenter, notamment en fournissant des données qui alimentent des modèles prédictifs, qui à leur tour offrent de nouveaux services. Des capteurs sont ajoutés aux lieux et aux parcelles agricoles. Les animaux d'élevage font de plus en plus l'objet d'un traçage à l'aide d'un capteur intégré, comme le sont les chevaux avec une puce RFID.

Cette connectivité quasi généralisée des informations, des personnes et des objets constitue une profonde transformation des mécanismes économiques, car l'utilité de la consommation d'un bien réseau augmente avec son nombre d'utilisateurs. Cette externalité positive est dénommée un « effet de réseau ». Elle a de fortes conséquences économiques et stratégiques, car la valeur de nombreux services numériques dépend de leur nombre d'utilisateurs, ce qui n'est pas le cas d'un bien physique. Les mécanismes de création de valeur sont donc largement transformés par cette nouvelle donne liée à la connectivité généralisée. Ce phénomène est renforcé par le fait que les activités numériques génèrent des flux de données, eux-mêmes sources de valeur.

La mise en données du monde

La mise en données du monde (*datafication*) n'est pas le propre du numérique. Ce phénomène est plus ancien et remonte au XIXe siècle, comme le montrent de nombreux travaux en histoire de la statistique. La collecte de données pour le recensement des populations, la levée des armées sont aujourd'hui largement documentées. L'émergence de l'économétrie, c'est-à-dire la modélisation des décisions économiques grâce aux données statistiques, en réaction à la crise de 1929 afin de mieux modéliser les décisions de politiques économiques, est également une étape dans la mise en données du monde bien documentée. Les ancêtres de nos ordinateurs, les machines électro-mécanographiques, ont précisément été inventés pour répondre aux besoins de traitement des données de ces recensements. Cette première étape dans l'utilisation systématique de données pour équiper la prise de décision publique (et bientôt privée) s'est poursuivie avec le développement de l'informatique et de la statistique publique.

La numérisation, qui débute avec le Web mais prend véritablement toute son ampleur avec le développement du smartphone (équipant aujourd'hui plus de quatre milliards de personnes dans le monde), transforme radicalement la production de données. En effet, chaque individu connecté, tout comme de nombreux objets connectés, génère des données sur ses usages. La mise en données du monde ne concerne pas simplement le résultat de nos décisions, mais aussi nos actions elles-mêmes, qui génèrent une quantité exponentielle de données, phénomène communément appelé le *Big Data*.

Cette accumulation de données constitue progressivement des jeux de données gigantesques, en tout état de cause suffisants pour que les méthodes dites de l'intelligence artificielle puissent être déployées, notamment dans le domaine de la reconnaissance d'images, de textes et de la voix. Sans les smartphones et le *cloud computing*, le déploiement de ces méthodes n'aurait tout simplement pas été possible. Sans les milliards de photographies stockées dans le *cloud*, qui ont servi à entraîner des modèles de reconnaissance d'images, le développement actuel de l'intelligence artificielle n'aurait pas lieu d'être.

L'intelligence artificielle et les modèles prédictifs qui la constituent se trouvent au cœur des nouveaux modèles d'affaires des plateformes. Les plateformes qui ont émergé dans cet environnement numérique se sont saisies des caractéristiques de celui-ci pour bâtir de nouveaux modèles d'affaires et de nouvelles façons de créer de la valeur.

DE NOUVELLES MODALITÉS DE CRÉATION DE VALEUR

La numérisation entraîne des modifications profondes dans les mécanismes économiques sous-jacents à la création de valeur. La génération d'économies d'échelle, caractéristique centrale du monde industriel, ne repose plus uniquement sur la maîtrise des coûts fixes de production, mais sur la capacité à exploiter les effets de réseau que la connectivité généralisée fait émerger.

En outre, le flux continu de données généré par les usages offre la possibilité de bâtir des services fondés sur leur traitement, conduisant à une « servicisation » avancée.

Dès lors, la valeur d'usage se trouve au cœur des nouveaux modèles d'affaires. Ceux-ci ne reposent plus sur les mêmes fondements économiques, puisque les données sont des biens inépuisables et des biens non rivaux ; la génération d'économies d'échelle se fonde sur la maximisation des effets de réseau. Par ailleurs, la création de valeur d'usage nécessite l'agrégation de nombreux acteurs sur la plateforme qui orchestre cet écosystème dans lequel la valeur est coconstruite. De tels modèles sont assez éloignés des modèles d'entreprises classiques, qui sont fondés sur une séparation nette entre le producteur et le consommateur, et dans lesquels les ressources nécessaires à la proposition de valeur sont, pour l'essentiel, internes. L'allocation des ressources ne s'établit plus en fonction de leur propriété ou de leur acquisition auprès des fournisseurs. Elles sont distribuées dans l'écosystème qui les organise au travers d'une architecture contractuelle et technique. Cela nécessite de concevoir une architecture de valeur s'appuyant sur une infrastructure technologique dans laquelle une myriade d'acteurs s'inséreront et développeront de la valeur.

Vers toujours plus de services

La numérisation est au fondement des nouveaux mécanismes de création de valeur. En tout état de cause, elle accélère une transformation largement débutée avec le développement d'une économie de services. La production de services se distingue de la production de biens par le fait que le client participe à sa réalisation. Organiser et piloter la participation du client est un enjeu stratégique dans l'industrie des services.

Avec l'informatisation, mais surtout la numérisation, l'intégration du client dans la création de valeur devient encore plus centrale. Le client, qui accède aux services directement en ligne, est l'acteur de leur exécution à l'aide des traitements automatisés que sont les algorithmes. Plus encore, ses usages sont la source d'une personnalisation grâce aux données collectées. En outre, la numérisation offre la possibilité d'une intégration du client à de nombreux stades d'une offre de service (conception, production, distribution, etc.).

Cette généralisation de la logique de service est encore plus prégnante dans l'étape qui s'ouvre avec le mal nommé « Internet des objets » (IoT, *Internet of Things*). En effet, la connectivité des objets les transforme en support d'un service réalisé grâce à une couche logicielle qui exploite les données générées par l'objet. Marc Andreessen, fondateur de Netscape et du fonds d'investissement Andreessen-Horowitz, a depuis longtemps décrit cette transformation du monde dans laquelle la numérisation s'appuiera sur le logiciel. Les objets connectés ne sont que des supports physiques à des services de surveillance ou de confort dans le cas de la domotique, une garantie d'utilisation dans le cas du pneu connecté de Michelin, ou encore un coach sportif dans le cas de la raquette de tennis connectée.

La numérisation doit donc se comprendre comme une extension aux objets de la logique de service, dès lors qu'ils sont connectés à un réseau. Cette transformation conduit à une migration de la valeur des objets vers la couche logicielle qui fournit le service. Les mécanismes de création de valeur diffèrent ainsi du monde industriel, puisqu'une grande partie de la valeur ne peut être créée avant l'usage et que celle-ci est partiellement restituée aux clients grâce au partage de leurs données nécessaires aux modèles auto-apprenants qui délivrent les services.

Valeur d'usage et valeur d'échange à l'ère numérique

Dans une économie numérisée, la question de la valeur d'usage devient centrale par rapport à la valeur d'échange. La valeur d'usage est la valeur que le client ou l'utilisateur retire d'un service numérique. La plupart des services numériques s'apparentent à des biens d'expérience du point de vue économique, c'est-à-dire que la valeur d'usage ne peut être révélée que par sa consommation. Autrement dit, elle se révèle après l'achat.

Plus encore pour les services numériques, nombre d'entre eux nécessitent des compétences spécifiques pour accéder à la valeur d'usage. Elles peuvent être fournies par la communauté d'utilisateurs à l'aide de dispositifs numériques appropriés (FAQ, forums). Elles peuvent également l'être par le fournisseur du service (tutoriels, formations en ligne, etc.). Mais la valeur d'usage est elle-même augmentée par les usages collectifs captés au travers des traces d'usage, traités dans des méthodes auto-apprenantes (*machine learning*) et restituée aux clients sous forme d'amélioration continue des services. Cette boucle de rétroaction permanente (*permanent feedback loop*), que les méthodes de *machine learning* permettent de déployer sur un grand nombre de services, est au cœur de la création de valeur dans les services numériques, car elles permettent d'améliorer la valeur d'usage de façon continue. Cela se traduit pour l'utilisateur par des mises à jour régulières des services.

La création de valeur, après s'être focalisée sur la valeur d'échange et en particulier sur l'optimisation des relations avec les fournisseurs (achats, logistique), puis sur les processus internes (*lean management*), se déplace donc vers l'aval dans une optimisation permanente grâce aux boucles de rétroaction avec le client, avec pour objectif l'amélioration continue de la valeur d'usage.

La transformation numérique est donc fondamentalement une modification des mécanismes de création de valeur et des modèles d'affaires. L'émergence des plateformes n'est que la traduction organisationnelle de cette transformation. La figure I.1 illustre cette double logique.

Le premier chapitre propose une analyse des conséquences de la connectivité généralisée. Elle met en évidence un phénomène économique, les effets de réseau, qui modifie l'obtention des économies d'échelle. Elle présente la façon dont les plateformes exploitent ces effets de réseau et dégage les conséquences stratégiques de leur gestion. Plusieurs modèles d'affaires exploitant les effets de réseau sont présentés et discutés, tout comme les dynamiques concurrentielles qui en découlent.

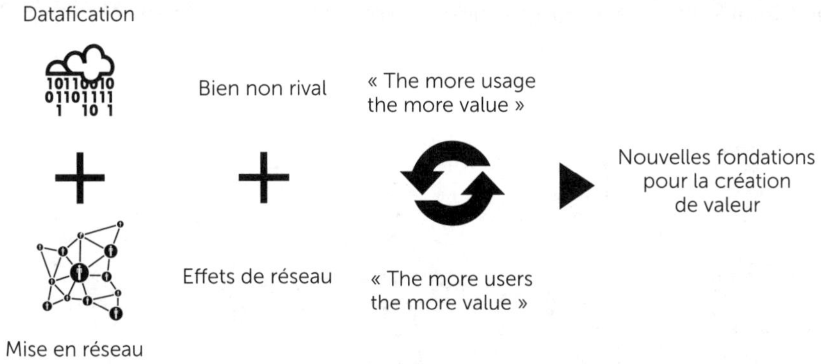

FIGURE I.1. Nouvelles fondations des mécanismes de création de valeur

Le chapitre 2 analyse la création de valeur fondée sur les données. Exploiter la valeur des données nécessite une vision stratégique précise sur la collecte et la valorisation de ces données, une compréhension de là où réside la valeur des données. Une organisation adéquate s'avère décisive dans l'extraction de la valeur des données. Toutes ces dimensions sont largement présentes dans les modèles d'affaires des plateformes, dont plusieurs sont présentés et analysés.

Le chapitre 3 présente la notion d'écosystème, élément central de toute plateforme, afin de mettre en évidence les mécanismes de cocréation de valeur à l'œuvre dans de telles configurations. Les différentes actions stratégiques pour bâtir un écosystème sont présentées. Les enjeux de l'écosystème font également l'objet d'une présentation détaillée.

Le chapitre 4 éclaire les rôles d'acteurs particuliers de ces écosystèmes, l'utilisateur et le client. Leurs rôles dans l'écosystème sont essentiels à toute plateforme, dans la mesure où ils contribuent à la création de valeur, et leur intégration et pilotage s'avèrent décisifs dans la pérennité d'une plateforme. Tant les données d'usage générées que leur implication dans la création de contenus, ou l'apport de ressources, sont des éléments largement exploités par de nombreux modèles d'affaires de plateformes.

Le chapitre 5 présente les modèles de plateformes qui se sont développés pour exploiter les effets de réseau, les données et les écosystèmes. Une analyse détaillée des différents modèles de plateformes est proposée afin de dégager les principes de management stratégique qu'elles renouvellent. Enfin, une méthode pour transformer une organisation en plateforme est également présentée, afin de permettre au lecteur d'appréhender la possibilité d'une plateformisation de son activité, c'est-à-dire la possibilité pour une entreprise de devenir une plateforme.

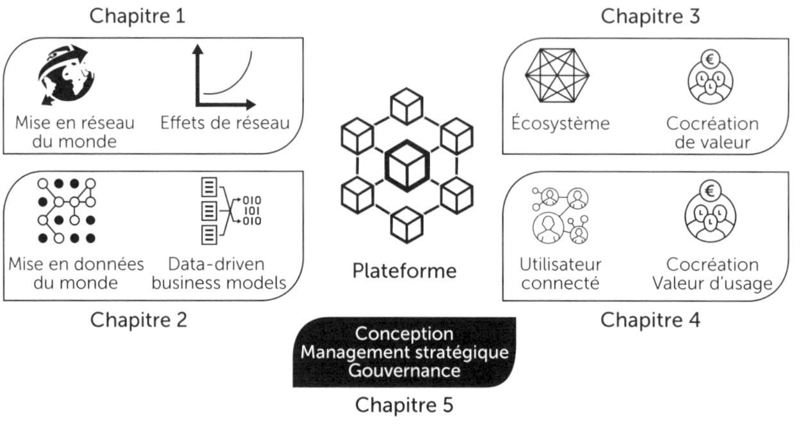

FIGURE I.2. Plan graphique de l'ouvrage

CHAPITRE 1

LES EFFETS DE RÉSEAU ET L'ÉMERGENCE DES PLATEFORMES

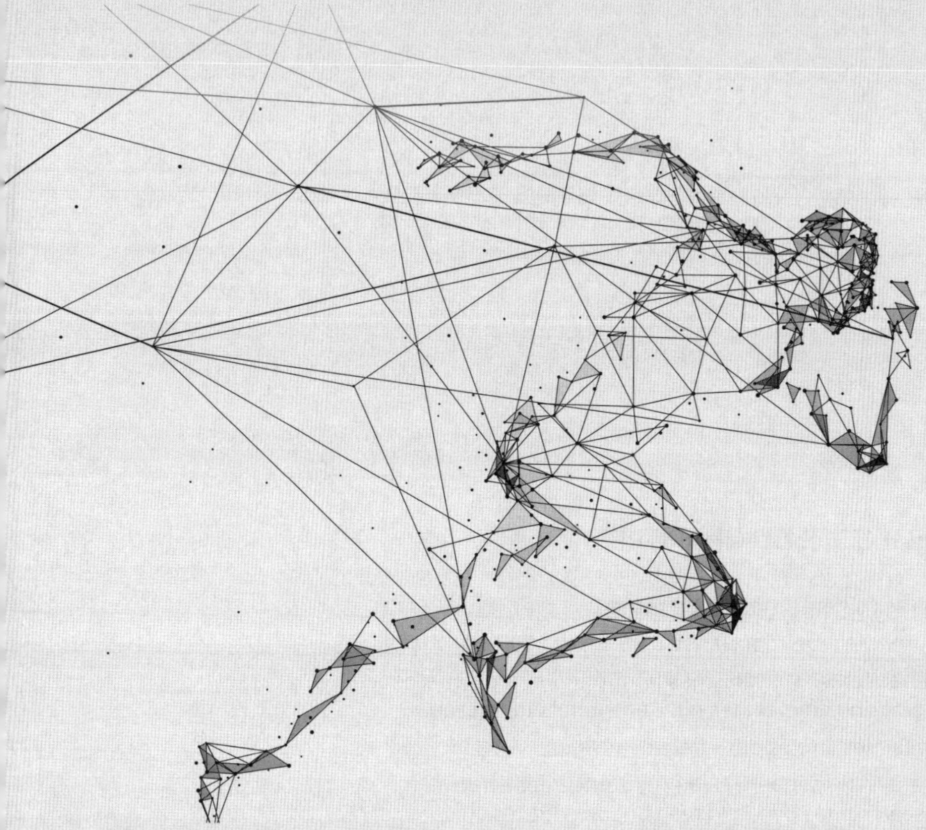

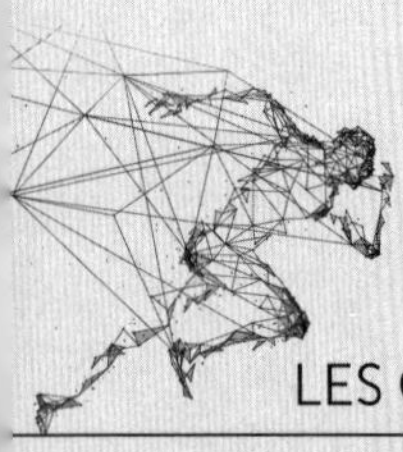

LES OBJECTIFS DU CHAPITRE

- Définir les différents effets de réseau.
- Comprendre leur importance dans les modèles de plateformes.
- Appréhender les mécanismes pour gérer stratégiquement et opérationnellement les différents effets de réseau.
- Apprécier les limites des effets de réseau.
- Évaluer les conséquences de l'existence des effets de réseau sur les dynamiques concurrentielles.

Un des aspects les plus saillants de la numérisation du monde réside dans sa mise en réseau. Réseaux sociaux, objets connectés, géolocalisation, traçabilité des animaux, de nombreux aspects de nos vies sont désormais supportés par des réseaux électroniques et des protocoles de communication. Cette mise en réseau a connu plusieurs étapes en s'appuyant sur les progrès de la connectivité des réseaux électroniques.

Si la première phase de déploiement des réseaux électroniques Internet a concerné les documents, ce sont désormais les personnes et les objets qui font l'objet d'une mise en réseau généralisée. Or, il s'avère que les réseaux possèdent des caractéristiques spécifiques qui rendent leur consommation différente d'un bien classique. En effet, le nombre de consommateurs influe directement sur la valeur du réseau. Plus il y a d'utilisateurs d'un réseau ou d'un service numérique, plus la valeur de ce service augmente. On parle alors d'« effet de réseau ».

Il existe plusieurs types de cette externalité positive qui sont souvent combinés et exploités dans les modèles d'affaires. Cette caractéristique nouvelle des biens et des services modifie en profondeur les règles du jeu concurrentiel et par là même, les stratégies des entreprises. Il importe donc d'en comprendre le fonctionnement et les méthodes pour déclencher et gérer les effets de réseau, afin de bâtir une position concurrentielle forte. Il faut toutefois nuancer la puissance de ces effets, souvent présentés comme seuls et uniques déterminants de la réussite stratégique à l'ère numérique. Ils connaissent des limites et se combinent avec d'autres facteurs pour construire des positions concurrentielles fortes.

COMMENT LE MONDE S'EST-IL MIS EN RÉSEAU ?

Les réseaux ne datent pas de l'ère numérique. Les précédentes révolutions industrielles ont permis le développement d'importants réseaux de transport de marchandises (chemin de fer avec la machine à vapeur) et de transport d'énergie (réseaux électriques, oléoducs, gazoducs). L'ère numérique se caractérise par le déploiement de différents réseaux qui concourent tous à connecter les documents, les individus, les objets et le monde vivant (végétaux et animaux). Sur Internet, le protocole hypertexte (HTTP) a donné naissance à un réseau mondial de documents textes et multimédias dénommé le World Wide Web. Cette première phase de connectivité généralisée des documents s'appelle le Web 1.0. L'étape suivante, dénommée le Web 2.0, a concerné la connectivité des personnes et s'est manifestée par l'extraordinaire diffusion des réseaux sociaux à l'aide du téléphone mobile qui a permis l'extension de la connectivité à des milliards d'individus.

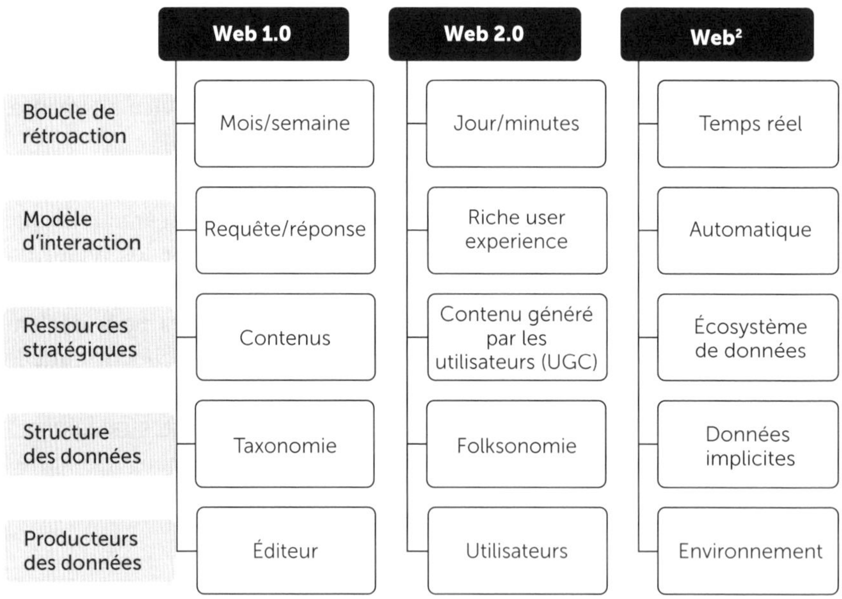

Source : adapté de Dion Hinchcliffe, *The Evolving Web In 2009: Web Squared Emerges To Refine Web 2.0*, 2009.

FIGURE 1.1. Du Web 1.0 au Web²

L'étape actuelle consiste à ajouter une connectivité aux objets sur la base des mêmes réseaux précédents, notamment avec les réseaux mobiles de cinquième génération (5G). Ce sont plusieurs milliards d'objets qui s'ajoutent ainsi à un immense réseau interconnecté de documents, personnes et objets. Cette dernière étape n'est pas le Web 3.0, mais plutôt ce que l'on appelle le Web^2 (voir figure 1.1).

Cette phase correspond à l'encastrement de la connectivité dans le monde physique démultipliant les potentialités du Web par l'intelligence collective des données générées notamment par les objets connectés. Le fait de connecter non seulement des documents et des personnes, mais aussi des objets démultiplie la puissance de la connectivité et donc des effets de réseau qui se déploient dans des secteurs où ceux-ci n'existaient pas avant l'ajout de la connectivité aux objets, comme dans le cas des véhicules connectés. De fait, les modèles fondés sur les effets de réseau continueront à se déployer à mesure que se développera la connectivité.

Dans un tel environnement connecté, les objets génèrent et échangent des données en temps réel au fur et à mesure de leurs usages. Dès lors, l'enjeu des effets de réseau ne se limite plus aux seuls services numériques, mais bien à l'ensemble des objets et services connectés. Ce sont donc de très nombreux modèles d'affaires qui sont questionnés par l'irruption de nouvelles logiques économiques fondées sur les propriétés des réseaux électroniques. De nouvelles organisations sont apparues au cours des dernières années, dépassant largement des acteurs établis (Booking dans le tourisme, LinkedIn dans le recrutement, Airbnb dans l'hôtellerie, etc.) et remettant en cause les modèles d'affaires existants. Ces nouveaux acteurs ont tous comme caractéristiques communes la compréhension et la maîtrise des effets de réseau, qui découlent de la mise en réseau du monde. Il est même possible d'affirmer que les plateformes constituent une forme d'organisation apte à capturer la valeur de ces effets de réseau et qui permet d'en maximiser la valeur. Il importe donc d'en comprendre la variété et la logique économique pour mieux les gérer et comprendre leurs limites.

QU'EST-CE QU'UN EFFET DE RÉSEAU ?

On est en présence d'effets de réseau lorsque l'utilité d'un agent économique, d'acheter un bien ou un service, est affectée de façon positive par le nombre d'agents effectuant la même action. En présence d'effets de réseau, l'utilité individuelle dépend des choix des autres individus.

Dans cette situation, la causalité positive entre utilité et nombre d'utilisateurs s'impose à tous les agents, indépendamment de leurs préférences individuelles. C'est ce qui fonde l'objectivité du phénomène des effets de réseau et le différencie fondamentalement des effets de mode.

Il existe de nombreux exemples de marchés sur lesquels les effets de réseau existent : réseaux téléphoniques, réseaux sociaux, places de marché, services digitaux. Plus il y a d'utilisateurs, plus le produit attire de nouveaux utilisateurs.

Les effets de réseau forment une dynamique cumulative par laquelle un bien ou un service devient toujours plus attractif, plus désirable, plus utile à mesure que le nombre de ceux qui le choisissent augmente. Soumis aux effets de réseau, un bien ou un service se trouve investi, presque malgré lui, d'un pouvoir d'attraction qui ne cesse de s'amplifier. La plupart des services numériques ont des caractéristiques qui conduisent leur marché à connaître des effets de réseau.

Une caractéristique fondamentale des effets de réseau repose sur le fait que la valeur d'utilité d'un bien ou d'un service à effets de réseau est inférieure à son coût d'adoption (prix d'achat + coût d'apprentissage + coût de transfert) tant qu'un seuil critique d'utilisateurs n'est pas franchi.

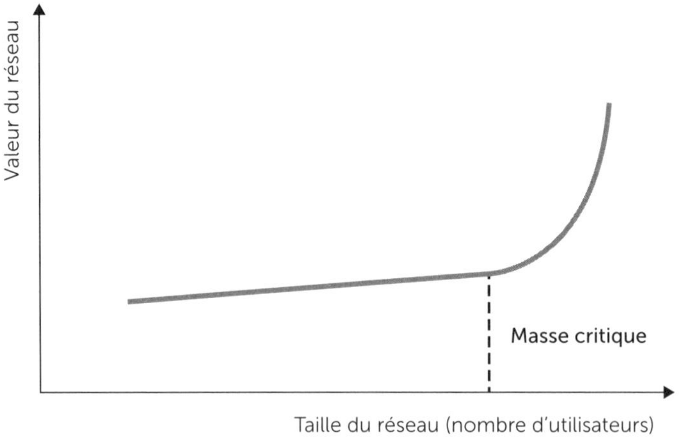

FIGURE 1.2. Effet de réseau et masse critique

Tant qu'un nombre suffisant d'utilisateurs n'a pas été atteint, l'utilité du service est limitée pour les individus ayant fait le choix du service. La question du seuil ou de la masse critique se pose alors à tout producteur de biens ou de services à effets de réseau : tant que ce seuil n'est pas atteint, le succès n'est pas acquis et les ventes ne peuvent pas décoller.

Cette caractéristique a des conséquences importantes sur les décisions stratégiques des entreprises : les producteurs n'hésitent pas à subventionner les primo-utilisateurs, à exploiter le levier de la gratuité et à investir massivement dans la publicité pour recruter des utilisateurs.

La question de la viralité

Comme avec les effets de mode, il y a souvent une confusion entre les effets de réseau et la viralité. Les effets de réseau renvoient à une modification des fonctions d'utilité des agents économiques. La viralité renvoie, quant à elle, à la vitesse de diffusion d'un contenu ou d'adoption d'un produit ou service.

Les phénomènes viraux sont souvent mis en avant dans le monde numérique, car le mécanisme de bouche-à-oreille, devenu électronique, est très efficace dans un environnement réticulaire au sein duquel de nombreux individus sont interconnectés en temps réel.

La vitesse d'adoption d'un produit ne change en rien la valeur de ce bien, ni l'utilité du consommateur. La vitesse d'adoption d'un produit conduit à l'augmentation des volumes de production, et donc potentiellement à des économies d'échelle et à une baisse du coût moyen, mais elle ne change pas *per se* la valeur du produit.

Par ailleurs, la viralité ne diminue pas les coûts d'acquisition des clients, contrairement aux effets de réseau qui les réduisent. En effet, plus il y a d'utilisateurs, plus le service attire d'autres utilisateurs, car sa valeur augmente, diminuant d'autant les efforts de recrutement de l'entreprise.

Les rendements d'adoption croissants

Dans la littérature économique théorique, il est souvent question de rendements d'adoption croissants plutôt que d'effets de réseau. Le terme de «rendements d'adoption croissants» est un peu plus large que celui d'effets de réseau, qu'il englobe. Dans la logique des rendements d'adoption croissants, les effets de réseau sont accompagnés d'autres effets cumulatifs qui se combinent :

- **Les économies d'échelle en production** abaissent les coûts unitaires de fabrication et, par la suite, offrent la possibilité aux entreprises de baisser leurs prix et/ou d'accroître leurs marges.
- **Les effets de notoriété**, liés à une plus large adoption d'un produit ou d'un service.
- **L'essor d'interrelations technologiques**. Plus une technologie est adoptée, plus les technologies complémentaires se développent : on est ici dans un effet de réseau indirect d'ordre technologique.
- **Les effets d'apprentissage et de connaissance**, associés à l'utilisation d'une technologie dominante, qui permettent son amélioration au fil du temps.

Les rendements d'adoption croissants ont des conséquences parfois identiques aux effets de réseau. Cependant, leur origine et leur logique diffèrent de celles des effets de réseau. C'est le cas des économies d'échelle liées à la production et celles liées aux effets de réseau, les économies d'échelle liées à la demande (*demand side economies of scale*).

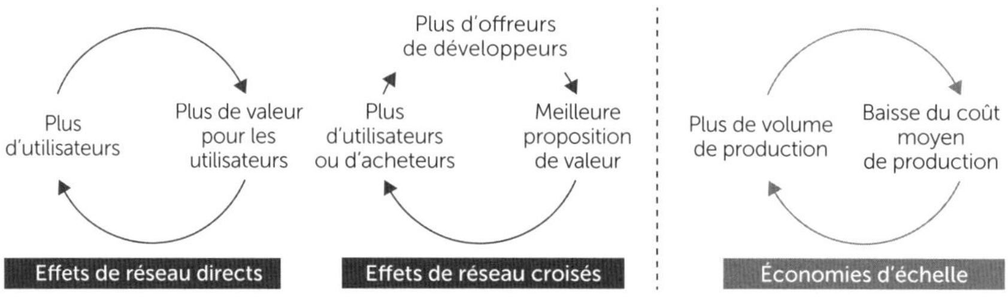

FIGURE 1.3. Effets de réseau versus économies d'échelle

Dans les deux cas, la conséquence est la même : une baisse du coût moyen de production. Cependant, l'origine et le déclenchement de ces économies d'échelle diffèrent fondamentalement. Dans le cas des économies d'échelle traditionnelles, la hausse du volume de production suffit à provoquer la baisse du coût moyen, alors que dans le cas des économies d'échelle liées à la demande, c'est l'augmentation de la demande qui abaisse le coût moyen.

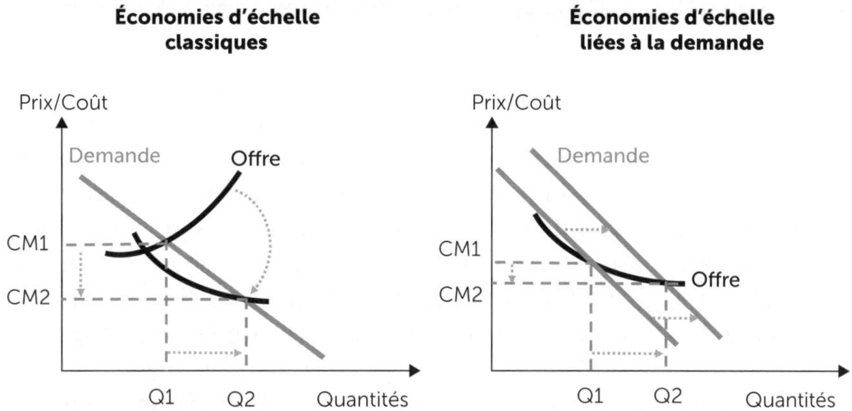

FIGURE 1.4. Économies d'échelle liées à la production et à la demande

La conséquence – la baisse du coût moyen – est bien sûr identique, mais l'origine est très différente du point de vue des décisions stratégiques. L'augmentation de la production peut être décidée indépendamment du nombre d'utilisateurs (et stockée). Pour déclencher les économies d'échelle liées à la demande, il faut déclencher les effets de réseau directs, ce qui repose sur des leviers bien différents du point de vue opérationnel.

Au final, les deux phénomènes peuvent se rejoindre si l'augmentation de la demande se traduit par une augmentation de la production, et donc du coût moyen de production. Cela a toutes les chances d'exister sur les marchés numériques dans la mesure où ceux-ci se caractérisent souvent par l'existence de coûts fixes initiaux conséquents.

Quatre conséquences pour l'analyse stratégique

L'existence d'effets de réseau sur un marché a plusieurs conséquences pour l'analyse stratégique :

1. Le premier acteur à enclencher les effets de réseau a toutes les chances d'établir une position sinon dominante, du moins forte. C'est le fameux « avantage au premier entrant » (*first-mover advantage*). Cependant, ce qui importe n'est pas tant d'être le premier à entrer sur le marché, mais plutôt d'être **le premier à atteindre la masse critique d'utilisateurs**. L'ordre d'entrée sur le marché n'est donc pas si déterminant sur les marchés où existent des effets de réseau.

2. Dans la phase d'émergence du marché, le jeu concurrentiel s'apparente à une course à la taille. Tous les moyens sont bons pour accroître sa base d'utilisateurs. Les investissements sont parfois substantiels, mais le financement de la croissance à perte se justifie pleinement : au final, seul un acteur ou une poignée d'acteurs « rafleront la mise » (*winners take all*). **L'importance des fonds propres et la capacité à lever des fonds sont donc des atouts indispensables pour s'imposer sur de tels marchés**. À cet égard, les capitaux risqueurs sont très attentifs à cette phase et surveillent les indicateurs de croissance du nombre d'utilisateurs. Ils dénomment cette phase la « traction » d'un modèle d'affaires. Afin d'accélérer la croissance du nombre d'utilisateurs, les investisseurs peuvent recourir à des méthodes dites de *build-up*, qui consistent à effectuer des opérations d'acquisition et d'agrégation d'entreprises similaires afin de constituer plus rapidement une base d'utilisateurs plus importante et de déclencher l'effet de seuil des effets de réseau directs. Par ailleurs, de nombreuses techniques marketing se sont développées pour accélérer cette phase capitale de croissance initiale. Ainsi, ce que l'on rassemble sous le vocable anglais de *growth hacking* correspond à un ensemble plus ou moins efficace de techniques marketing visant à accroître le nombre d'utilisateurs d'un service. Cependant, trop d'entreprises ne maîtrisent pas ces méthodes et ne recrutent pas d'utilisateurs qui demeurent actifs suffisamment longtemps pour déclencher les effets de réseau directs. Si les utilisateurs d'un service ne sont actifs que sur une courte période, leur valeur pour les autres membres du service est nulle, diminuant d'autant l'effectivité des effets de réseau. Il faut donc piloter l'acquisition d'utilisateurs dans une perspective de long terme en cherchant à développer les usages du service.
3. Les marchés à effets de réseau sont des mondes à rendements d'échelle croissants. L'essentiel des dépenses est en effet concentré en amont de la phase de croissance du marché : dépenses de marketing et de développement, acquisition de parts de marché. La prééminence des coûts fixes conduit mécaniquement à une baisse tendancielle du coût unitaire de production. Les bénéfices peuvent donc potentiellement être très importants, surtout si l'investissement de départ est limité et si les coûts variables sont faibles, ce qui est le cas des services immatériels et numériques.
4. Une fois les positions établies et stabilisées, les barrières à l'entrée sont élevées. Tout nouvel entrant devra être en mesure d'atteindre une

masse critique d'utilisateurs pour rivaliser avec les services existant sur le marché. La tâche sera d'autant plus difficile :

- qu'il lui faudra, pour y parvenir, convertir des consommateurs qui ne l'ont pas choisi en première intention, engendrant des coûts d'acquisition clients élevés et donc des dépenses marketing conséquentes ;
- que les coûts de changement, monétaires et psychologiques, sont élevés ;
- que les biens ou services sont indifférenciés : tout nouvel entrant doit nécessairement avoir une proposition de valeur innovante et supérieure à celle des acteurs en place, ce qui impose des dépenses de R&D préalables élevées.

LES DIFFÉRENTS TYPES D'EFFETS DE RÉSEAU

Sous l'appellation effet de réseau, on distingue de fait plusieurs effets de réseau de nature différente. L'analyse économique distingue cinq types d'effets de réseau :

- les effets de réseau directs ;
- les effets de feedback positifs ;
- les effets de réseau indirects ;
- les effets de réseau croisés ;
- les effets de verrouillage.

Plusieurs analyses récentes ajoutent d'autres types d'effets de réseau, notamment les effets de réseau liés aux données. Mais leur importance et leur effectivité restent à ce jour encore un débat ouvert.

Les effets de réseau directs

Les effets de réseau directs s'attachent aux biens, services ou technologies qui n'ont de valeur d'usage que dans leur fonction de moyen de communication, d'interaction ou de synchronisation entre individus. C'est le cas des services de téléphone, des messageries instantanées, des réseaux sociaux, etc.

Le fondement des effets de réseau directs réside dans la loi dite de Metcalfe. Inventeur du protocole de réseau Ethernet, Robert Metcalfe démontre que la valeur d'un réseau est proportionnelle au carré du nombre de ses participants (n^2). Dans la réalité, cette loi vérifie plutôt une fonction mathématique du type :

$$\mathbf{F(n) = n \times Log(n)}$$

En pratique, les fonctions sont simplement non linéaires. La différence entre les courbes ne fait que traduire une vitesse d'adoption plus ou moins rapide du service en question. Plusieurs lois existent pour décrire la croissance de la valeur d'un réseau. La première, dite loi de Sarnoff, correspond à une croissance strictement linéaire du nombre d'utilisateurs. La loi de Reed est une loi exponentielle qui décrit une croissance particulièrement rapide, comme c'est parfois le cas dans certains segments de marché tels que les jeux vidéo en ligne ou les jeux mobiles, à l'instar de Pokémon Go ou de Fortnite qui ont connu une croissance fulgurante du nombre de joueurs dans un laps de temps très court. La figure 1.5 représente les différentes évolutions de la valeur d'un réseau en fonction de la loi que l'on retient.

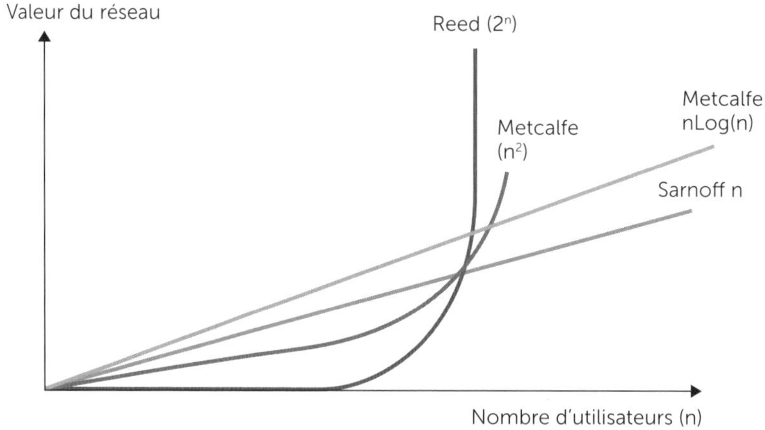

FIGURE 1.5. Valeur d'un réseau et nombre d'utilisateurs

Les effets directs transforment un bien ou un service en un véritable « bien réseau ». L'utilité de la consommation d'un bien réseau dépend donc de son nombre d'utilisateurs. La fonction d'utilité classique :

$$\mathbf{U_i = U\,(x_1, x_2, x_3, \ldots, x_{10}, \ldots, x_n)}$$

est modifiée de la façon suivante :

$$\mathbf{U_i = U\,(x_1, x_2, \ldots, x_{10}, \ldots, x_n, q, n^2)}$$

où **q** est la taille du réseau et **n** le nombre d'utilisateurs.

La disposition marginale à payer (prix de réservation ou prix maximal qu'un individu est prêt à payer) d'un individu dépend donc du nombre d'utilisateurs du service. Plus leur nombre est élevé, plus il sera disposé à payer, car plus grande sera son utilité. Si ceux-ci sont peu nombreux, comme cela est souvent le cas dans les phases de démarrage d'un nouveau service, la disposition à payer sera faible. Il est donc nécessaire de déployer des mécanismes qui incitent le consommateur potentiel à souscrire au service, comme abaisser, voire rendre le service gratuit, afin d'attirer des utilisateurs pour atteindre le plus rapidement possible le seuil à partir duquel tout nouvel utilisateur préférera ce service du fait de l'accroissement d'utilité qu'il anticipera.

Les effets de réseau directs sont amplifiés par l'effet de feedback positif : pour un futur client placé dans l'alternative de choix d'un produit, l'anticipation que le service dominant offre plus de valeur le conduit au choix de la plateforme dominante, renforçant l'effet de réseau direct.

Les effets de feedback positifs (ou effets de réseaux sociaux)

Les effets de feedback positifs, ou effets de réseaux sociaux, décrivent le phénomène par lequel la valeur d'un bien ou d'un service est amplifiée aux yeux des utilisateurs potentiels par l'adhésion d'un membre de leur réseau social ou, plus simplement, par un nombre conséquent de personnes que le consommateur peut observer.

Le fondement économique de ce comportement peut se comprendre par le fait que le consommateur, placé dans une alternative de choix de deux ou plusieurs services concurrents, maximisera son utilité en choisissant le service qui lui apportera la valeur la plus élevée.

Cela favorise donc les services qui ont la base de clients la plus développée, car les opportunités seront plus nombreuses en rejoignant le service dominant. Cela est particulièrement renforcé dans le cas où les services ne sont pas compatibles entre eux et où les standards techniques constituent des barrières au changement.

EXEMPLE

Skype est une illustration des effets de réseaux sociaux. On l'adopte sur invitation d'un membre de notre réseau ou on le propose aux autres membres de notre réseau de sociabilité. Les effets de feedback positifs englobent également les dynamiques d'adoption par le bouche-à-oreille et de recommandations croisées entre individus d'un même réseau social.

Les effets de feedback positifs sont également présents au travers des mécanismes d'évaluation des services numériques qui les matérialisent. Les avis clients et les notes sur un service numérique concrétisent l'effet de feedback positif en classant les services en fonction des évaluations les plus positives. Un grand nombre de services, de Blablacar à Uber, d'Amazon à Airbnb, recourent à de tels mécanismes pour gérer la qualité des services qu'ils proposent, mais surtout pour classer les offres en fonction de ces notes, renforçant d'autant l'attractivité des services les mieux notés.

Certains modèles d'affaires reposent en grande partie sur l'exploitation de l'effet de feedback positif, comme TripAdvisor dans le domaine de l'hôtellerie ou La Fourchette dans le domaine de la restauration. Dans de tels modèles, le catalogue des offres est organisé en fonction des notes attribuées par les clients ayant déjà consommé le service. Les offreurs ayant obtenu les meilleures notes sont donc avantagés dans les résultats de recherche et bénéficient d'une meilleure exposition que ceux ayant obtenu de mauvaises notes.

Cependant, si les effets de feedback positifs orientent les choix des consommateurs, des avis uniquement positifs apparaissent peu crédibles à leurs yeux, d'autant que certains peuvent être biaisés ou pire, frauduleux. Il existe à cet égard des normes en matière de gestion des avis clients. Cependant, à elles seules, elles ne suffisent pas à crédibiliser les avis. C'est davantage l'exposition de l'ensemble des avis, positifs et négatifs, qui les crédibilise.

EXEMPLE

Une plateforme comme **Amazon** expose systématiquement la distribution statistique des avis, ainsi que les avis positifs et négatifs. Lorsque le nombre d'avis est suffisant, la plateforme met en regard les avis positifs et négatifs.

Les effets de réseau indirects

Les effets de réseau indirects émergent lorsqu'un bien ou un service à forte popularité suscite la création d'une offre riche de biens et de services complémentaires. Cette offre, qui gagne en profondeur, en largeur, en disponibilité et en accessibilité, renforce en retour l'attrait du bien ou du service qui en est la source.

EXEMPLE

Apple bénéficie, pour ses terminaux mobiles, d'effets de réseau indirects, matérialisés par une offre riche d'applications mobiles et d'accessoires en tout genre (casques, coques, enceintes, chargeurs, câbles, etc.).

La nature des effets de réseau indirects est très différente de celle des effets de réseau directs. La valeur ajoutée par tout utilisateur supplémentaire ne découle pas du complément d'utilité que représente pour les autres utilisateurs la possibilité d'interagir avec lui. Elle procède de l'incitation qu'il envoie aux fournisseurs de biens et de services complémentaires à produire une offre complémentaire qui enrichit l'offre initiale. C'est pourquoi on parle d'effets médiés par le marché.

La mise en place d'effets de réseau indirects découle directement d'une démarche volontariste de l'entreprise, et non d'une modification de la fonction d'utilité du consommateur. Lorsque Facebook, LinkedIn ou Spotify ouvrent leur plateforme aux développeurs tiers, notamment au travers d'API (*Application Programming Interface*), l'objectif consiste à renforcer l'attrait de leurs services grâce à des offres complémentaires. Cependant, l'ouverture technique de la plateforme à elle seule ne suffit pas à générer de tels effets. Elle s'accompagne d'une démarche auprès des éditeurs et des développeurs, et s'appuie sur des partenariats et des coproductions afin que ces compléments deviennent une source de différenciation pour la plateforme et de revenus supplémentaires.

Générer des effets de réseau indirects est donc une démarche stratégique fondamentale qui s'apparente à bâtir un écosystème de partenaires. Le chapitre 3 détaille cet aspect central dans l'élaboration d'une stratégie de plateforme.

Typologie des plateformes fondée sur la combinaison des effets de réseau directs et indirects

Il est possible, à partir de la combinaison des deux premiers types d'effets de réseau identifiés (directs et indirects), de caractériser plusieurs formes de plateformes différentes, dans lesquelles la puissance des effets de réseau se révélera plus ou moins renforcée par leur combinaison.

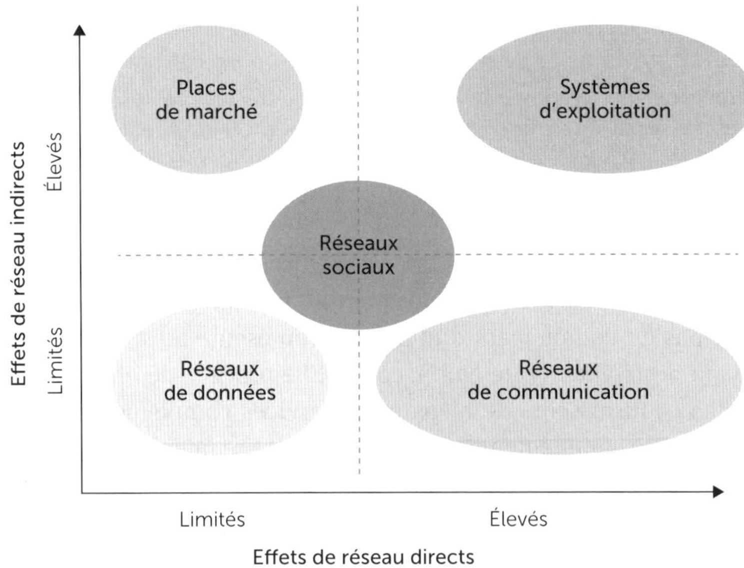

FIGURE 1.6. Typologie des plateformes fondée sur la combinaison des effets de réseau

Il est possible de mettre en évidence cinq formes génériques de plateformes en fonction de la combinaison des effets de réseau directs et indirects (voir figure 1.6).

Les réseaux de communication ont les effets de réseau directs les plus forts de toutes les plateformes : chaque utilisateur profite de l'ajout d'un nouvel utilisateur. Leur raison d'être est de permettre aux gens d'interagir les uns avec les autres. WhatsApp, Facebook Messenger, iMessage et Snapchat servent tous cet objectif. À l'ère pré-Internet, le téléphone et les télécopieurs étaient des réseaux de communication qui prenaient aussi de la valeur avec le nombre de leurs utilisateurs.

Les médias sociaux comme Facebook, Instagram, Twitter, Pinterest, Reddit, YouTube et LinkedIn combinent les effets directs des réseaux de communication (la partie «sociale» du nom) avec la mise en relation des places de marché. Les réseaux de médias sociaux regroupent l'attention et en vendent ensuite des morceaux aux annonceurs pour des campagnes ciblées.

Les réseaux de données sont un nouveau type de réseau qui n'existait pas avant qu'Internet ne rende économique la collecte, l'analyse et l'application de grands ensembles de données. Waze utilise la vitesse et l'emplacement du pilote pour améliorer le routage et la navigation pour les autres utilisateurs de l'application. Yelp et Netflix collectent des données et des évaluations pour améliorer les recommandations aux utilisateurs. AncestryDNA et 23andMe créent des bases de données génétiques de leurs clients, qui sont ensuite utilisées pour améliorer l'analyse génétique pour ces mêmes clients. Tous ces réseaux de données ont des effets directs sur le réseau, c'est-à-dire qu'une fois les données de chaque utilisateur ajoutées au réseau, la valeur du service fourni par le réseau augmente pour chaque utilisateur.

Les places de marché facilitent les transactions entre deux ou plusieurs groupes distincts et aident à minimiser les coûts de transaction, ce qui se traduit par un plus grand nombre d'échanges et une augmentation du bien-être social. Plus la place de marché ajoute de vendeurs, plus elle attire des clients qui accèdent à une offre plus large et une compétition entre vendeurs plus élevée.

Les systèmes d'exploitation (et les consoles de jeux vidéo) sont des écosystèmes d'utilisateurs et de développeurs. Ils démontrent à la fois de forts effets de réseau directs (de nombreuses applications qui impliquent la communication et la collaboration deviennent plus utiles avec plus d'utilisateurs comme dans les jeux massivement multijoueurs) et indirects (les développeurs d'applications veulent plus d'utilisateurs et les utilisateurs veulent plus d'applications).

Sur ces deux derniers types de plateformes, il existe d'autres effets de réseau, les **effets de réseau croisés**, qui renforcent ces deux premiers puissants effets de réseau que sont les effets indirects et directs.

Chacune de ces grandes formes génériques de plateformes a des logiques propres et des enjeux technologiques et managériaux propres. Recruter des vendeurs tiers sur une place de marché est, en effet, quelque peu différent de gérer un écosystème de développeurs. Il en va de même quant à leurs impacts sur les marchés qui appellent plutôt à des régulations différenciées tant les sujets diffèrent dans les possibles externalités négatives.

Les effets de réseau croisés, fondements des marchés bifaces

Les effets de réseau croisés concernent les plateformes d'intermédiation (marchés bifaces ou multifaces) mettant en rapport deux ou plusieurs types d'agents complémentaires et interdépendants (acheteurs et vendeurs, employeurs et demandeurs d'emploi, hommes et femmes, développeurs et utilisateurs, etc.). Ces plateformes sont désignées sous le terme anglais de *matchmaking platforms*.

Contrairement à l'effet de réseau direct, l'utilité de la plateforme pour les agents d'une face croît avec le nombre d'agents présents sur l'autre face. Ainsi, la valeur d'un site de rencontres hétérosexuelles sera appréciée par les hommes sur le nombre et la qualité des profils féminins, et inversement, par les femmes sur le nombre et la qualité des inscrits masculins.

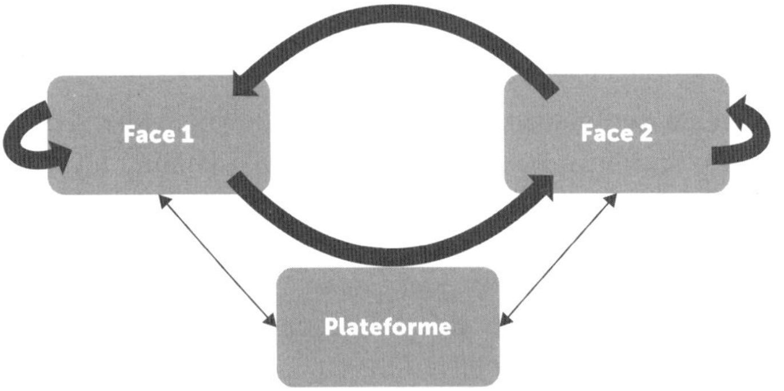

FIGURE 1.7. Marché biface

L'organisateur du service s'appuie généralement sur une plateforme technique (place de marché, sites de rencontres, d'annonces immobilières, de ventes de véhicules d'occasion, de petites annonces, d'enchères, de recherche d'emploi, etc.). Cependant, la notion de plateforme dépasse clairement la notion technique pour décrire une logique stratégique globale permettant de bâtir un véritable écosystème (voir chapitre 3). En effet, si la plateforme permet de mettre en relation une offre et une demande sur un service particulier, elle permet aussi d'exposer la demande à d'autres offres à partir de la même plateforme et de passer d'une logique initiale biface à une logique multiface (*multi-sided market*).

EXEMPLE

iTunes est devenue une plateforme digitale très importante au niveau mondial dans les loisirs numériques. Initialement conçue pour distribuer de la musique digitalisée, elle a élargi son offre aux films, aux séries télévisées, aux livres, puis aux applications mobiles. Ainsi, des clients recrutés sur la plateforme initiale consacrée à la musique ont été exposés à des produits d'autres secteurs de l'industrie du divertissement: séries TV, films, livres, applications mobiles. On parle alors d'un «marché multiface».

Les marchés bifaces ont fait l'objet de travaux théoriques en économie, connus sous le nom de « théorie des marchés bifaces » (*two-sided markets*). Il existe deux types de marchés bifaces : les marchés bifaces non transactionnels et les marchés bifaces transactionnels.

L'exemple type d'un **marché biface non transactionnel** est celui des médias, comme une chaîne de télévision gratuite. Sur un tel marché, il n'y a pas de transaction entre l'utilisateur/client sur une face (par exemple, le téléspectateur) et le client de la plateforme sur l'autre face de ce même marché (par exemple, l'annonceur publicitaire ; voir figure 1.8).

Même dans les cas où une interaction existe entre les deux faces, elle est difficilement observable et rend impossible une tarification à la transaction ou à l'interaction, ou encore une tarification à deux parties. La tarification à deux parties signifie ici que la plateforme peut faire payer les deux faces du marché, ou décider de n'en faire payer qu'une seule.

De nombreux services digitaux correspondent à cette catégorie de marché, à l'instar de Facebook ou de SlideShare. De façon générale, les sites Internet où le contenu est produit par les utilisateurs (YouTube, Facebook, Meetic, etc.) constituent des marchés bifaces non transactionnels.

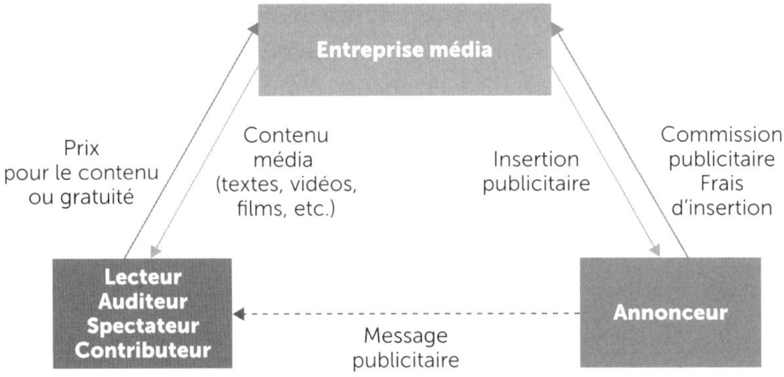

FIGURE 1.8. Marché biface non transactionnel

Un **marché biface transactionnel** (voir figure 1.9) est caractérisé par le fait qu'il existe une transaction directe entre les acteurs des deux faces du marché. Cette transaction est observable. Dans ce cas, l'organisateur du marché est en mesure de facturer l'accès à la plateforme et son usage. Il peut donc déployer un système de tarification à deux parties (*two-part tariff*).

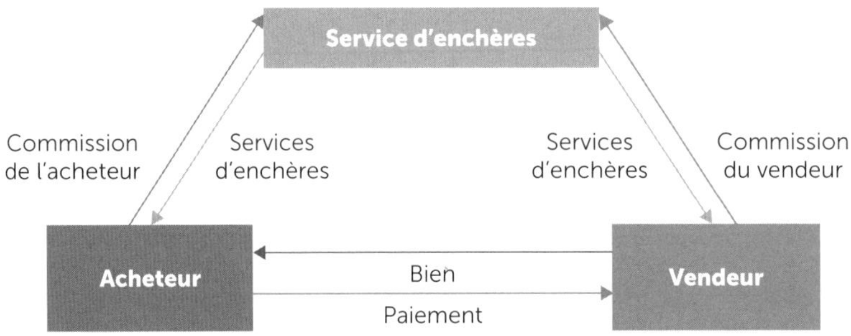

FIGURE 1.9. Marché biface transactionnel

L'analyse économique des marchés bifaces permet de mieux appréhender les caractéristiques particulières de ces marchés liées aux effets de réseau croisés.

En premier lieu, l'objectif prioritaire d'une plateforme biface est d'embarquer à bord de la plateforme les deux catégories d'agents, grâce à une **politique de prix adéquate**. En raison d'une sensibilité au prix et à la qualité différente, la manière optimale de procéder consiste à faire payer les agents les plus sensibles au prix et à la qualité, et les plus intéressés par la présence de l'autre face. S'il est possible de faire payer les deux faces, une face se révélera toujours plus lucrative que l'autre.

Les plateformes peuvent également opter pour la gratuité auprès des deux faces et un financement de tierce partie (souvent la publicité). L'économie des plateformes bifaces se caractérise cependant, dans le cas le plus général, par l'existence d'une face payeur (*profit-making segment*) et d'une face subventionnée (*loss leader*). Avec le temps et les ruptures technologiques, le modèle de financement peut s'inverser et la partie «payeur» devenir la partie «subventionnée».

Dans la perspective de maximiser les effets de réseau, la gratuité est souvent une des modalités privilégiées par les plateformes afin de déclencher les effets de réseau croisés et les effets de réseau directs: un service a d'autant plus de chance d'être adopté, et donc d'avoir un grand nombre d'utilisateurs, qu'il est gratuit. La gratuité dans l'économie numérique trouve donc son origine dans une configuration de marché qui conduit les acteurs économiques qui cherchent à maximiser les effets de réseau à accepter de ne facturer qu'une de deux faces d'un marché.

Ensuite, les plateformes bifaces doivent s'assurer de la **présence exclusive en leur sein d'«utilisateurs de marque» (*marquee user*)**, car ces utilisateurs sur une face accroissent l'attractivité de la plateforme et le consentement à payer des agents de l'autre face. Tirole et Rochet montrent ainsi que la raison qui a longtemps poussé les commerçants américains à accepter les commissions élevées d'American Express était que les «hauts revenus» disposaient en majorité de cette carte de paiement. Cependant, une fois que s'est généralisée l'habitude chez les hauts revenus de posséder plusieurs cartes de paiement, le pouvoir de marché (celui d'imposer un prix élevé) d'American Express s'est effondré.

Dans cette perspective, l'identification et la gestion des utilisateurs de marque sur les plateformes sont un enjeu stratégique pour celles-ci.

EXEMPLE

YouTube rassemble plus de 5 milliards de vidéos produites par des millions d'utilisateurs et 500 heures de vidéos sont ajoutées chaque minute. Dans cet inventaire gigantesque, il y a des contenus de meilleure qualité qui drainent une très grande partie de l'audience et *de facto* des revenus publicitaires de la plateforme. Afin de faciliter leur travail, des acteurs se sont structurés pour accompagner ces «youtubeurs», les *Multi-Channel Networks* (MCN).

YouTube a organisé les relations avec les MCN afin de s'assurer que ceux-ci respectent un certain nombre de règles et continuent à profiter au développement des audiences. Les MCN sont des structures qui gèrent les *marquee users* de YouTube.

Il est important de souligner que la captation des effets de réseau par une entreprise dépend fortement de sa capacité à dissuader ses clients de quitter la plateforme. Elle peut pour cela développer des effets de verrouillage, en particulier grâce à la mise en place de standards techniques. Les formats techniques propriétaires permettent «d'internaliser» les effets de réseau. Au contraire, les formats libres facilitent leur diffusion à l'ensemble du marché.

Il faut distinguer deux cas dans l'analyse d'un marché régi par les effets de réseau :

- lorsque les effets de réseau se répandent sur l'ensemble du marché et favorisent sa dynamique globale ;
- lorsque les effets de réseau sont capturés par un acteur du marché qui a rendu son produit, dans une certaine mesure, attractif au plus grand nombre et incompatible avec les caractéristiques des produits concurrents.

EXEMPLE

Dans le cas d'un réseau social comme **Facebook**, l'ensemble des effets de réseau est internalisé par la plateforme, dans la mesure où l'ajout d'un utilisateur ne profite qu'aux membres de la plateforme. À l'inverse, le système d'exploitation **Windows** produit des effets de réseau qui ont profité à de très nombreuses entreprises et développeurs en dehors de Microsoft.

Un des points clés pour une plateforme consiste donc, dans sa conception, à penser l'initiation, la réalisation et la **clôture des échanges et des transactions** sur la plateforme elle-même. Cela a de nombreuses conséquences dans la conception des fonctions de la plateforme afin qu'elle puisse gérer, piloter et contrôler les transactions. Il existe des plateformes qui ne gèrent pas l'ensemble d'une transaction, mais simplement une phase, celle de la découverte et de la visibilité de l'offre (*discover*). C'est le cas de plateformes comme LinkedIn qui ne peuvent pas s'assurer que la transaction a été clôturée, puisque cela a été effectué en dehors de leur site. Pour que les échanges entre les deux faces d'une transaction (vendeur et acheteur) se déroulent sur la plateforme, celle-ci peut mettre en place une messagerie propriétaire intégrée. Grâce à elle, les échanges sont contrôlables (le vendeur n'a pas accès à l'e-mail du client), ce qui garantit que la transaction se déroule bien sur la plateforme. Cela semble normal, puisque les clients sont d'abord et avant tout des clients de la plateforme. Airbnb, notamment, fonctionne comme cela.

La logique est identique pour le règlement des transactions qui doit se dérouler sur la plateforme. C'est pour elle une garantie de rémunération quant à la mise en relation et à l'établissement d'un cadre de confiance pour la transaction. Sans le règlement intégré à la plateforme, il n'est pas possible d'établir un modèle de revenus fondé sur les commissions relatives aux transactions. À cet égard, l'introduction du paiement sur la place de marché Leboncoin assure à celle-ci la possibilité de faire croître ses revenus en prélevant une commission sur les transactions, ce qu'eBay avait parfaitement intégré dans son modèle dès le démarrage.

Les effets de verrouillage

Les effets de verrouillage (*lock-in effects*) ne constituent pas à proprement parler des effets de réseau. En revanche, ils sont essentiellement déployés sur des marchés où les effets de réseaux existent ; ils contribuent à les préserver et à les renforcer en conservant les utilisateurs sur la plateforme. Les effets de verrouillage se traduisent pour les utilisateurs et les clients par des **coûts de changement**. De fait, l'objectif des effets de verrouillage est de maintenir un nombre élevé d'utilisateurs pour garantir la valeur des effets de réseau directs, indirects et croisés.

Un effet de verrouillage caractérise une situation où les coûts de changement de technologie sont si élevés que le client ne change pas de produit. L'importance de ces coûts de changement indique dans quelle mesure un client est prisonnier d'un fournisseur.

Le verrouillage est la norme plutôt que l'exception dans une économie de l'information, notamment sur les marchés du logiciel et des dispositifs numériques, où les fournisseurs ne se privent pas d'utiliser les caractéristiques techniques et les possibilités offertes par la technologie pour augmenter les coûts de changement.

Cependant, les technologies sont de plus en plus interopérables avec l'utilisation de formats comme XML ou les Web Services, le développement des infrastructures en mode *cloud*, et les logiciels en mode service (SaaS). Si les coûts de changement ne disparaissent pas, on peut noter que les coûts de migration ont plutôt tendance à diminuer ces dernières années.

Le coût total de changement de produit est égal au coût supporté par le consommateur et au coût supporté par le nouveau fournisseur pour servir le nouveau client. Les coûts de changement découlent souvent de l'utilisation de produits complémentaires, ce qui est le cas lorsqu'il existe des effets de réseau indirects.

Dans le cas d'un bien réseau ou d'un logiciel, la formation acquise par l'utilisateur est complémentaire à la formation similaire acquise par les autres utilisateurs. Dans beaucoup d'industries de biens d'information (logiciels, équipements réseau), les coûts collectifs de changement représentent l'unique facteur en faveur des entreprises installées. Les effets de réseau rendent la survie des petits fournisseurs plus difficile et les obligent à l'hyperspécialisation.

Les effets de verrouillage et les coûts de changement ont plusieurs origines :

- la complémentarité des biens et des services, et donc l'importance des effets de réseau indirects ;
- une origine contractuelle : contrat pluriannuel, clauses de renouvellement, frais de résiliation, date de résiliation, etc. ;
- les coûts de recherche d'une solution alternative ;
- la formation à l'utilisation à la marque et à ses produits ou services, qui représente de véritables coûts d'apprentissage en cas de changement ;
- les stratégies de fidélisation à la marque.

Le législateur a limité la possibilité de verrouiller les clients dans de nombreux cas, notamment par des clauses contractuelles abusives. Ainsi, le droit à la portabilité a été forgé dans le cadre des télécommunications (portabilité du numéro de téléphone mobile entre opérateurs). Ce droit a été étendu aux données personnelles par le Règlement Général sur la protection des données personnelles. Ainsi, un opérateur de service numérique doit permettre à ses utilisateurs de récupérer leurs données afin que ceux-ci puissent les transférer et les exploiter dans un autre service.

Le droit à la portabilité des données demeure à ce jour incomplet, dans la mesure où la réutilisation des données d'un service dans un autre service est techniquement complexe en l'absence de standard, par exemple dans le cas des réseaux sociaux. Ainsi, la façon d'organiser le réseau social d'un individu par un algorithme est propre à chaque service de réseau social. L'interopérabilité sur des données complexes comme celles d'un réseau social nécessite de définir une interopérabilité qui ne nuise pas à la propriété intellectuelle d'une entreprise et au secret des affaires. Si ces difficultés existent, la régulation peut lever ces obstacles comme dans l'industrie bancaire, où la directive européenne DSP2 oblige les banques à partager les données de comptes bancaires afin d'ouvrir le secteur à d'autres acteurs et de nouveaux services.

EXEMPLE

Bankin' est une application qui agrège les différents comptes bancaires d'un individu grâce à la directive DSP2. L'application mobile analyse les données de consommation de l'individu, lui propose des promotions et des réductions en fonction de ses achats.

Si les aspects techniques jouent toujours un rôle dans les effets de verrouillage, il n'en demeure pas moins que le verrouillage repose dans les services numériques sur une fluidité de l'expérience des utilisateurs. Celle-ci est au cœur des réflexions stratégiques des fournisseurs de services numériques. L'intensité des usages est une garantie du fonctionnement des effets de réseau (directs, indirects et croisés). Dès lors, les investissements sur les interfaces d'utilisation (*User Interface/User Experience*, UI/UX) sont très importants afin de maximiser ces usages. La fidélisation passe par la capacité à fournir une expérience la plus fluide possible, et toujours plus facile, afin de créer ce que l'on nomme en anglais *stickiness* ou «viscosité» de l'expérience utilisateur. Ce type de fidélisation réside profondément dans la conception même du service et s'avère donc difficile à combattre, sauf à proposer une expérience à l'utilisateur bien supérieure, de telle sorte qu'il accepte de supporter des coûts de changement. Ce type d'expérience mobilise des méthodes dites de *nudge marketing*, qui visent à faire évoluer les comportements d'usage.

EXEMPLE

Les notifications *push* des applications mobiles sont un bon exemple de *nudge marketing*. Le mécanisme d'alertes, s'il a son utilité, conduit à augmenter l'usage d'une application lorsque les alertes portent sur les moindres modifications du contenu de l'application. La multiplication des notifications entraîne une augmentation des usages d'une application.

Les autres effets de réseau

Certains identifient d'autres effets de réseau sans que pour autant on puisse clairement démontrer en quoi ils modifient directement la fonction d'utilité du consommateur.

De nombreux observateurs ou acteurs de l'économie numérique affirment qu'aux précédents effets de réseau s'ajoutent des effets de réseau liés aux données. Avec la mise en données du monde (voir chapitre 2), il est aisé de penser que l'existence des effets de réseau augmente le nombre de données exploitables par une plateforme. Plus il y a d'utilisateurs, plus il y a de données, notamment sur leur comportement d'utilisation de la plateforme. Si cela est parfaitement vrai, cela ne correspond pas à un effet de réseau dans le sens où l'utilité du consommateur de ce service n'est pas directement augmentée par le nombre croissant de données disponibles pour la plateforme.

EXEMPLE

Le nombre croissant d'abonnés à **Netflix** génère davantage de données sur les usages de visionnage. L'accroissement des données est utile pour améliorer l'algorithme de recommandation de la plateforme, algorithme qui à son tour peut être utile à tous les abonnés et augmenter indirectement la valeur du service.

L'idée d'un effet de réseau lié aux données repose sur la croyance que le stock de données par lui-même constitue un avantage compétitif. Si un niveau minimal de données est, par exemple, requis pour entraîner un modèle prédictif (algorithme de recommandation de contenus, par exemple), de façon générale, la valeur d'une donnée supplémentaire est décroissante. Par ailleurs, dans certains cas, la valeur de la donnée est liée à sa récence, comme dans le cas de la publicité en ligne. Par conséquent, l'accumulation de données en tant que telle ne crée pas un avantage concurrentiel en soi, contrairement au nombre d'utilisateurs du service. L'avantage compétitif lié aux données repose sur une capacité à les exploiter qui est une combinaison entre une vision, une organisation et des compétences spécifiques (voir chapitre 2).

GÉRER LES EFFETS DE RÉSEAU

Si l'existence des effets de réseau est une réalité dans un monde connecté, il n'en demeure pas moins que, pour une entreprise, les activer nécessite de bien en comprendre la logique afin de prendre les bonnes décisions opérationnelles.

Dans cette perspective, il importe de distinguer plusieurs phases dans l'activation des effets de réseau : la **phase de déclenchement** pour atteindre la masse critique, la **phase de croissance rapide** des utilisateurs et la **phase de stabilisation** du nombre d'utilisateurs.

En outre, les décisions stratégiques et opérationnelles diffèrent selon la nature des effets de réseau. Gérer les effets de feedback ou les effets de réseau indirects n'implique pas les mêmes décisions : mettre en place un système de notation n'équivaut pas à bâtir un écosystème de développeurs.

Plus encore, dans la pratique, plusieurs effets de réseau se combinent entre eux, ce qui rend délicate leur analyse séparée.

Pour s'inscrire dans la dynamique de croissance d'une plateforme qui déploierait les différents effets de réseau, il est primordial de respecter trois phases : le déclenchement des effets de réseau, leur amplification et leur maintien dans le temps, avant que l'épuisement des effets de réseau n'amène à d'autres réflexions stratégiques.

TABLEAU 1.1. Les décisions stratégiques pour activer les effets de réseau

Nature de l'effet de réseau	Actions stratégiques
Effet de réseau direct	• Déclencher l'adoption • Tarification des services (gratuité)
Effet de feedback	• Générer les feedbacks des utilisateurs • Structurer et valoriser les feedbacks • Gérer le bouche-à-oreille électronique
Effet de réseau indirect	• Développer un écosystème qui complète la proposition de valeur • Architecture de la complémentarité (API, SDK, etc.)
Effet de réseau croisé	• Déclenchement des effets de réseau croisés • Choix des mécanismes de tarification des différentes faces du marché (gratuité) • Liquidité de la plateforme
Effet de verrouillage	• Expérience client, usages comme mécanismes de verrouillage • Gestion de la compatibilité des produits ou services

Déclencher les effets de réseau

Dans cette phase cruciale, l'objectif stratégique consiste à atteindre le plus rapidement possible la masse critique qui rendra la valeur d'utilité d'un bien ou d'un service supérieure à son coût d'adoption. La vitesse d'exécution devient donc un avantage compétitif, ce que Reid Hoffman, cofondateur de LinkedIn, appelle le *blitzscaling* ou la «croissance éclair».

Dans cette phase, la fonction d'utilité, qui dépend du nombre d'utilisateurs, conduit à inciter ceux-ci à consommer le service.

Pour y parvenir, il faut donc abaisser le plus possible le prix du service, voire le fournir gratuitement. Le prix se compose du prix d'achat, du coût d'apprentissage du service et des éventuels coûts de transfert. Chacun des composants du coût d'adoption constitue un levier d'action stratégique, en premier lieu le prix.

La fixation des prix

La **gratuité du service** constitue une décision cruciale, car elle est un puissant levier pour recruter de nouveaux utilisateurs d'un nouveau service. Cela est d'autant plus crucial que l'on cherche à enclencher des effets de réseau directs et croisés.

Rappelons que la gratuité dans un modèle où existent des effets de réseau croisés ne consiste pas l'entreprise à se priver de revenus, mais à considérer que ceux-ci seront générés par une catégorie d'utilisateurs du service sur l'autre face du modèle. La première décision stratégique consiste donc à choisir la face qui sera facturée et celle qui sera gratuite.

Sur un site de recrutement, s'il y a peu de candidats potentiels, les recruteurs ne seront pas prêts à payer. Il est donc impératif de constituer une base de candidats importante pour espérer commercialiser celle-ci auprès des recruteurs. Pour cela, il faut que la face qui rassemble les candidats devienne gratuite pour attirer les recruteurs. De façon plus générale, sur les marchés bifaces, le problème dit « de la poule et de l'œuf » est fréquent, et le résoudre est l'un des principaux obstacles au lancement d'un modèle biface, en particulier pour les modèles de place de marché. Comment convaincre un fournisseur de rejoindre la plateforme s'il n'y a pas de clients ? Le problème est symétrique pour les clients : pourquoi utiliseraient-ils une plateforme sur laquelle il n'y a pas de fournisseurs ?

Cependant, il y a toujours une face plus stratégique que l'autre, c'est-à-dire une face qui, par son rôle dans le fonctionnement du modèle, est absolument nécessaire au démarrage. Dans la plupart des cas, il s'agit de la face qui représente l'offre. Dans la phase de démarrage, celle-ci peut être subventionnée afin d'enclencher les effets de réseau.

EXEMPLE

Il faut des conducteurs pour **Blablacar**, des consommateurs pour **Facebook**, des vidéos pour **YouTube**, des loueurs pour **Airbnb**, des candidats pour **LinkedIn**, des créateurs pour **Etsy** et des chauffeurs pour **Uber.** Lorsque le service est créé dans une nouvelle ville, Uber rémunère des chauffeurs afin qu'à l'ouverture de l'application les clients potentiels puissent matérialiser l'existence du service. Puis, d'autres chauffeurs VTC rejoignent progressivement la plateforme, une fois le nombre de clients suffisant.

La gratuité est le résultat d'une décision stratégique à laquelle les entreprises sont conduites pour activer les effets de réseau croisés. Ce n'est pas le résultat d'une baisse tendancielle du coût marginal, même si les effets de réseau, en augmentant le nombre d'utilisateurs, contribuent à la décroissance du coût marginal. L'origine de la gratuité est un choix managérial contraint par les caractéristiques de la demande et la dynamique de ce type de marché.

L'organisation de la gratuité est donc un sujet éminemment stratégique, d'autant que sa mise en œuvre est souvent complexe. Il est par conséquent nécessaire de différencier ses variantes, notamment le modèle de gratuité partielle dénommé « freemium ». Une partie d'un service, d'un site, d'un contenu ou d'un logiciel sera accessible gratuitement et le reste nécessitera le paiement pour y accéder.

Il existe trois grandes catégories de modèle **freemium** (voir figure 1.10) :

- La **gratuité sélective** correspond à un choix dans lequel le producteur du service décide de la gratuité pour une catégorie d'utilisateurs (« certains paient, d'autre pas »). Dans le cas de plateformes bifaces, la gratuité sert d'incitation pour embarquer l'une des deux catégories d'utilisateurs, celle qui a le moins d'intérêt à participer ; l'autre partie paie pour accéder au service.
- La **gratuité contingentée** correspond à une logique « payer pour plus ». La gratuité est limitée selon un quota de consultations, de lignes (dans le cas d'un article) ou de temps passé. Il en existe trois variantes :
  - Le **modèle du compteur**, ou la limitation en nombre de consultations (par individus et par mois) d'un contenu. C'est le concept de *paywall* de la presse quotidienne en ligne. Ce mécanisme repose sur la capacité à mesurer la quantité exacte consommée par des traqueurs d'activité.
  - Le **modèle du sablier**, ou la limitation du temps d'utilisation par utilisateurs et par mois. C'est le modèle que l'on retrouve dans les jeux en ligne ou les contenus audiovisuels.
  - Le **modèle du *teasing***, où une partie d'un contenu, d'un programme ou d'une vidéo est libre d'accès, mais pour la totalité, l'internaute doit payer.
- Le **premium** correspond à une logique « payer pour mieux ». Le service dispose d'une offre basique, gratuite pour tous de façon inconditionnelle, et d'une offre « avancée » payante. On distingue deux variantes de ce modèle :
  - Le **premium de fonctionnalité**, qui donne un accès payant à des services ou des fonctionnalités supérieures. On trouve très fréquemment un tel modèle dans les jeux en ligne ou les logiciels. Ce modèle fonctionne si la valeur monétaire des fonctionnalités supplémentaires est réelle.
  - Le **premium de qualité**, qui donne accès à des contenus de meilleure qualité. Ce modèle existe, par exemple, dans le streaming où

l'utilisateur paie pour accéder à des vidéos encodées en 4k ou de la musique non compressée (format FLAC).

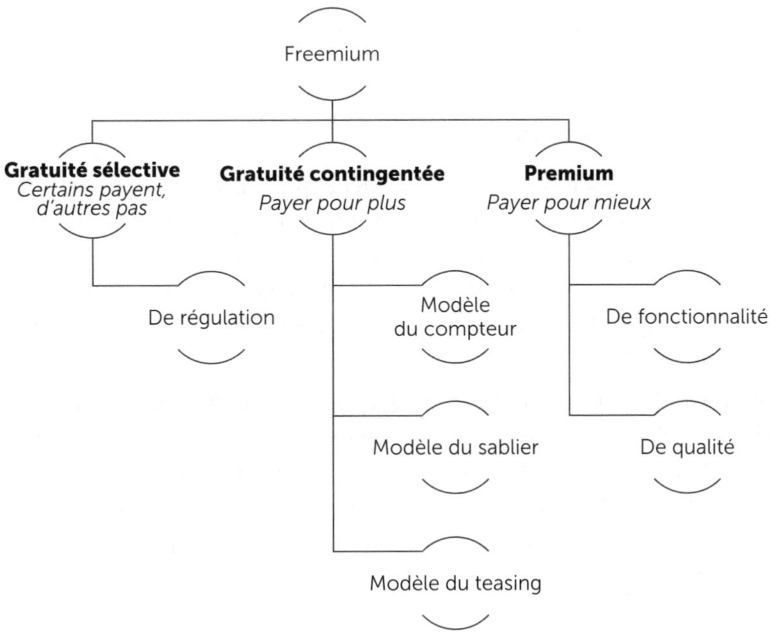

FIGURE 1.10. Les différentes catégories de freemium

Dans les modèles freemium, l'enjeu est de faire progressivement évoluer les utilisateurs gratuits vers la partie payante du service. C'est un équilibre délicat à construire, car si l'on tente de les faire basculer trop rapidement vers le service payant, on court le risque de les voir quitter la plateforme, surtout s'il existe un service alternatif équivalent – comme dans le cas de Viadeo par rapport à LinkedIn (voir fin de chapitre).

La gratuité sur l'une des faces de la plateforme peut également évoluer dans le temps, du fait de la dynamique des usages ou de l'offre concurrente.

EXEMPLE

Le site de rencontres **Meetic** a utilisé à ses débuts la gratuité pour les femmes afin de faciliter leur présence sur la plateforme; seuls les hommes payaient le service. Désormais, les hommes et les femmes paient le même montant pour utiliser la plateforme. Cela est possible du fait d'une acculturation progressive de la population à ce type de service d'appariement qui modifie progressivement la disposition marginale à payer des femmes. De facto, la liquidité relative de la plateforme est assurée sans devoir recourir à la gratuité d'une des deux faces de la plateforme.

Les coûts d'apprentissage

L'utilisation d'un service numérique nécessite un apprentissage plus ou moins long, et plus ou moins intensif. Plus l'usage d'un service est maîtrisé, plus il est coûteux pour un individu d'en changer pour un autre, qui exigera de sa part un nouvel apprentissage. Il existe donc un **coût d'apprentissage individuel**, qui se double souvent d'un **coût d'apprentissage collectif**.

En effet, dès lors qu'un nombre conséquent d'individus utilisent le même service, en changer devient d'autant plus coûteux, car il faut également supporter une possible perte d'utilité liée à un plus faible nombre d'utilisateurs sur le nouveau service. En outre, former un grand nombre d'utilisateurs constitue un coût élevé qui limite le changement.

EXEMPLE

Changer de suite logicielle de productivité dans une entreprise, passer de la suite **Office de Microsoft** à **LibreOffice** ou à une solution en mode SaaS dans le *cloud*, comme la **Google Suite**, nécessite de modifier les usages d'un nombre important d'utilisateurs qu'il faut former aux différences entre les outils informatiques qui rendent le même service.

Les nouveaux services doivent donc impérativement proposer un service d'un niveau très supérieur et minimisant les coûts d'apprentissage. Dans cette perspective, la conception des services est absolument fondamentale, plus particulièrement leur interface numérique.

EXEMPLE

L'arrivée d'**Uber** sur le marché de la mobilité intra-urbaine a introduit un standard de service fondé sur l'absolue facilité d'interaction: saisie d'adresse simplifiée, paiement déporté. Une fois le compte créé, un clic suffit pour commander une course. Tout nouvel entrant devra proposer a minima une simplicité équivalente, voire supérieure pour espérer rivaliser avec une telle expérience d'utilisation.

Les coûts de changement

Pour l'offreur d'un nouveau service, outre les coûts d'apprentissage, d'autres aspects des effets de verrouillage contraignent le recrutement de nouveaux utilisateurs, ceux-ci pouvant être utilisateurs d'un service existant. Les consommateurs seront disposés à changer de service seulement si ces coûts de changement disparaissent ou se réduisent à leur strict minimum.

Dès lors, le premier prérequis consiste à fournir un service techniquement compatible (format de fichiers, de données, fonctionnalités équivalentes) et qui facilite l'intégration des données de l'utilisateur (ses données personnelles, ses créations, etc.).

Il est même parfois nécessaire de prendre en charge financièrement une partie de ces coûts, particulièrement lorsque les offreurs en place font subir des coûts de sortie à leurs utilisateurs (frais de résiliation).

Amplifier les effets de réseau

Afin d'atteindre le plus rapidement possible le seuil critique, outre la fixation des prix, plusieurs décisions peuvent accélérer les effets de réseau. Deux types de décisions stratégiques différentes contribuent à les amplifier : les stratégies de *build-up* et les stratégies d'écosystème.

Les stratégies de build-up

Une stratégie de *build-up* consiste à accélérer la croissance d'une entreprise en consolidant des entreprises concurrentes qui apportent des bases de clients, facilitant d'autant leur recrutement. L'objectif est d'atteindre rapidement une taille critique sur un marché pour obtenir un effet transformant par une forte croissance du chiffre d'affaires. Les stratégies de *build-up* se caractérisent par trois éléments :

- Elles transforment l'entreprise avec un très fort accroissement du chiffre d'affaires, des effectifs, de l'organisation, etc. L'entreprise post-acquisition n'a plus rien à voir avec ce qu'elle était initialement.

- Elles créent de la valeur : la valeur post-acquisition de l'entreprise est supérieure à la somme des parties grâce aux synergies créées par le rapprochement des entités.
- Elles répondent à l'urgence du *time to market* (atteinte du seuil critique dans le cas des effets de réseau) qui est imposé par le marché et/ou souhaité par le dirigeant pour réaliser son projet de développement dans un temps record.

EXEMPLE

Fondée en France en 1999 sous le nom de **Photoways**, la société a acquis son concurrent britannique **PhotoBox** en 2006, avant de prendre son nom. Elle a ensuite mis en œuvre une stratégie de *build-up* pour devenir le leader européen de l'impression de photos en ligne, en rachetant successivement Moonpig (Royaume-Uni), Stickygram (Royaume-Uni), Bellapix (France), Hofmann (Espagne) et PosterXXL (Allemagne), son chiffre d'affaires passant de 177 millions d'euros en 2013 à 304 millions d'euros en 2015 et 367 millions d'euros en 2017.

Les stratégies d'écosystème

Aux côtés des effets de réseau croisés et directs, les effets de réseau indirects constituent un puissant levier pour renforcer le développement stratégique. En effet, les effets de réseau indirects reposent sur la complémentarité des offres. Ainsi, un service sera d'autant plus attractif qu'il est complété par d'autres qui ajoutent de la valeur à l'offre initiale.

EXEMPLE

Microsoft a gagné la bataille des systèmes d'exploitation des ordinateurs de bureau contre Apple, grâce à une offre complémentaire de logiciels sans commune mesure avec celle d'Apple, notamment dans le domaine des jeux. L'immense bibliothèque de logiciels disponibles sous Windows a constitué un puissant argument pour choisir les PC fonctionnant sous Windows.

L'idée fondamentale consiste donc à bâtir un écosystème de partenaires qui complètent l'offre initiale. Cela passe par l'ouverture à des tiers de la proposition de valeur initiale. Une telle décision repose sur l'ouverture des systèmes d'information et, plus généralement, de l'architecture technique qui rendra possible la constitution effective de cet écosystème (voir chapitre 3).

Maintenir les effets de réseau

Il arrive un stade auquel les effets de réseau n'augmentent plus la valeur du service, c'est-à-dire que la valeur d'un utilisateur supplémentaire est au mieux nulle, au pire négative. Il est aisé de comprendre que la valeur d'un utilisateur supplémentaire sur Facebook, lorsque ce réseau social en comporte plus de deux milliards, n'augmente que très marginalement l'utilité de chaque utilisateur. Il se peut même que l'ajout d'un utilisateur supplémentaire n'augmente pas la valeur du service, voire l'amoindrisse (et qu'il faille réfléchir à conserver les utilisateurs en activant les effets de verrouillage).

Il n'en demeure pas moins que l'enjeu principal consiste à développer les usages du service dans le temps et, dans le cas des effets de réseau, à assurer l'équilibre entre les différentes faces de la plateforme.

Gérer la liquidité de la plateforme

Assurer l'équilibre entre l'offre et la demande consiste à gérer ce que l'on appelle la liquidité de la plateforme. Elle se définit comme le seuil à partir duquel le nombre d'utilisateurs permet à la plateforme de fonctionner de façon optimale. On distingue :

- la **liquidité absolue**, soit le nombre total d'utilisateurs de la plateforme sur chacune des faces de la plateforme ;
- la **liquidité relative**, qui est le nombre d'utilisateurs des deux faces d'une plateforme. Il permet le fonctionnement optimal de la plateforme et se mesure par le ratio d'utilisateurs de chaque face de la plateforme.

EXEMPLE

Dans le cas d'une plateforme de **VTC**, c'est le nombre de chauffeurs qui permet de garantir un temps d'attente inférieur à x minutes.

La gestion de la liquidité de la plateforme est sans aucun doute l'enjeu stratégique et opérationnel le plus saillant dans ces nouveaux modèles d'organisations, car elle est au cœur de l'expérience des utilisateurs de la plateforme, en particulier pour les services d'appariement en temps réel, comme les plateformes de VTC.

EXEMPLE

S'il y a trop de demande pour des courses dans une ville, le temps d'attente des clients augmentera, créant un risque que ceux-ci quittent la plateforme. De façon symétrique, s'il n'y a pas assez de demande sur la plateforme, les chauffeurs de VTC travailleront pour une autre plateforme, diminuant d'autant l'offre. Dans le cas de la plateforme **Uber**, la régulation de la liquidité s'opère par un algorithme (*surge pricing*) qui modifie le prix de la course pour gérer les pics d'utilisation. Afin de maintenir les chauffeurs sur la plateforme et les inciter à accepter des courses de longue distance, celles-ci sont mieux rémunérées.

Gérer la liquidité ne consiste pas uniquement à gérer l'équilibre entre l'offre et la demande sur la plateforme. En effet, outre leur nombre, la nature des utilisateurs importe, car ils peuvent générer des effets de réseau négatifs. La gestion de la liquidité se décompose en plusieurs problématiques (voir figure 1.11).

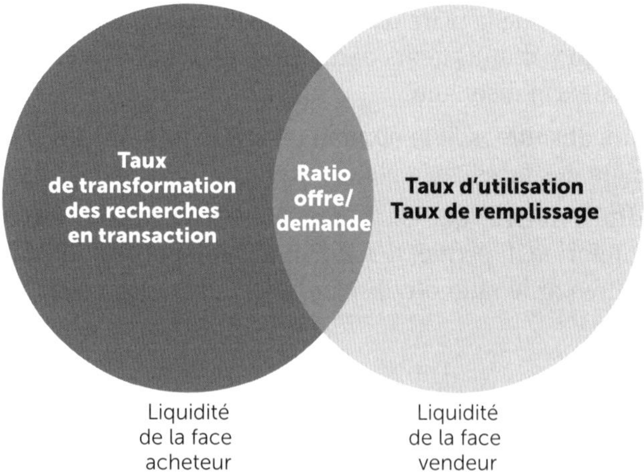

FIGURE 1.11. Les différents enjeux de la gestion de la liquidité

La gestion de la liquidité concerne la gestion du nombre d'utilisateurs sur chacune des faces de la plateforme et l'équilibre entre chaque face. S'il existe des logiques identiques pour les différents modèles de plateformes, elles se distinguent selon deux grands types : les sites de contenus générés par les utilisateurs et les places de marché.

Gérer la liquidité dans les modèles User Generated Content

Les plateformes (telles Pinterest ou Instagram) qui comptent sur leurs utilisateurs pour créer les contenus qu'elles mettent à disposition d'autres utilisateurs (vidéos, photos, musique, contenus rédactionnels, évaluations, réseau social, etc.) doivent donc inciter leurs utilisateurs à produire de tels contenus.

Les contributions des utilisateurs sont généralement difficiles à générer, car seul un petit nombre d'entre eux produisent effectivement des contenus. On considère généralement que, sur le Web, la règle du 1/9/90 s'applique : 1 % des utilisateurs sont contributeurs, 9 % commentent et 90 % ne font que consommer ces contenus.

Le premier enjeu consiste donc à faciliter le plus possible la production de contenus. À cet égard, le basculement des usages sur smartphone a grandement facilité la production de contenus audiovisuels. Dans cette perspective, il importe de récompenser symboliquement les meilleurs contributeurs, afin de maintenir leur flux de contributions. Pour ce faire, les logiques de *gamification* reposant sur des badges matérialisant des niveaux ou des progressions contribuent à animer et à maintenir un flux continu de contributions.

Outre la production de contenus, l'enjeu de la plateforme consiste à exposer et à faire consommer ces contenus aux autres utilisateurs et qu'ils restent sur la plateforme le plus longtemps possible afin de les exposer à de la publicité qui finance la gratuité de la mise à disposition des contenus. Dans cette perspective, l'enjeu est donc d'engager les utilisateurs et de susciter des interactions avec ceux-ci : commentaires, partage. Le partage est d'autant plus intéressant qu'il relaye les efforts d'exposition des contenus auprès de sous-communautés spécifiques. On parle de *earned media*, dont la valeur s'apprécie par l'EVP, l'équivalent en valeur publicitaire.

Afin de maintenir la présence sur la plateforme, il est également nécessaire de déployer des recommandations personnalisées de contenus qui maintiendront le temps d'attention sur la plateforme. Les algorithmes de recommandation suggèrent des contenus sur la base de ceux qui sont consommés par les utilisateurs et des profils semblables à ceux des utilisateurs.

Le dernier enjeu pour les plateformes de gestion de contenus générés par les utilisateurs est d'identifier les contenus qui génèrent un fort engagement et ceux qui, au contraire, perturbent les utilisateurs, comme les fausses informations, les contenus haineux, terroristes ou pédopornographiques. Il importe donc de mettre en œuvre des systèmes de filtrage de contenus illégaux et de recourir à des systèmes de modération pour identifier les contenus problématiques. Ces dispositifs peuvent s'avérer coûteux, qu'ils soient algorithmiques ou humains, et problématiques du point de vue de la liberté d'expression. Ils ont pour conséquence d'éloigner certains utilisateurs des plateformes ou de limiter leurs usages, et par là même d'amoindrir les effets de réseau directs.

Gérer la liquidité dans les modèles de place de marché

AliExpress, Amazon, eBay, JD.com, Rakuten et Tmall sont les principales places de marché mondiales. Elles ont représenté 59 % des ventes en ligne B2C en 2019. Il existe une grande variété de places de marché : rencontres amoureuses, logement, travail, transport, objets d'occasion, hôtels, etc. Si toutes les plateformes mettent en œuvre des principes généraux de gestion de la liquidité, celle-ci n'est pas exactement identique s'il s'agit d'une plateforme de rencontres amoureuses ou d'une plateforme de VTC.

Sur une plateforme de type place de marché, la liquidité des acheteurs peut se définir comme la probabilité de générer une transaction à partir de l'inventaire disponible et/ou que l'utilisateur trouve un produit qu'il recherche. Cette liquidité peut se mesurer par un ratio du type « *Search to Fill Rate* ».

EXEMPLE

Pour **Leboncoin**, la liquidité des acheteurs relève du pourcentage de sessions de recherche au cours d'un mois donné qui donnent lieu à un achat.

Dans le cas d'une plateforme de mise en relation de freelances comme **Malt**, il s'agit du pourcentage d'offres d'emploi au cours d'une certaine période qui entraînent l'embauche d'un freelance.

La liquidité des vendeurs (ou des offreurs en général) se mesure par un taux d'utilisation ou un taux de remplissage selon les cas.

EXEMPLE

Pour **Airbnb**, la liquidité des vendeurs découle d'une partie des chambres réservées chaque nuit. Pour **Uber**, il s'agit de la proportion de chauffeurs qui travaillent à temps plein, par exemple plus de 40 heures par semaine.

La gestion de la liquidité implique de nombreuses ressources afin de maximiser les revenus de la plateforme.

Dans le cas de la place de marché, l'objectif est d'augmenter la probabilité qu'une recherche d'un utilisateur aboutisse à une transaction, base du modèle de revenus, puisque la plateforme se rémunère par une commission sur les transactions. Par conséquent, les outils de recherche pour parcourir l'offre sont absolument décisifs dans ce type de modèle. Moteur de recherche, navigation à facettes et filtres sont des outils classiques pour guider l'utilisateur dans l'offre. L'utilisation des données et les techniques d'apprentissage machine permettent d'améliorer sensiblement l'efficacité de ces outils, particulièrement les moteurs de recherche qui évoluent de plus en plus vers des moteurs de *searchandising* promouvant des résultats qui ont une probabilité plus importante de convertir la recherche en transaction.

EXEMPLE

La place de marché **Airbnb** possède un catalogue comportant un grand nombre de biens en location meublée de courtes durées. La recherche s'effectue par le biais d'un moteur de recherche. Afin d'améliorer ses résultats, en affichant prioritairement des biens qui ont une plus forte probabilité d'être réservés, la plateforme a entrepris une fouille de données importante qui a conduit à élaborer un modèle prédictif. Ce modèle identifie des caractéristiques du logement qui augmentent la probabilité qu'il soit réservé, comme la présence du wifi. Ce modèle prédictif utilisé dans le moteur de recherche a permis une augmentation de 3 % du taux de réservation.

La gestion de la liquidité implique également la gestion fine de l'offre, afin de garantir la disponibilité et d'augmenter sa disponibilité.

EXEMPLE

L'algorithme de calcul d'itinéraires d'**Uber** minimise le temps de parcours afin d'augmenter le nombre de courses qu'un chauffeur peut effectuer dans la durée de son activité. Il suggère aux chauffeurs des pré-positionnements afin de minimiser le temps d'attente des clients et ainsi d'augmenter le nombre de courses.

L'algorithme qui aide le loueur non professionnel à fixer les prix de sa location sur **Airbnb** ne vise pas à maximiser le prix, mais plutôt à fournir un prix qui maximise la probabilité de réservation. En effet, un prix trop élevé diminuerait le nombre de réservations, donc le revenu de la plateforme.

Lorsqu'une place de marché gère un inventaire extrêmement large reposant sur un important catalogue de références de produits, il se peut que des offres spécifiques et peu recherchées par les clients soient noyées dans cet inventaire, aboutissant à un très faible taux de transformation et à une très faible utilisation de cette partie du catalogue. Cette problématique est très fréquente sur les offres de contenus culturels (musique, cinéma, livres, vidéos) pour lesquels un très petit nombre d'œuvres constituent l'essentiel de la consommation.

Dès lors, il n'est pas rare que ces offres soient mieux exploitées sur des sites dédiés, dans une logique affinitaire. Cela explique pourquoi il existe souvent un nombre plus ou moins important de sites spécialisés à côté des grandes places de marché généralistes.

LES LIMITES DES EFFETS DE RÉSEAU

L'importance croissante des effets de réseau dans un monde connecté conduit souvent à mettre l'accent uniquement sur les externalités positives qu'ils génèrent. Il n'en demeure pas moins que ceux-ci connaissent des limites de plusieurs natures et, plus encore, que dans de nombreux cas, ils peuvent se transformer en externalités négatives. De plus, les utilisateurs ont bien souvent la possibilité d'utiliser simultanément plusieurs services équivalents ou concurrents. Ce phénomène, dénommé *multi-homing*, relativise la puissance des effets de réseau.

Nombre d'utilisateurs *versus* qualité des utilisateurs

L'importance des effets de réseau conduit les entreprises à se focaliser sur le recrutement d'un grand nombre d'utilisateurs afin de maximiser la valeur des effets de réseau. Il arrive cependant que dans certains cas, une hausse du nombre d'utilisateurs n'entraîne pas une augmentation de la valeur du service, mais provoque au contraire des effets négatifs.

Le nombre croissant d'utilisateurs sur un réseau de communication peut provoquer la congestion du trafic et réduire grandement la qualité du service. Dès lors, l'ajout d'un utilisateur supplémentaire conduit à diminuer l'utilité d'un utilisateur.

Il en va de même sur certains réseaux sociaux où des utilisateurs ayant des comportements néfastes (propos haineux, harcèlement d'utilisateurs, fausses informations) incitent d'autres utilisateurs à quitter le réseau social. L'ajout de ces utilisateurs contribue donc négativement à la valeur du réseau.

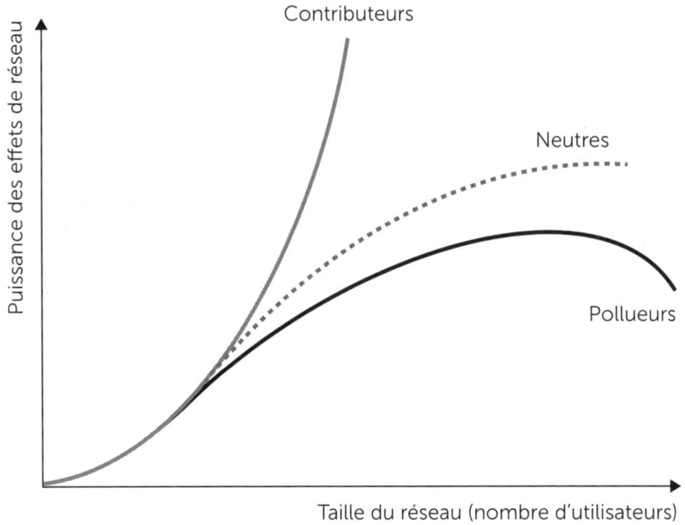

FIGURE 1.12. Réseau social, nature des utilisateurs et valeur du réseau

Par ailleurs, sur les réseaux sociaux, la valeur d'un utilisateur contributeur, c'est-à-dire qui contribue par des écrits, partages, photos, etc., est supérieure à celle d'un utilisateur qui se contente de lire les contributions des autres. Par conséquent, tout nouvel utilisateur n'apporte pas la même valeur à un bien ou service réseau (voir figure 1.12). Si le réseau social embarque des contributeurs, sa valeur sera d'autant plus élevée que s'il rassemble uniquement des utilisateurs qui se contentent de consommer les contenus existants sans prendre part aux débats s'y déroulant. Par ailleurs, les utilisateurs haineux ou insultants polluent les échanges et diminuent la valeur des effets de réseau, car certains utilisateurs, lassés, pourraient arrêter d'utiliser le service. Dans le pire des cas, ils pourraient même fermer leur compte, ce qui diminuerait le nombre d'utilisateurs - donc la valeur des effets de réseau.

Ce problème existe également avec les inventaires physiques qui sont l'objet des échanges sur un marché biface. En effet, si l'accroissement de l'offre augmente l'attractivité de la plateforme (effets de réseau croisés), la nature de l'offre et plus particulièrement sa qualité importent pour les utilisateurs. Si l'offre est uniquement constituée de produits identiques et peu différenciés, une offre supplémentaire n'aura pas la même valeur qu'une offre différenciée (voir figure 1.13).

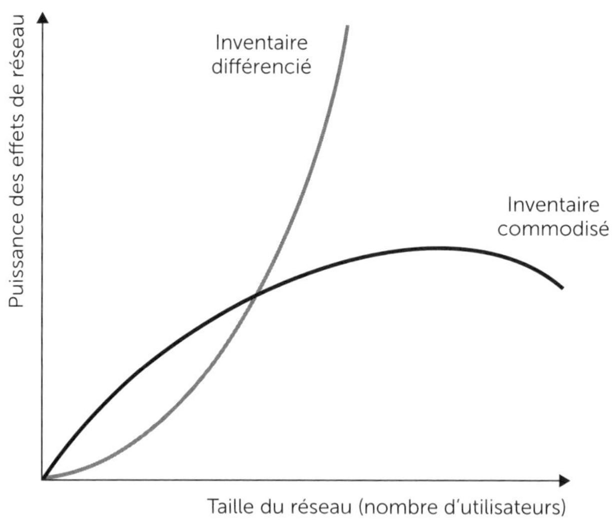

FIGURE 1.13. Qualité des inventaires et valeur du réseau

EXEMPLE

Si pour développer son offre **Airbnb** n'avait que des chambres banales d'immeubles communs en périphérie urbaine, la qualité de cette offre ne permettrait pas d'augmenter le nombre de transactions, car elle ne correspondrait pas à ce que recherchent les utilisateurs de la plateforme. Ainsi, l'accroissement de l'offre dans ce cas ne génère pas la même puissance des effets de réseau.

Il en va de même sur les places de marché sur lesquelles, lorsque l'offre existante est d'ores et déjà conséquente, le vendeur additionnel n'apporte pas la même valeur à la plateforme. Il se peut même que l'accroissement permanent de l'offre rende difficile la recherche d'un produit pour un utilisateur. Cela souligne l'importance stratégique des outils de recherche dans ces modèles et, plus encore, cela explique que des plateformes spécialisées existent à côté des plateformes aux inventaires gigantesques, car elles offrent un espace affinitaire dans lequel il est facile de naviguer et de trouver une offre.

Effets de réseau et évolution du modèle d'affaires

Les effets de réseau peuvent également être amoindris par l'évolution du modèle d'affaires de la plateforme, qui s'appuie de moins en moins sur

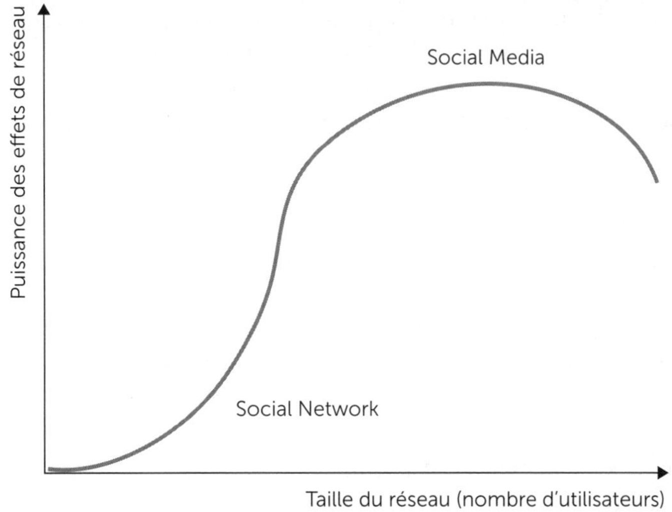

FIGURE 1.14. Évolution du modèle d'affaires et valeur du réseau

eux pour créer de la valeur. C'est le cas de Facebook, passé d'un modèle de réseau social d'amis à un modèle de média social. Dans cette seconde phase du modèle, l'importance du nombre d'utilisateurs décroît, puisque Facebook nourrit le fil d'information de l'utilisateur (*newsfeed*) à partir de contenus prioritairement issus des médias et non des membres du réseau social.

Multi-homing et effets de réseau

L'utilisateur d'une plateforme a la possibilité d'être dans le même temps l'utilisateur d'une autre plateforme offrant un service identique ou similaire. Ce phénomène s'appelle le *multi-homing* (à l'inverse du *single homing*). Ce phénomène concerne potentiellement les utilisateurs de toutes les faces d'une plateforme.

EXEMPLE

Les recruteurs ne sont pas uniquement présents sur la plateforme **LinkedIn**. Ils diffusent leurs annonces sur différents sites d'offres d'emploi (*job boards*) comme Monster, Indeed, Leboncoin, etc.

Il en va de même sur une plateforme comme **Uber**, sur laquelle les chauffeurs VTC ne sont pas exclusifs et travaillent pour plusieurs plateformes simultanément (Bolt, Lyft, Didi, Kapten, etc.), à l'instar des utilisateurs qui commandent des courses depuis plusieurs plateformes.

En 2017, un Français possède en moyenne 2,2 boîtes e-mail et 67 % des internautes en ont au moins deux (*source*: Étude SNCD – EMA B2C).

Une des stratégies pour faire face au comportement multiplateforme des utilisateurs consiste à rechercher l'exclusivité de l'offre, afin de développer les usages de la plateforme, et de retenir les consommateurs et les producteurs. Les plateformes distribuant des contenus audiovisuels tentent ainsi d'obtenir des contenus exclusifs afin de fidéliser les utilisateurs, ce qui donne lieu à de fortes concurrences ente plateformes, nécessitant des capacités financières conséquentes et, plus encore, une réelle capacité à monétiser ces exclusivités par la suite.

Dès lors, si les effets de réseau constituent un mécanisme à l'origine d'une croissance rapide des plateformes, une fois le seuil critique dépassé, il n'en demeure pas moins que les utilisateurs, par leur capacité à utiliser des services concurrents, limitent d'autant la capacité de décision des plateformes sur plusieurs dimensions : prix, contenus et fonctionnalités.

Quant aux plateformes de contenus générés par les utilisateurs, elles peuvent voir ceux-ci migrer vers d'autres plateformes si elles ne peuvent maintenir certaines fonctionnalités ou usages ; ils y restent inscrits, mais ne sont plus actifs.

À cet égard, la notion d'utilisateur actif est fondamentale pour apprécier la vitalité d'une plateforme. Les plateformes de type réseau social se financent par la publicité ciblée et, par conséquent, la présence et la récurrence des usages sont essentielles à leur modèle économique. Il en va de même pour les plateformes de type place de marché, dont l'utilisation génère plus ou moins de transactions et donc de commissions pour la plateforme.

Aussi, les principales plateformes communiquent aux marchés financiers des indicateurs en la matière, afin de démontrer leur capacité à maintenir et à développer des usages, et donc des revenus.

EXEMPLE

Facebook communique aux marchés financiers tous les trimestres les indicateurs suivants: DAU (*Daily Active User*), MAU (*Monthly Active User*), ratio DAU/MAU, ARPU (*Average Revenue Per User*).

Le réseau social **Pinterest** de partage d'images présente chaque trimestre les indicateurs suivants dans ses présentations financières: MAU (*Monthly Active User*) et ARPU (*Average Revenue Per User*).

QUELLES CONSÉQUENCES SUR LES DYNAMIQUES CONCURRENTIELLES ?

L'existence des effets de réseau conduit certains analystes à considérer que les marchés où sont présentes de telles externalités positives de réseau en viennent à favoriser l'émergence de monopoles, ce que l'on décrit par la formule *winner-takes-all*. En réalité, rien ne permet de penser que ces situations sont la norme.

L'existence des effets de réseau modifie les règles du jeu concurrentiel, mais introduit plutôt une concurrence d'innovation pour dépasser la puissance de leurs effets. Il en va de même avec l'affirmation selon laquelle l'ordre d'entrée est décisif sur de tels marchés. La prime au premier arrivé (*first-mover advantage*) est rarement vérifiée ; on constate plutôt une prime au premier acteur apte à franchir le seuil qui déclenche les effets de réseau.

Winner-takes-all ou *winners-take-most* ?

De toutes les lois censées s'imposer sur les marchés à effets de réseau, celle qui a le plus fortement et durablement marqué les esprits est celle du *winner-takes-all*. Selon ce principe, le mécanisme des effets de réseau aboutit au triomphe d'un seul qui rafle la mise, et si ce n'est en totalité, en grande partie (« *winner-takes-most* »).

Les modèles théoriques conduisent à cette « aberration » parce qu'ils sont, justement, théoriques, qu'ils raisonnent sur les effets de réseau en excluant tout autre effet, de nature différente ou contraire, et qu'ils ne posent pas de limites temporelles à l'analyse. Dans le monde « réel », les marchés à effets de réseau ne se structurent que de façon exceptionnelle sous la forme d'un monopole. La plupart du temps, la configuration concurrentielle qui s'impose est l'oligopole à frange concurrentielle (un petit nombre de gros acteurs qui concentrent une vaste partie du marché et de nombreux petits acteurs se disputant des niches). On retrouve notamment cette forme concurrentielle sur les marchés suivants :

- rencontres en ligne ;
- annonces d'emploi, d'immobilier et annonces automobiles ;
- comparateurs de prix ;
- plateformes d'achat et de vente entre particuliers ;
- réseaux sociaux.

Voici cinq raisons qui expliquent cet état de fait :

1. **Les effets de réseau sont rarement les seuls à structurer la concurrence** : l'influence des effets de réseau est d'autant plus faible que le bien ou le service considéré comprend une multitude de dimensions auxquelles les utilisateurs sont sensibles. Inversement, les effets de réseau sont puissants lorsqu'ils l'emportent sur tous les autres facteurs réglant le jeu concurrentiel. Dans le cas des réseaux sociaux, les effets

de réseau sont « puissants », car le nombre de personnes avec qui l'on peut potentiellement entrer en contact est un critère de choix qui, de loin, l'emportera sur tous les autres (ergonomie, services, respect des données privées). À l'inverse, les effets de réseau indirects sont de faible importance dans le cas des smartphones : l'avantage de l'iPhone à posséder le plus vaste choix d'applications est un facteur de sélection parmi d'autres, comme le prix, l'autonomie ou le design.

2. **Les effets de réseau, même puissants, s'épuisent souvent au-delà d'un seuil critique d'utilisateurs** et deviennent alors secondaires par rapport à d'autres critères de choix. La configuration du « gagnant raflant la mise » sur les marchés à effets de réseau suppose implicitement que la valeur créée par un utilisateur supplémentaire reste toujours positive et ce, quelles que soient son identité et sa position dans la file d'arrivée. Ainsi, le cent millième utilisateur d'un réseau de rencontres est censé encore ajouter de la valeur au réseau aux yeux de tous les autres membres réels ou potentiels. Il est plus réaliste, dans un cadre général, de supposer que les effets de réseau s'épuisent au-delà d'une certaine masse critique. Et de postuler, par conséquent, que plusieurs services à effets de réseau puissent coexister, pourvu qu'ils aient réussi à franchir la masse critique.

3. Dans le monde « réel », **l'asymétrie d'information entre consommateurs et producteurs de biens ou de services conduit à ce qu'une plateforme moins performante ne soit pas forcément reconnue comme telle par les utilisateurs**. Pour un individu en recherche d'emploi, il est impossible de déterminer a priori quel site d'emploi dispose de l'offre la plus riche d'annonces récentes correspondant à son profil. Il y a bien des volumes d'annonces indiqués sur chaque portail, mais chacun sait que ces données sont sujettes à caution. Un chercheur d'emploi lambda utilisera donc plusieurs plateformes simultanément, alors qu'il lui serait plus profitable de n'en utiliser qu'une seule. Comme plusieurs plateformes d'annonces recueillent une audience notable, les employeurs ne peuvent, de leur côté, faire autrement que d'en utiliser plusieurs, afin de donner la plus grande visibilité à leurs annonces. Ce *multi-homing* sur les deux faces entretient la coexistence de plusieurs sites de taille substantielle, tels que Cadremploi, Apec et Monster, dans la recherche d'emploi en ligne.

4. Dans bien des cas, plutôt qu'un monopole, on se trouve dans **une situation d'équilibre à plusieurs acteurs ayant atteint une taille critique**

suffisante pour coexister de façon pérenne sur le marché. Ces sites, tant qu'ils ne commettent pas de faux pas, ont toutes les chances de se maintenir sur le marché. Mais ils doivent veiller à surtout ne jamais laisser le nombre de leurs utilisateurs s'éroder, sans quoi la migration vers une autre plateforme peut s'accélérer et les détruire. Dans un horizon temporel illimité qui est celui des théoriciens, la situation d'équilibre est forcément le monopole (tout au moins sur le cœur de marché), car la probabilité de réalisation de ce petit choc, de ce petit événement qui mènera l'une des forces en présence de vie à trépas est de 100 %. Dans le monde réel, où les entreprises se projettent rarement à plus de cinq ans, cette probabilité est faible. Pour une entreprise souhaitant s'emparer du cœur de marché sans partage, le rachat progressif des rivaux (dans une limite acceptable par les autorités de la concurrence) est un moyen assurément plus efficace que d'attendre leur éviction par la polarisation des effets de réseau.

5. **Les oligopoles que l'on observe sur le cœur de marché sont toujours accompagnés d'une frange concurrentielle composée de nombreux petits acteurs de niche**. Il convient d'enterrer cette illusion que les sites généralistes, grâce aux fonctionnalités de recherche et de navigation internes, pourront un jour venir à bout des acteurs de niche (ce que suggère la formule *winner-takes-all*). Les sites généralistes tentent bien sûr de fédérer les niches, mais ils ont du mal à s'imposer sur ces dernières pour les raisons suivantes :
   - Une part importante des utilisateurs préfèrent les sites spécialisés, car ils répondent (en apparence tout au moins) de façon plus précise à leur besoin.
   - Les sites généralistes, même avec une offre pointue, ont du mal à rendre cet atout visible sur leur page d'accueil et via les fonctionnalités de tri dont ils disposent. Plus une offre est large et profonde sur un site Internet, plus sa navigation est compliquée et fastidieuse.
   - Les acteurs de niche font généralement preuve d'une détermination bien plus grande à conquérir et à défendre leur « territoire d'activité » que les acteurs généralistes pour qui cette part d'activité représente un faible enjeu. C'est une question d'allocation des moyens : même si ces moyens paraissent disproportionnés au départ, on constate que les investissements financiers, techniques et humains d'un spécialiste surpassent *in fine* de loin ceux d'un généraliste.

Les marchés à effets de réseau : des citadelles imprenables ?

Les effets de réseau, lorsqu'ils sont puissants, constituent des remparts efficaces contre la concurrence. Égaler Cadremploi, Leboncoin ou SeLoger n'est pas chose facile. Les investisseurs et les éditeurs le savent parfaitement : la preuve irréfutable est qu'ils sont prêts à débourser des sommes très importantes pour acquérir ces « pépites ». Leboncoin a été valorisé, lors de sa cession au groupe norvégien Schibsted, 400 millions d'euros, soit onze fois son chiffre d'affaires et dix-huit fois son excédent brut d'exploitation (EBE). SeLoger a été racheté par l'Allemand Axel Springer sur la base d'une valorisation de 631 millions d'euros, soit huit fois le chiffre d'affaires et quatorze fois l'EBE. Des multiples étourdissants quand on les compare à ceux qui prévalent dans les activités Internet pauvres en effets de réseau. La valeur du Monde Interactif a ainsi été évaluée en 2011 à 33 millions d'euros, soit moins de deux fois son chiffre d'affaires et huit fois son EBE.

Pour autant, les positions des acteurs dominants sur les marchés à effets de réseau ne sont pas des forteresses imprenables. La chute est toujours possible : un nouvel entrant avec une promesse de valeur attractive et originale peut rebattre les cartes. Certes, il lui faudra du temps et de lourds investissements pour y parvenir, mais c'est de l'ordre du possible. Le danger pour les acteurs dominants sur les marchés à effets de réseau vient toutefois plus souvent de la marge du marché : de start-up innovantes qui transforment et déplacent les usages, de rivaux que l'on considère à tort comme marginaux parce qu'ils rompent complètement avec le modèle d'affaires dominant… eBay et PriceMinister ont perdu beaucoup de terrain en France, en raison de la montée en puissance du site Leboncoin. Skyblogs est tombé en désuétude, tout comme copainsdavant.com pour ne pas avoir su faire face à l'arrivée de Facebook.

Les avantages du pionnier : faut-il arriver le premier pour « rafler la mise » ?

La littérature sur les effets de réseau a promu l'idée qu'il fallait être, sinon le premier, parmi les pionniers du marché pour enclencher et profiter des effets de réseau, ce qui est vrai. La théorie sur les « *first-mover advantages* » a toutefois été décriée. Les financiers et les stratèges l'ont unanimement condamnée comme étant l'une des sources d'erreurs qui les avaient conduits aux extravagantes dissipations de richesse de la première bulle Internet. Pourtant, les éléments théoriques se rapportant à l'avantage du pionnier sont frappés au coin du bon sens.

Le fait de défricher un marché permet potentiellement à une entreprise de jouir d'avantages dont les sources sont les suivantes :

- bénéfices des effets de réseau et, éventuellement, d'économies d'échelle ;
- leadership technologique, grâce à l'avance sur la courbe d'apprentissage et, éventuellement, verrouillage d'une innovation par le dépôt de brevets ;
- préemption de ressources rares (comme un emplacement géographique pour un commerce ou l'accès à un input à des conditions préférentielles) ;
- effet de réputation : les études de psychologie des consommateurs montrent que la marque qui introduit un produit innovant est mémorisée et jouit donc d'une rente « symbolique » de réputation ;
- loyauté à la marque, pour des biens ou services à faible implication ou sur lesquels pèse une forte incertitude sur la qualité (biens d'expérience) ;
- coûts de transfert, comprenant :
  - le prix d'acquisition du nouveau produit,
  - les coûts d'apprentissage,
  - les coûts d'adaptation internes (par exemple lorsque, dans le cadre de l'achat d'un nouveau téléviseur, il faut aussi changer le meuble sur lequel il repose),
  - les coûts de coordination externes (évaluation du coût lié à l'impossibilité ou à la possibilité limitée de se synchroniser avec les autres : difficulté à accéder au même niveau d'information, à échanger ou à communiquer avec les autres).

Cependant, arriver en premier sur un marché peut aussi s'avérer une source de désagréments :

- Il faut supporter d'importants coûts d'évangélisation du marché, dont bénéficient les entrants tardifs.
- Les coûts d'imitation sont inférieurs aux coûts d'innovation.
- Les entrants tardifs bénéficient des tâtonnements des pionniers dans l'élaboration d'offres répondant précisément aux besoins du marché.

Passée une période d'observation, ces entrants tardifs peuvent ainsi se trouver en capacité de proposer une offre plus attractive, qui deviendra la référence du marché.

- Un brusque changement d'environnement technologique ou de la demande pénalise les acteurs en place, surtout si les coûts d'adaptation de leur offre sont importants.
- Les acteurs en place sont souvent «prisonniers» de routines de production, de savoir-faire, d'idées préconçues sur les attentes du marché qui les rendent moins flexibles, moins réactifs face au changement. La peur de cannibaliser un produit existant constitue, en outre, un frein majeur à l'innovation.
- Enfin, il arrive que l'orgueil des dirigeants, gonflé par les succès passés, devienne une source d'aveuglement et de persistance dans l'erreur.

Être un pionnier n'apporte, en outre, rien en soi: il faut être capable d'en profiter en enclenchant suffisamment tôt les effets de réseau et en évitant par la suite tout faux pas qui offre une chance aux poursuivants. Il est vrai que ce n'est pas le pionnier Friendster qui a remporté la bataille des réseaux sociaux généralistes. De même, ce n'est pas Vivastreet qui a raflé la mise sur le marché des annonces entre particuliers, mais Leboncoin. Et l'on trouverait sans peine d'autres exemples susceptibles d'affaiblir la portée de la théorie des avantages au pionnier. Mais il est tout aussi vrai que Cadremploi, SeLoger, Meetic ou LinkedIn sont des acteurs qui ont investi précocement leurs marchés respectifs. Contrairement à ceux que nous avons nommés précédemment, ils ont bien su gérer leur avance.

L'existence d'effets de réseau croisés ne conduit pas nécessairement à une situation de monopole. Le monopole est plutôt une exception, qui survient lorsque:

- les coûts de transfert, monétaires et psychologiques d'une plateforme à une autre sont dissuasifs;
- la segmentation de l'offre par type d'utilisateurs, de besoins ou de zones géographiques n'est pas de nature à obtenir la préférence d'une partie des utilisateurs, ce qui est rarement le cas. Même si les plateformes généralistes peuvent parfaitement procéder à des segmentations internes par catégorisation ou grâce à des fonctionnalités de recherche, il se trouvera toujours des utilisateurs pour préférer la logique affinitaire des sites spécialisés;

- le monopoleur n'est pas confronté à la concurrence d'entrants avec une promesse de valeur et/ou une technologie supérieure à la sienne dans des proportions telles que ses utilisateurs soient prêts à migrer.

Le *multi-homing*, ou le fait pour un individu d'utiliser plusieurs plateformes simultanément (par exemple, plusieurs logiciels de courriels ou plusieurs réseaux sociaux), sur une face réduit le pouvoir de marché de la plateforme vis-à-vis de l'autre face. Imaginons, par exemple, que les demandeurs d'emploi utilisent en moyenne simultanément trois plateformes d'annonces ; ce fait précis réduit la capacité de chacun des sites d'emploi à facturer les entreprises un prix élevé pour l'émission de leurs annonces.

Les effets de réseau sont à l'origine des plateformes qui maximisent la valeur de ces effets. S'il existe une grande variété de plateformes, toutes sont soumises aux caractéristiques des effets de réseau et à la nécessité de gérer la liquidité de la plateforme, ainsi que les limites des effets de réseau, si elles souhaitent se maintenir à long terme. On peut donc dire qu'une plateforme est un moteur de transactions qui vise à maximiser les effets de réseau.

Dans toute analyse concurrentielle, il est important de mesurer « l'intensité » des effets de réseau, autrement dit leur influence sur la structure concurrentielle. Les effets de réseau sont dits « puissants » ou « structurants » quand ils l'emportent sur tous les autres facteurs qui règlent le jeu concurrentiel. Plus un bien ou un service comprend de dimensions créatrices de valeur, plus l'intensité des effets de réseau est faible et son action peu structurante.

Un acteur qui a pris l'ascendant sur un marché à effets de réseau a toutes les chances d'accentuer son avance, car son offre devient de plus en plus désirable à mesure qu'il compte de nouveaux utilisateurs. Cependant, la position acquise, bien qu'étant généralement solide, n'est pas garantie à long terme : en cas de faux pas, les effets de réseau peuvent se dénouer et l'édifice s'effondrer.

Conserver son avance sur un marché à effets de réseau implique une stratégie volontariste et déterminée :

- **Innover sans cesse** ou racheter des entreprises innovantes, pour ne pas être dépassé sur le plan technique.
- **Faire preuve d'humilité**, en considérant avec prudence toute nouvelle menace immédiate ou éloignée (être paranoïaque).

- **Veiller à ce que le nombre d'utilisateurs ou l'intensité de l'usage ne diminue pas**. Au contraire, renforcer «l'adhésivité» du produit (c'est-à-dire la fréquence et la durée moyenne des utilisations individuelles) par tous les moyens (création de nouvelles fonctionnalités, envoi de messages incitant les membres à utiliser le produit, etc.).
- **Renforcer les effets de réseau existants** par d'autres effets cumulatifs.

Dans les activités numériques, les effets de réseau ne sont souvent qu'un facteur d'une dynamique cumulative où se combinent d'autres effets vertueux classiques, tels que les économies d'échelle, les effets de notoriété (plus un site est puissant en matière d'audience, plus il bénéficie d'une exposition gratuite dans les médias), les effets d'expérience et l'avance sur la courbe d'apprentissage (qui conduit à un meilleur pilotage de l'activité).

CAS D'APPLICATION

LA RÉUSSITE DE LINKEDIN FACE À VIADEO, OU LA MAÎTRISE DES EFFETS DE RÉSEAU

La comparaison de la trajectoire de ces deux entreprises fondées à la même époque illustre l'importance de la maîtrise des effets de réseau dans le succès d'une plateforme. À cet égard, la stratégie de LinkedIn s'avère exemplaire : elle transforme son modèle initial pour en faire une plateforme multifaces, démultipliant la puissance des effets de réseau. Pendant ce temps, son concurrent français Viadeo échoue à les maîtriser en prenant souvent de mauvaises décisions, s'empêchant ainsi de devenir l'un des leaders des réseaux sociaux professionnels.

LE DÉVELOPPEMENT DE VIADEO

Fondé en 2004 par Dan Serfaty, Viadeo a pour ambition de faciliter les interactions entre professionnels. En 2007, le réseau social revendique déjà 1 million d'utilisateurs et est disponible en six langues. La course à l'internationalisation s'installe dans les années qui suivent : le groupe rachète des concurrents asiatiques, espagnols, russes, etc., et crée des filiales aux États-Unis (pour son infrastructure technique), en Inde, en Chine, au Maroc et en Russie.

Après un premier plan social fin 2014, Viadeo décide de se recentrer sur la France. Avec 25 millions d'utilisateurs, la Chine est, de loin, son premier pays, mais c'est en France, où le réseau social compte 9 millions de membres fin 2014, que l'entreprise réalise la quasi-totalité de son chiffre d'affaires (95 %).

L'activité consiste à fournir des outils et réseaux sociaux à des professionnels afin de leur permettre d'améliorer leurs perspectives de carrière, de rechercher des opportunités d'affaires, ou encore de trouver de nouveaux contacts. L'activité a trois sources de revenus : la vente d'abonnements premium (40 % du CA), les revenus liés à la commercialisation auprès d'une clientèle d'entreprises d'outils et de services de recrutement (41 %), et la commercialisation auprès d'une clientèle d'entreprises d'espaces publicitaires et de services marketing (19 %).

L'abonnement premium permet de bénéficier d'avantages exclusifs. Il vise à démultiplier les opportunités de mise en relation avec de potentiels recruteurs en mettant en lumière leur profil et en leur donnant accès à de nombreux avantages, parmi lesquels :

- l'accès à la liste complète des personnes ayant visité leur profil et la possibilité d'envoyer des messages à tous les membres sans limitation pour ne pas perdre une seule occasion de mise en relation ;
- l'accès à la recherche avancée pour s'ouvrir des opportunités de façon proactive, en recherchant des personnes ciblées par type de poste, secteur géographique, secteur d'activité de l'entreprise ;
- la remontée de leur profil en tête de liste dans les recherches des recruteurs, démultipliant leurs chances d'être repérés, puis contactés pour un poste correspondant à leur expertise et leurs attentes.

En décembre 2015, le Groupe Viadeo confirme son redéploiement stratégique en France et son retrait du marché chinois où il avait, au travers de sa filiale Tianji, 26 millions d'utilisateurs. Sur un marché chinois très concurrentiel, d'un potentiel de 800 millions d'internautes, l'accroissement de la base de membres de Tianji nécessitait des ressources de développement très importantes.

TABLEAU 1.2. Sélection des données financières de Viadeo

En millions €	2011	2012	2013	2014	2015
Chiffre d'affaires HT	20,9	23,2	28,3	22,9	23,9
Bénéfices avant impôt	−0,6	−1,6	−3	−5,9	−4,2
Bénéfices après impôt, amortissements et provisions	1,2	−3,2	−5,4	−3,4	−52,5

En février 2016, Viadeo liquide ses filiales marocaine et russe, tout en précisant que le marché marocain continuerait d'être piloté depuis Paris. Le service d'abonnement premium aux membres devient gratuit en 2016 pour les jeunes et les demandeurs d'emploi (sur demande). Le chiffre d'affaires sur le premier semestre 2016 est en chute de 31 % par rapport au même semestre en 2015.

En novembre 2016, Viadeo annonce la suspension de sa cotation et sa mise en redressement judiciaire. Le site est racheté en janvier 2017 par Le Figaro pour 1,5 million d'euros au travers de sa branche Figaro Classifieds, qui regroupe plusieurs sites spécialisés dans l'emploi, tels que Cadremploi, Keljob, Cadres Online ou Kelformation.

Viadeo revendique 11 millions de membres en avril 2017. La plateforme fournit désormais un jeu d'API («Connect with», «Apply with») et des widgets de partage (boutons «Share on Viadeo») ou de suivi («Follow My Company»).

LE DÉVELOPPEMENT DE LINKEDIN

Un peu avant Viadeo, LinkedIn est créé en 2003 aux États-Unis avec l'idée d'être un service qui soit un peu plus qu'un simple *job board,* où sont listées les offres d'emploi. LinkedIn est introduit en bourse en 2011 et racheté par Microsoft en juin 2016 pour 26,2 milliards de dollars. Le site s'internationalise dès 2008 avec une version espagnole, puis française fin 2008, une version allemande en 2009 et finalement, une version chinoise en 2014.

TABLEAU 1.3. Sélection des données financières de LinkedIn (Microsoft)

En milliers $	2013	2014	2015	2016	2017	2018
Chiffre d'affaires (milliards)	1,52	2,22	2,99	3,65	2,3	5,3
Coût des ventes et dépenses marketing	522100	774411	1048129	N/D	N/D	N/D
Développement produit R&D	395643	536184	775660	N/D	N/D	N/D
Bénéfices ou pertes	47812	36135	–150942	N/D	N/D	–63000

Tout comme Viadeo, LinkedIn commercialise trois gammes de services: «Talent Solutions» à destination des entreprises qui recrutent, «Premium Subscriptions» à destination des utilisateurs et «Marketing Solutions» à destination des annonceurs, essentiellement des acteurs économiques.

Le réseau a, par ailleurs, lancé son «Ad Network» en septembre 2008, le LinkedIn Audience Network.

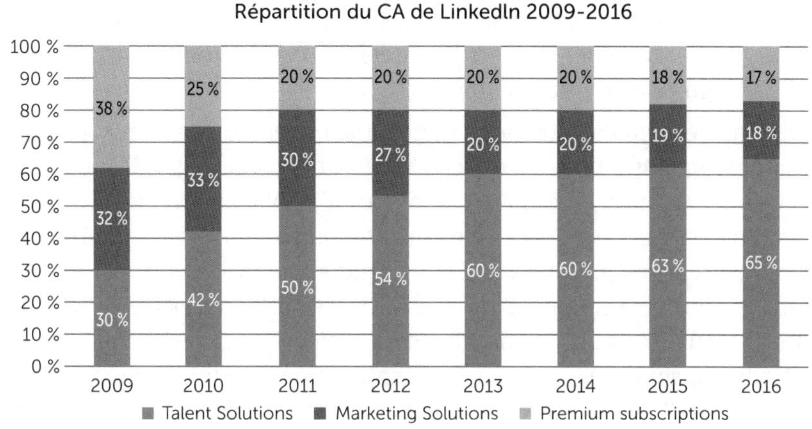

Source: LinkedIn Annual Report.

FIGURE 1.15. Évolution de la répartition du CA de LinkedIn

LinkedIn est parvenu à offrir à ses utilisateurs de plus en plus de fonctionnalités, générant de l'interactivité et des connexions quotidiennes. Cette stratégie de développement a été bâtie sur des fondations solides : une indispensable CVthèque, une fidélisation des utilisateurs grâce au partage d'actualités et de tribunes, et plus récemment l'apport de formations en ligne avec LinkedIn Learning.

Chaque utilisateur dispose désormais d'un fil d'actualité, semblable à celui de Facebook et de Twitter, qui liste les contenus intéressants partagés par ses contacts et incite à revenir régulièrement découvrir de nouvelles publications. LinkedIn a aussi investi dans les contenus originaux en attirant des personnalités qui signent des chroniques exclusives («Influencers»). La première intervention de Bill Gates a été vue plus d'un million de fois en deux jours.

En parallèle, des offres payantes de plus en plus larges sont proposées aux recruteurs, avec de nombreuses options de recherche et d'analyse. Pour les marques, ces nouvelles fonctionnalités permettent également une présence de plus en plus importante par le biais de la publicité.

Les visiteurs uniques mensuels sont passés de 50 millions début 2012 à 106 millions début 2016. Le nombre de pages vues est passé dans le même temps de 11 milliards au 1er trimestre 2011 à 45 milliards au 1er trimestre 2016.

Jeff Weiner, directeur général de la société depuis 2009, a mis en place des outils capables de fournir à LinkedIn un écosystème complet sur le monde de l'entreprise. L'objectif stratégique est de contraindre à passer par LinkedIn pour n'importe quelle étape de sa vie professionnelle.

LinkedIn a également noué des partenariats avec de nombreux journaux ou autres organismes : le *New York Times* afin de partager des articles et recevoir les articles relevant du domaine d'activité inscrit dans le profil LinkedIn ; *BusinessWeek* pour que LinkedIn puisse fournir des informations sur les entreprises présentes sur le site (notamment les effectifs) et qu'en parallèle, une application sur le site businessweek.com permette aux lecteurs de visualiser leurs contacts dans les entreprises citées ; CNBC afin que les études ou sondages créés par les membres de LinkedIn soient retranscrits sur le site de CNBC afin de permettre aux utilisateurs de partager des discussions avec des contacts professionnels (et en parallèle, CNBC met à disposition ses programmes, articles, blogs, données financières ou contenus vidéo sur LinkedIn) ; l'Apec (Association pour l'emploi des cadres) en France afin d'exporter certains Webservices de LinkedIn sur le site de l'association, etc.

En effet, LinkedIn a ouvert en novembre 2009 l'accès à ses services au travers de différentes API : des API publiques et gratuites comme «*Sign In with LinkedIn*», «*Share on LinkedIn*», «*Add to Profile*», «*Manage Company Pages*», et des API privées destinées à des partenaires entreprises pour accroître l'intégration des services LinkedIn dans différents outils tiers comme les SIRH, les solutions d'achat de publicités en ligne, les outils de marketing (CRM). Aujourd'hui, sa principale source de revenus (65 %) vient des services qu'elle propose aux entreprises, afin de leur trouver les meilleurs candidats. Plus de 40 000 entreprises sont ainsi clientes de LinkedIn à travers le monde.

LinkedIn rachète Lynda.com 1,5 milliard de dollars (soit plus des deux tiers de son propre CA), un site spécialisé dans la formation, qui dispense des cours en ligne dans différents secteurs. «Ensemble, nous pouvons faciliter la tâche des professionnels à travers le monde, accélérer leur carrière et réaliser leur potentiel via l'apprentissage et le développement de nouvelles compétences», explique LinkedIn dans un communiqué. En novembre 2016 Lynda.com devient LinkedIn Learning. LinkedIn Learning sera prochainement ouvert aux entreprises qui pourront intégrer des formations en ligne dans leur programme de formation.

En juillet 2016, LinkedIn fait également l'acquisition de PointDrive, start-up américaine ayant développé un outil permettant aux commerciaux de partager du contenu avec clients et prospects par le biais d'une page Web personnalisée. En octobre 2016, LinkedIn lance Open Candidates, qui permet de chercher un nouvel emploi sans que son employeur s'en aperçoive. Le calculateur de salaire pourrait permettre à LinkedIn d'élargir encore cette palette de services et notamment de « suggérer des stratégies de carrière » à ses utilisateurs, et concurrencer les sites comme Glassdoor. Après avoir indiqué l'intitulé du poste et le lieu dans sa recherche, l'utilisateur découvre le salaire médian auquel il peut prétendre. L'outil fournit des détails sur les variations de revenus selon les secteurs, les zones géographiques et la taille des entreprises, mais aussi les diplômes. Pour les utilisateurs de la version gratuite, l'option est disponible s'ils indiquent auparavant leur salaire au réseau social. LinkedIn assure la confidentialité de ces informations, qui lui permettent d'alimenter sa base de données et de mettre à jour ses estimations.

L'ANALYSE DES TRAJECTOIRES DES DEUX PLATEFORMES

Comment expliquer les trajectoires si différentes de ces deux plateformes qui démarrent à la même époque et sur la même idée et le même modèle ? Les deux plateformes opèrent initialement un modèle biface non transactionnel. Ce sont des places de marché « *double commit* », c'est-à-dire que les transactions (le contrat de travail) ne sont pas réalisées directement sur la plateforme dont le rôle se limite à la mise en relation.

Fondamentalement, Viadeo n'a pas réussi à maîtriser les caractéristiques d'un marché biface. Dans une dynamique concurrentielle dans laquelle existent des effets de réseau, le jeu concurrentiel repose sur la maîtrise des effets de réseau, leur déclenchement et leur gestion par la suite, ce que LinkedIn a parfaitement maîtrisé. Cela est caractéristique de situations « winner-takes-most ».

La compréhension des mécanismes de *pricing* sur ce type de marché a permis de réussir le déclenchement des effets de réseau. Si le modèle freemium est adéquat en termes de politique de *pricing* sur une plateforme biface, il est dans le cas de Viadeo mal employé. Les services premium facturés représentent une part très significative du CA en 2016 (40 % contre 17 % chez LinkedIn à la même date). Trop d'éléments de base sont inclus dans le service premium, limitant la dynamique de développement du nombre d'utilisateurs et freinant donc les effets de réseau directs. Ceux-ci étant limités, la croissance du nombre d'utilisateurs l'est également. Par ailleurs, la politique d'internationalisation de Viadeo est elle aussi une des raisons qui limitent les effets de réseau directs. Le rachat des acteurs internationaux ne donne pas lieu à une intégration suffisante qui renforcerait les effets de réseau directs. On assiste donc à la multiplication des bases clients plutôt qu'à la constitution d'une seule base qui générerait des effets de réseau croisés puissants en attirant les grandes entreprises internationales pour le recrutement et la publicité. Dès lors, les effets de réseau croisés sont limités. Moins de profils sur une face amènent moins d'entreprises sur l'autre face.

In fine, la plateforme n'arrive pas à déclencher des effets de réseau suffisamment puissants pour développer ses deux faces, sans compter qu'elle est confrontée à un concurrent international qui, lui, maîtrise parfaitement ces mécanismes et ne commet pas d'erreur dans la gestion des effets de réseau et dans la conception des fonctionnalités de sa plateforme.

Contrairement à Viadeo, la tarification freemium déployée par LinkedIn n'a pas contrarié la logique de développement des effets de réseau, car elle a été bien conçue. Le *profit segment* est bien la face entreprise (recrutement et marketing) qui dès 2009 représente 62 % du chiffre d'affaires (voir figure 1.15). Le succès du modèle se mesure à la très bonne gestion de cette question avec une croissance continue de la face «individus» qui dynamise l'autre face qui connaît un accroissement du nombre d'entreprises, face qui génère une part croissante du chiffre d'affaires (passage de 62 % à 83 % du chiffre d'affaires en 2016).

Par ailleurs, la conception de la plateforme permet un développement de différents types d'effets de réseau:

- **Effet de réseau direct**: la croissance constante du nombre d'utilisateurs augmente la valeur de la plateforme qui croît directement avec son nombre d'utilisateurs. La conception des services freemium laisse une partie gratuite suffisante à l'utilisateur non payant pour qu'il demeure sur la plateforme et développe des usages. L'ajout de fonctions de gestion de contenus (LinkedIn Pulse, partage de présentation de type PowerPoint grâce à SlideShare) accroît la valeur de la partie gratuite de la plateforme pour les utilisateurs non payants et maintient leur usage dans le temps. Plus encore, la transformation de LinkedIn en véritable réseau social professionnel augmente la fréquence de visite de la plateforme et permet de générer des revenus publicitaires. Il y a donc une bonne gestion d'un des effets de réseau croisés. Le temps passé sur la plateforme et la croissance du nombre de visiteurs uniques augmentent l'intérêt sur l'autre face des annonceurs. LinkedIn peut donc facilement monétiser ses utilisateurs.

- **Effet de feedback positif** : tout nouvel utilisateur, face à une alternative de choix sur le marché des réseaux sociaux professionnels, choisira la plateforme qui lui apportera l'utilité la plus forte. En l'occurrence dans ce cas, la taille des plateformes mesurée en nombre d'utilisateurs accroît mécaniquement l'avantage de LinkedIn qui a systématiquement plus d'utilisateurs que Viadeo, notamment sur le marché français depuis plusieurs années.
- **Effet de réseau croisé** : ceux-ci ont été gérés de façon pertinente. Les investissements marketing (voir figure 1.15) permettent de développer le recrutement sur les deux faces du modèle (individus et entreprises). Plus il y a de CV, plus les entreprises ont intérêt à déposer des offres d'emploi. Cela est renforcé par la fourniture de fonctionnalités de ciblage publicitaire qui augmente la valeur de la plateforme pour les entreprises tant en marketing qu'en recrutement, et désormais en formation.
- **Effet de verrouillage** : le verrouillage est réel, car il est coûteux pour un individu de développer plusieurs CV sur plusieurs plateformes. Cet effet se renforce avec le temps, car plus il y a d'informations fournies par l'individu, plus il est coûteux de changer de plateforme. En outre, les effets directs et de feedback positifs renforcent l'effet de verrouillage, car la valeur de la plateforme augmente avec le nombre d'utilisateurs. Enfin, les stratégies de *multi-homing* des utilisateurs pourraient amoindrir la valeur de la plateforme, mais même si elles existent, elles ne sont pas suffisamment puissantes pour convaincre un individu d'abandonner LinkedIn. Le changement reste coûteux pour les individus.

La conception de la plateforme LinkedIn s'appuie sur des développements internes importants (comme en témoigne le montant des investissements de R&D et les dépenses marketing, sans commune mesure chez Viadeo) et sur des rachats internes pour renforcer la plateforme en fonctionnalités (rachat de SlideShare, de Lynda.com, etc.). Stratégiquement, il n'y a donc aucune erreur d'allocation de ressources dans la gestion d'une plateforme multifaces.

CHAPITRE 2

CRÉER DE LA VALEUR GRÂCE AUX DONNÉES

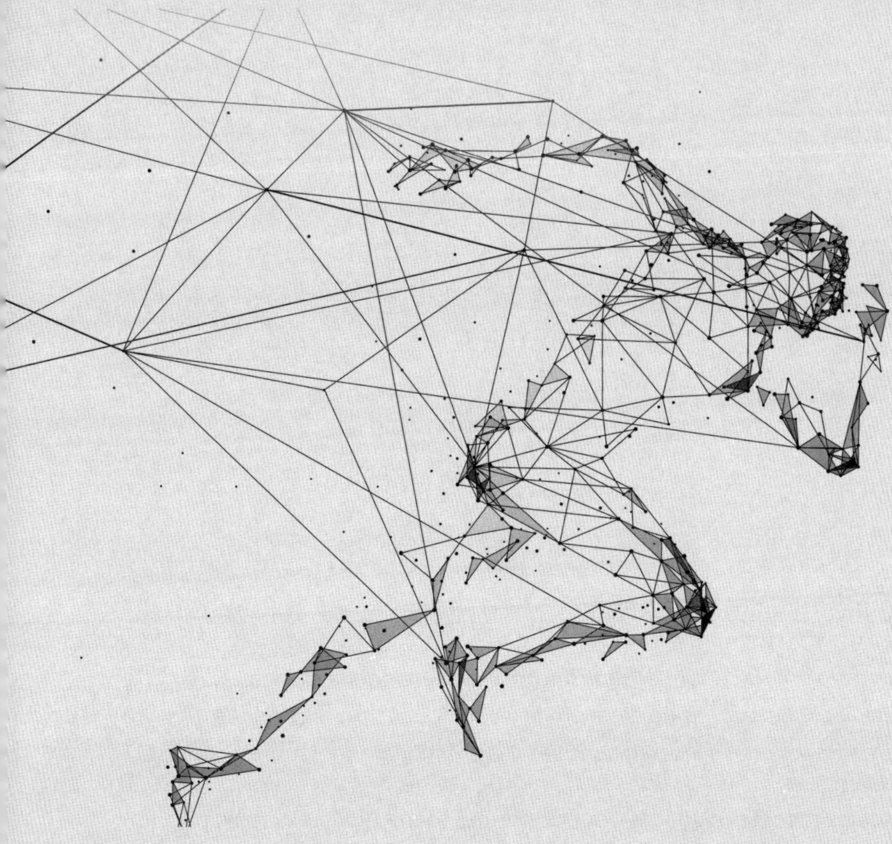

LES OBJECTIFS DU CHAPITRE

- Définir une trace, une donnée, une information, une connaissance.
- Identifier les mécanismes de création de valeur fondés sur les données.
- Comprendre les enjeux stratégiques liés à la création de valeur par les données.
- Analyser les modèles d'affaires des plateformes fondés sur les données.

La mise en données du monde, ou processus de *datafication*, n'est en soi pas le propre de l'ère numérique. Ce qui est à l'œuvre actuellement, c'est son extension et sa généralisation. Elles portent, par exemple, sur nos comportements de déplacement, grâce au GPS de nos smartphones ou de nos véhicules, nos recherches d'information, nos attentions (combien de fois vous avez écouté tel morceau de musique, par exemple) et nos sentiments (ce que vous «*likez*» sur les réseaux sociaux). De façon générale, nos usages et nos interactions génèrent de plus en plus de données à mesure qu'ils sont supportés par des dispositifs numériques.

Ce phénomène s'étend désormais aux objets et au monde vivant. En effet, la connectivité quasi généralisée concerne de plus en plus de produits : au troisième trimestre 2020, il y a ainsi près de 22 millions d'objets équipés d'une carte SIM en France, sachant qu'il existe des millions d'autres objets connectés avec d'autres technologies comme le Bluetooth, le wifi ou le RFID (*Radio Frequency Identification*). Le monde vivant, végétal et animal, n'est pas en reste, puisque de plus en plus d'animaux sont équipés de puces ou de capteurs générant des données sur leur état physique et physiologique. Les agriculteurs utilisent ce type de capteurs (dans les parcelles notamment) ou bien des drones, pour mieux gérer leurs exploitations. Certaines villes, comme Paris, équipent même leurs arbres de puces !

La croissance des données disponibles est exponentielle. En 2020, le volume des données produites est estimé à 47 zettaoctets (près de 50 milliards de teraoctets) et les prévisions et les prévisions pour 2030 s'élèvent à 612 zettaoctets. Entre 2015 et 2020, la consommation par abonné sur les réseaux mobiles en France a été multipliée par 11. Ce phénomène, souvent décrit par l'expression *Big Data*, n'est que la face visible de l'iceberg.

Si la volumétrie change radicalement la donne dans l'élaboration de nouveaux services, elle ne suffit pas à elle seule à constituer une réelle transformation des modèles d'affaires des organisations. La transformation des données en valeur pour l'organisation nécessite une réelle compréhension stratégique par l'équipe dirigeante accompagnée d'une organisation adéquate.

Dans cette perspective, les plateformes deviennent des modèles d'organisations qui exploitent pleinement les données en constituant des modèles d'affaires fondés sur celles-ci. On parle de *data-driven business models*. Les plateformes mettent au cœur de leur modèle stratégique et organisationnel la collecte et la valorisation de la donnée pour optimiser le modèle de plateforme. Dès lors, il importe de maîtriser les différentes dimensions de l'extraction de la valeur de la donnée en maîtrisant ses dimensions stratégiques, organisationnelles et techniques.

DEUX LOGIQUES DE CRÉATION DE VALEUR GRÂCE AUX DONNÉES

Dans le chapitre 1, nous avons mis en évidence l'existence de différents types de plateformes et, plus particulièrement, des réseaux de données. Il s'agit d'un type de réseau qu'Internet rend économiquement viable par une baisse des coûts de collecte et d'analyse et ce, sur de grands ensembles de données, le *Big Data*. Un service comme Waze utilise la vitesse et l'emplacement du pilote pour améliorer le routage et la navigation pour les autres utilisateurs de l'application. Yelp et Netflix collectent des données et des évaluations pour améliorer les recommandations aux utilisateurs. PatientsLikeMe est un réseau social qui collecte des données de patients atteints d'une maladie grave ou rare, afin d'accélérer la recherche sur ces maladies.

Tous ces réseaux de données ont des effets directs sur le réseau, c'est-à-dire qu'une fois les données de chaque utilisateur ajoutées au réseau, la valeur du service fourni par le réseau augmente pour chaque utilisateur. Cependant, cet effet de réseau est souvent limité dès que l'on atteint un certain volume de données (voir chapitre 1). En revanche, la collecte et le traitement des données ne se limitent pas à ce seul type de plateformes. Toutes les plateformes sont en mesure de collecter des données sur les usages qu'elles permettent à leurs utilisateurs. Ces traces individuellement n'ont aucune valeur directe pour les utilisateurs, qui la plupart du temps ignorent l'existence même de ces traces d'usage. Cependant, l'agrégation de ces données et leur traitement sont à la base de nombreuses opportunités de services et d'expériences clients qu'ils enrichissent grâce leur personnalisation.

Deux logiques se combinent sur les plateformes. La première consiste à offrir une expérience personnalisée des services de la plateforme qui crée de la récurrence d'usage. La seconde est de s'appuyer sur les données pour construire ces mêmes services personnalisés par des traitements agrégés des données. Ceux-ci reposent sur des traitements algorithmiques fondés sur l'usage des technologies d'apprentissage statistique (*machine learning*) et d'apprentissage profond (*deep learning*), que l'on appelle généralement intelligence artificielle. Les plateformes sont des organisations qui reposent massivement sur la capacité à extraire cette valeur des grands volumes de données qu'elles génèrent.

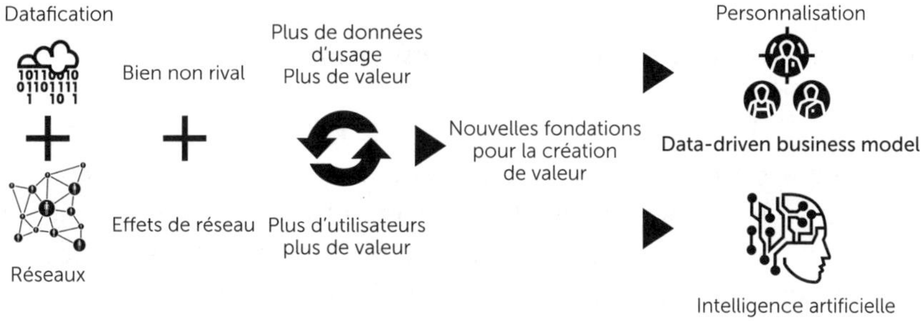

FIGURE 2.1. La combinaison des logiques de création de valeur par la donnée

Il convient tout d'abord de présenter la chaîne de valeur de la donnée, qui détermine *in fine* la valeur que la plateforme délivre à ses utilisateurs. Dans cette perspective, les traces, données, métadonnées, informations et connaissances sont distinguées afin de saisir comment les organisations parviennent à construire une chaîne de valeur de la donnée et à élaborer des stratégies de valorisation des données. Puis, une analyse approfondie de ces stratégies montrera à quel point la donnée est au cœur du fonctionnement des plateformes : gestion de l'appariement, gestion de la liquidité, gestion de la valeur des transactions, gestion de l'innovation, gestion de l'écosystème. Ces différents usages de la donnée constituent de véritables modèles d'affaires fondés sur les données (les *data-driven business models*).

MAÎTRISER LA CHAÎNE DE VALEUR DE LA DONNÉE

La numérisation se caractérise par un régime de production de la donnée généralisé. Les données sont donc une ressource centrale des nouveaux modèles d'affaires. Cependant, il importe de préciser les caractéristiques de cette ressource, tant ses propriétés la rendent différente des matières premières auxquelles elle est souvent comparée. À cet égard, il importe de mieux saisir l'importance d'une notion fondamentale, les métadonnées, sans laquelle la plupart des données n'ont pas de valeur, particulièrement dans un monde où leur usage principal est l'intelligence artificielle. Plusieurs types d'intelligence artificielle existent et sont mobilisés par les différents modèles d'affaires des plateformes. Une fois maîtrisée cette chaîne de valeur de la donnée, il est possible enfin de dégager un modèle général de création de valeur fondé sur les données, que l'on retrouve dans tout modèle d'affaires fondé sur les données.

Données, métadonnées, traces, informations et connaissances

Une donnée est la description élémentaire d'une réalité, par exemple, le fruit d'une observation (le nombre de voitures par jour qui passent sur une route) ou d'une mesure (la température d'une pièce). La donnée est souvent définie comme étant dépourvue de tout raisonnement, supposition, constatation et probabilité. Elle est souvent qualifiée de donnée «brute». Si cette idée d'objectivité de la donnée est très partagée, nombreux sont ceux qui considèrent que la notion de «données brutes» est un oxymore.

Toute production de données est un processus qui repose sur une intention, une subjectivité. Les données font l'objet, dans leur immense majorité, d'un important dispositif de collecte et d'un important travail de préparation et de nettoyage (*data cleaning* ou *data scrubbing*). Contrairement à une matière première comme le pétrole, les données sont issues d'une intention et d'un procédé de production ; elles n'existent pas par elles-mêmes.

Aussi est-il préférable de parler de données primaires, plutôt que de données brutes. La production de la donnée, avant même que celle-ci ne soit traitée, nécessite donc des processus spécifiques (collecte, préparation, consommation), des ressources et une intention. Il ne s'agit nullement de simplement collecter la donnée pour l'exploiter. Elle nécessite que lui soient ajoutées d'autres données pour la décrire et l'utiliser : des **métadonnées**.

D'un point de vue économique, la donnée est un bien non rival, ce qui signifie que sa consommation par un individu ne la fait pas disparaître. Cette caractéristique fondamentale de la donnée la distingue là encore des autres matières premières avec lesquelles elle est souvent comparée, notamment le pétrole. Il ne peut y avoir épuisement de la donnée, puisque chaque jour il s'en crée davantage. C'est précisément une des dimensions de l'expression *Big Data*. Avec une telle caractéristique, on sort de l'économie de la rareté à double titre. En premier lieu, la consommation ne détruit pas la donnée. En second lieu, la donnée est une matière inépuisable.

Ces caractéristiques expliquent également pourquoi certains envisagent la donnée comme un bien public. Cependant, un bien public pur est un bien non rival et non excluable, c'est-à-dire qu'il est difficile de faire payer l'accès à ce bien. Les données ne relèvent pas, par nature, d'un bien public, car il existe de nombreux moyens d'en rendre l'accès payant ; c'est la base de nombreux modèles d'affaires. À cet égard, la gratuité de multiples services numériques repose bien sur une valorisation des données par les modèles économiques des plateformes (voir chapitre 1). Les données s'apparentent davantage à un bien de club, c'est-à-dire un type particulier de bien collectif dont la consommation respecte le principe de non-rivalité, mais qui a la possibilité d'être rendu excluable.

Typologie des données

La plupart des analyses focalisent leur attention sur les données personnelles que les échanges numériques mobilisent. En réalité, il existe une très grande variété de données. La plupart des services numériques sont construits non pas directement sur des données personnelles préexistantes à l'échange, mais à partir de données d'usage et de navigation, et de celles relatives à l'environnement du service. Le tableau 2.1 offre une catégorisation des différentes données qui sont combinées dans la production de services numériques.

TABLEAU 2.1. Typologie des données utilisées dans les services numériques

	Données préexistantes aux transactions	Données produites lors des transactions
Données générées par le client	Données personnelles	Données transactionnelles Données générées par le client (métadonnées)
Données générées par le dispositif (contractuel et/ou technique)	Données contractuelles	Données temps réel Données de navigation Données comportementales (*by-product data*)

On distingue ainsi les données qui sont le fait de l'utilisateur d'un service (identité) et qui sont des données personnelles, des données générées par le dispositif contractuel lui-même. Elles préexistent à la transaction. Les données contractuelles sont le fait du prestataire et de l'utilisateur du service. Elles sont encastrées dans un dispositif technologique (service de streaming, console de jeux, smartphone, application mobile, etc.), et sont générées avant l'usage lors de la contractualisation. Mais l'essentiel des données qui sont utilisées dans les services numériques sont des données d'usage du service lui-même, c'est-à-dire des données produites dans l'interaction elle-même.

Ce sont en majeure partie les traces des interactions avec un dispositif numérique qui sont à l'origine de la valeur du service. Initialement, ces données sont produites pour des raisons techniques en vue d'assurer le bon fonctionnement du service (comme les cookies ou les logs sur les serveurs, les coordonnées GPS pour la géolocalisation d'un service). Ces données secondaires, ou *by-product data*, par rapport aux données de transaction, n'ont pas de valeur directe pour l'usager. Cependant, dès lors qu'elles font l'objet d'un traitement, elles prennent une réelle valeur. Nombreux sont les services numériques dont la valeur repose essentiellement sur l'exploitation de ces traces ancillaires, sans valeur pour celui qui les génère.

EXEMPLE

Le nombre de fois qu'un morceau d'un même artiste est écouté sur un service de musique en ligne comme **Deezer**, les lieux ou les moments d'écoute, ainsi que les listes de morceaux élaborées par les usagers constituent des données qui sont utilisées pour bâtir des services complémentaires, comme les services de recommandations personnalisées (le Flow de Deezer).

Données structurées et non structurées

Les données sont variées et se différencient souvent par leurs modalités de production ou leurs usages. Il existe néanmoins une grande différence fondamentale entre les données structurées et non structurées.

Une donnée est dite structurée dès lors qu'elle peut être traitée automatiquement et efficacement par un logiciel. Dans la pratique, une donnée structurée est une donnée gérée dans une base de données relationnelle ou un tableur.

Une donnée non structurée est une donnée représentée ou stockée sans format prédéfini. Ces données sont toujours destinées à des humains. Elles sont constituées de documents textes ou multimédias (vidéos, photos, textes), mais peuvent également contenir des dates, des nombres et des faits. Cette absence de format entraîne des irrégularités et des ambiguïtés qui peuvent rendre difficile leur compréhension.

La plupart des systèmes d'information ont été conçus historiquement pour gérer des données structurées. Le développement des usages numériques, notamment ceux liés aux smartphones, a démultiplié les volumes de données non structurées (photos, vidéos, commentaires, contenus textuels). Dès lors, ces données dont les volumes ne cessent de croître ont renforcé l'importance des métadonnées sans lesquelles il est très difficile de les gérer et de les exploiter.

Données contributives ou ascendantes

Il existe une catégorie de données produites volontairement par des individus, les données contributives ou ascendantes. Valérie Peugeot les définit comme «des informations produites par les utilisateurs ou bénéficiaires d'un service, par opposition à des données produites par l'organisme public ou privé gestionnaire du service. On parle également de "données ascendantes", désignant ainsi la trajectoire de production de l'information, à rebours des services traditionnels dans lesquels la donnée est diffusée par une entité centrale vers un nombre plus ou moins grand de bénéficiaires.»

EXEMPLE

Plusieurs modèles d'affaires existent autour des données contributives : des modèles *open source* comme **OpenStreetMap** et **Open Food Facts** ; des modèles de revente des données agrégées, comme dans le cas de **PatientsLikeMe** ; des modèles de rémunération de la donnée générée, comme **Clic and Walk**.

Données publicitaires

Dans l'industrie de la publicité digitale, les données jouent un rôle central, notamment pour construire des segments d'audience auxquels on destine des campagnes publicitaires.

Ainsi, dans la publicité en ligne, on distingue les données *first-party*, celles des annonceurs, les *second-party data*, celles des éditeurs, et les *third-party data* fournies par des tiers. Celles-ci sont issues de différents acteurs : des acteurs météorologiques qui fournissent des données pour paramétrer des campagnes publicitaires en fonction de données météorologiques, des données issues du commerce ou de cartes de fidélité, ou encore d'acteurs qui construisent des segments d'audience spécifiques, par exemple les intentionnistes déménageurs, c'est-à-dire des personnes qui, en fonction de leurs recherches et navigation sur des sites marchands, pourraient être considérées comme ayant l'intention de déménager.

Dans l'univers de la donnée publicitaire, on distingue également les données chaudes des données froides, ce qui met en évidence que la valeur des données peut varier dans le temps et que certaines d'entre elles ont une durée de vie très limitée. Les données chaudes sont des données très récentes (un segment d'audience qui recherche un voyage pour les prochaines vacances de printemps), au contraire des données froides (les familles propriétaires de leur logement ayant trois enfants).

Métadonnées

Une donnée collectée, comme la température d'un lieu, est difficilement exploitable si l'on n'y ajoute pas des éléments qui la décrivent. Ces données qui s'ajoutent aux données pour les décrire s'appellent des métadonnées. Elles jouent un rôle fondamental dans la création de valeur, tout autant que la donnée elle-même. Nombre de services numériques, comme les services de messagerie électronique, d'écoute de musique en ligne, les logiciels de traitement de photographies, les places de marché électroniques, etc., ne se basent pas directement sur les données, mais plutôt sur ces métadonnées.

Elles peuvent faire l'objet d'une normalisation internationale ou être conçues par les utilisateurs eux-mêmes (ajout d'un descriptif à une photo, par exemple). Les services numériques offrent des fonctions de classement, de tri et d'organisation des données qui, sans les métadonnées, n'existeraient pas. Ainsi, un morceau de musique numérique n'est qu'un fichier difficile à manipuler par un utilisateur si l'on ne lui adjoint pas un fichier décrivant l'artiste, l'album, l'année, le style musical, etc.

La valeur d'usage de ces services repose donc sur la combinaison de données et de métadonnées. Les données seules sont sans réelle valeur, puisque inutilisables sans recours aux métadonnées.

Il existe une grande variété de métadonnées :

- Les **métadonnées descriptives** décrivent une ressource numérique à des fins telles que la découverte et l'identification. Elles peuvent inclure des éléments comme le titre, le résumé, l'auteur et des mots-clés.
- Les **métadonnées structurelles** indiquent comment les objets sont composés et organisés, par exemple, comment les pages sont ordonnées pour former des chapitres.
- Les **métadonnées administratives** fournissent des informations pour gérer une ressource, incluant des données comme la date de création, le type de fichier et d'autres informations techniques, ainsi que les droits d'accès. On distingue les métadonnées de gestion, qui traitent des droits de propriété intellectuelle, comme les DRM (*Digital Right Management*), et les métadonnées de conservation, qui contiennent les informations nécessaires pour archiver et préserver une ressource numérique.

Générer et gérer les métadonnées constitue donc une tâche importante dans la chaîne de valeur de la donnée. Elle peut être déléguée en partie aux utilisateurs qui contribuent à catégoriser des données non structurées comme des images ou des morceaux de musique. Cette catégorisation est souvent dénommée la *folksonomie*, dans la mesure où c'est la foule qui contribue à catégoriser des contenus qui pourront être ensuite indexés grâce à ces catégories.

Le fait de générer des métadonnées s'automatise sur certaines données, comme la localisation d'une photo ou d'un paiement par smartphone. C'est aussi le cas pour une image, à laquelle certaines métadonnées sont automatiquement ajoutées par le dispositif qui génère la métadonnée (date, heure, ouverture, diaphragme, etc.).

Grâce aux techniques de reconnaissance d'images, il est possible d'adjoindre d'autres métadonnées, comme le nom d'une personne (par exemple, Photos dans macOS possède une telle capacité, tout comme Facebook). Cependant, ces algorithmes ne peuvent être efficaces que si les métadonnées (couramment dénommées tags) existent pour les entraîner et si leur qualité est suffisante (par exemple, on possède bien le nom exact des personnes pour les reconnaître et que ce nom est bien une métadonnée sur les photos existantes de cette personne). Si la qualité des données est cruciale, la qualité des métadonnées l'est tout autant.

Sans leurs métadonnées, les données se révèlent inexploitables et leur valeur s'en trouve dès lors fortement diminuée. Que vaut un fichier de musique digitale sans ses métadonnées ? Il ne peut être classé ni ajouté à une liste de lecture intelligente. Plus encore, c'est la combinaison de la donnée et de ses métadonnées qui est à l'origine de la valeur.

Ces combinaisons créatrices de valeur reposent sur les fonctions que les métadonnées rendent possibles :

- **La découverte de ressources numériques**. C'est une fonction essentielle qui permet, selon des critères pertinents, de trouver des ressources numériques. C'est la base de tous les moteurs de recherche inclus dans de nombreux logiciels. Cette fonction de découverte inclut l'identification des ressources, leur tri, et fournit des informations sur leur localisation.
- **L'organisation de ressources électroniques**. Les métadonnées permettent l'organisation de liens vers des ressources en fonction d'un public ou d'un sujet, la construction de pages dynamiquement à partir des métadonnées stockées dans des bases de données.
- **L'interopérabilité**. L'utilisation de métadonnées, reposant sur des protocoles de transfert normalisés, facilite la recherche entre différents systèmes techniques et rend les données interopérables, augmentant d'autant leur valeur. Dans le cadre de l'Internet des objets, cette question de l'interopérabilité des métadonnées constituera un enjeu de taille, car les données prendront de la valeur par leur intégration au sein de services combinant les données de plusieurs objets interconnectés.

Traces numériques

Les données mobilisées par les services numériques sont donc constituées en premier lieu des données de transaction, mais aussi, en second lieu, des données contextuelles à la transaction et de l'historique de ces données. Ainsi, les données d'intention d'achat sont inférées à partir des données de recherche dans un moteur de recherche ou de la navigation dans un site marchand. Ces données sont des traces des activités numérisées. Ces traces constituent une part considérable de la volumétrie croissante des données mobilisées pour bâtir des services numériques et distinguent fondamentalement l'économie numérique de l'économie de l'information (voir tableau 2.2).

TABLEAU 2.2. Différence entre économie de l'information et économie de la trace

	Économie de l'information	Économie de la trace
Cadre de la relation (Espace de calcul)	Contrat	Trace
Statut des données personnelles	Révélées lors du contrat	Captées et/ou transmises lors de l'usage
Données de marchés	Vecteurs prix/qualité	Individuelles sur les parcours numériques et les attentions portées Collectives sur les recommandations
Modalités attentionnelles	Focalisée (sur les prix ou la marchandise)	Focalisée et périphérique (sur les contenus et les comportements des autres)
Temporalité	Discontinue par un nouveau contrat	Continue par évolution des traces

Source: adapté de Kessous.

Dans l'économie de la trace, ce qui est à l'origine de la valeur, ce n'est pas le contrat lui-même, mais les données d'usage et les boucles de rétroaction qui sont créées à partir de ces mêmes données et valorisées soit directement auprès du client, comme dans le cas d'une recommandation automatisée, soit indirectement par l'amélioration du service numérique, comme dans le cas d'un moteur de recherche amélioré grâce au *machine learning*. Les données sont captées et générées par un dispositif numérique en temps réel, ce qui distingue fondamentalement l'économie numérique de l'économie de l'information.

EXEMPLE

Dans l'économie informationnelle, l'assureur n'a pour évaluer la valeur du contrat que des informations parcellaires et asymétriques sur le comportement du cocontractant. Dans une économie numérique, qui repose sur un dispositif numérique connecté, il est possible de tracer le comportement d'usage (d'un véhicule, d'un habitat, alimentaire) et donc de générer un service qui dépend de ce comportement. Dans l'économie de l'information, l'assureur a des informations peu nombreuses. Dans l'économie de la trace, il a des données en temps réel qui sont la base de nouveaux services, de nouvelles méthodes de tarification.

Ces services numériques reposent sur l'agrégation des traces d'attention individuelles et collectives. Une trace d'attention, c'est par exemple une note attribuée à un service en ligne, un avis client, un *like* sur un contenu en ligne, un commentaire. Le traitement de ces données peut lui-même conduire à des modèles d'affaires fondés uniquement sur la logique d'exploitation de ces traces.

EXEMPLE

Des services numériques comme **La Fourchette** ou **TripAdvisor** reposent sur une curation d'offres fondée sur l'agrégation des traces d'attention des individus.

Dans ces modèles, le classement des offres et l'organisation de leur présentation reposent essentiellement sur le traitement des traces d'attention.

Cadre réglementaire et valeur des données

La valeur des données repose également sur le cadre juridique qui régit leur production, leur utilisation et leur échange. Les données relèvent principalement de trois régimes juridiques distincts : le régime des données personnelles, l'*open data* et les autres données dont l'échange repose sur une base contractuelle classique. Un statut juridique nouveau est en cours de construction au niveau européen, celui des données d'intérêt général.

Les deux premiers régimes juridiques considèrent l'un et l'autre, sur des fondements juridiques très différents, que les données ne sont pas des marchandises et qu'elles relèvent du droit de la personne en ce qui concerne les données personnelles, et que les données publiques ouvertes relèvent d'un régime juridique spécifique qui ne permet pas de considérer celles-ci comme des marchandises, mais comme un bien commun accessible à tous.

Les **données personnelles** ne sont, en effet, pas considérées comme des propriétés, mais comme un droit attaché à la personne. C'est ainsi que la loi Informatique et Libertés de 1978 et le Règlement européen sur la protection des données de 2018 les ont conçues.

Dans le cadre européen, l'usager conserve le droit d'exiger que s'interrompent la collecte et le traitement de ses données et désormais, le droit de minimisation des traitements, un droit à la portabilité de ses données et un droit à l'oubli. Le citoyen reste titulaire du droit fondamental de contrôler ses données personnelles, même s'il en a accordé l'usage à l'exploitant d'un service numérique. Ce dernier n'en est pas le propriétaire, mais bien l'utilisateur sous conditions.

Dès lors, il n'y a pas de transfert de propriété ; l'échange ne peut donc pas être considéré comme marchand. En revanche, les données peuvent faire l'objet d'un échange marchand dès lors que l'utilisateur en a consenti le droit à l'opérateur du service numérique. Par ailleurs, les données personnelles rendues anonymes et agrégées peuvent faire l'objet de transactions marchandes et ainsi devenir des marchandises qui font l'objet d'un marché avec des spécialistes que sont les *data brokers*.

Par ailleurs, les informations en elles-mêmes échappent aux droits d'auteur et à la propriété intellectuelle. Elles appartiennent par défaut au domaine public structurel, même si l'instauration d'un droit des bases de données à partir des années 1990 en Europe a tendu à les soumettre peu à peu à une logique propriétaire qui ne cesse de progresser depuis, transformant progressivement des bases de données marchandes, comme c'est le cas notamment avec les bases de données scientifiques ou les bases de données économiques. Il faut ici rappeler que la donnée prise isolément n'a guère de valeur intrinsèque et est très loin de constituer une marchandise.

Il en va de même pour les **données publiques**, désormais soumises à un régime d'ouverture par défaut depuis la loi pour une République numérique. L'ouverture des données publiques participe d'un mouvement plus large, l'*Open Government Partnership* (OGP), qui vise à rendre plus transparente l'action publique, notamment par la mise à disposition des données publiques sous un format automatiquement réutilisable.

La licence associée aux données publiques ne permet pas aux administrations de les revendre. Elles sont en revanche susceptibles d'être à la base d'un service marchand de la part du réutilisateur. Il n'est donc pas possible de considérer ces données comme des marchandises.

En revanche subsistent des données qui ne sont ni publiques ni personnelles, et qui ne sont actuellement soumises à aucune réglementation. C'est notamment le cas des données des machines agricoles, des drones, des objets connectés, et plus généralement des données brutes issues des machines (*machine-generated raw data*).

Le cadre légal européen et français limite donc strictement la possibilité pour une donnée de devenir une marchandise dans cet espace, ce qui n'est pas forcément le cas d'autres espaces juridiques comme les États-Unis, ce qui amène les Européens à négocier avec ce pays un accord (*Privacy Shield*) pour préserver les garanties attachées aux données personnelles lors des transferts de données dans cette juridiction.

Une dernière catégorie juridique de données s'impose progressivement en France et en Europe, celle des **données d'intérêt général**. Ce sont des données produites par des entreprises privées et dont l'ouverture représente un intérêt général, comme les données de transport, afin de faciliter le déploiement de services intermodaux de transport urbain. Les données de biodiversité, qui font partie des données des rapports de RSE des entreprises, pourraient également être considérées d'intérêt général.

Au final, les données rentrent donc dans différentes catégories juridiques qui influent directement sur leur valeur économique. En outre, une même donnée, au cours de son cycle de vie, peut prendre différents statuts juridiques. De donnée personnelle, elle peut devenir une donnée ouverte une fois agrégée à d'autres données, voire une donnée d'intérêt général.

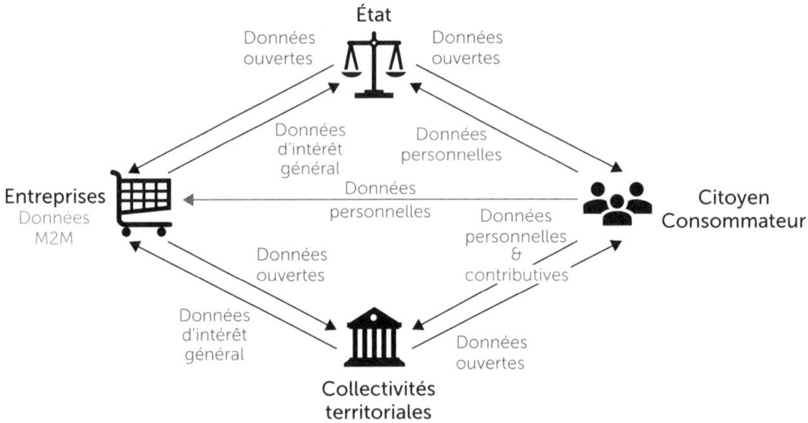

FIGURE 2.2. Les différentes catégories juridiques de données

Il importe donc de comprendre que le cadre juridique influe fortement sur les modèles économiques des données. La valeur ne réside pas dans la possession ni la propriété, mais dans l'agrégation des données et dans leur traitement, ce qui renvoie aux ressources et compétences dont disposent les entreprises à cette fin.

Des données à la connaissance : la chaîne de valeur de la donnée

C'est par un traitement qu'une donnée primaire devient une information. Ce traitement nécessite généralement l'agrégation de plusieurs données pour construire une information. Une information se définit comme des données structurées dans un contexte. Elle est le fruit d'un processus de traitement qui comprend plusieurs étapes et que l'on peut dénommer la chaîne de valeur de la donnée.

FIGURE 2.3. La chaîne de valeur de la donnée

La chaîne de valeur de la donnée débute par la collecte. Cette étape, souvent perçue comme purement technique, s'avère bien plus stratégique. L'organisation des données, compte tenu de leur volumétrie croissante et de leur diversité accrue, nécessite des architectures techniques adaptées pour stocker et organiser les données en fonction des différents besoins d'utilisation de la donnée. Plusieurs bases de données répondent ainsi aux différents usages des données dans l'organisation : gérer les opérations courantes, piloter les activités de l'entreprise et plus récemment, prédire les évolutions de marché ou de comportements des clients. Aux bases de données relationnelles, sont d'abord venus s'ajouter les entrepôts de données (*datawarehouses*) pour construire des tableaux de bord de pilotage. Plus récemment, les *datalakes* ont été imaginés afin de faire face à la volumétrie croissante des données non structurées.

Les phases suivantes dépendent des objectifs poursuivis : gestion, pilotage et modélisation (voir figure 2.4). La sélection des données s'organisera en fonction et nécessitera des phases plus ou moins complexes de préparation et de transformation avant de pouvoir les exploiter et les interpréter. Chacune des étapes requiert des ressources et des compétences différentes.

En outre, la transformation des données en information requiert des connaissances que traduisent le traitement sur les informations et l'interprétation qu'en font les individus au sein d'une organisation. Ces connaissances sont précisément l'objet d'une attention particulière de la part des organisations depuis le milieu des années 1990, ce qui a donné lieu à l'émergence du management des connaissances. Les données n'ont donc pas de valeur sans recours à des connaissances organisées à des fins de traitement.

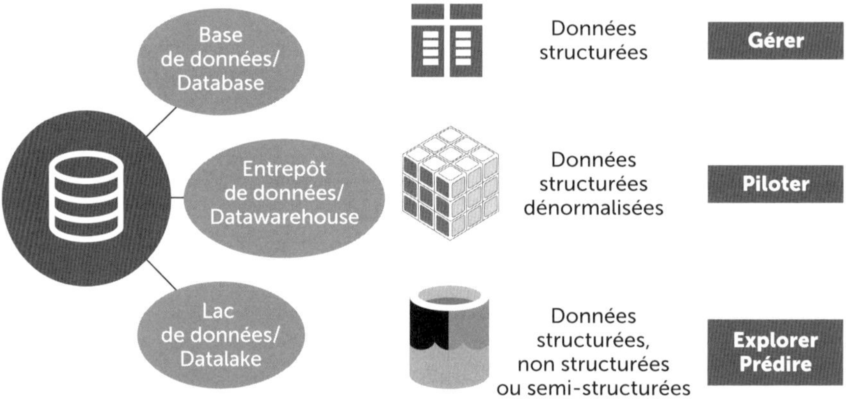

FIGURE 2.4. Base de données, *datawarehouse* et *datalake*

Cette logique «Donnée, Information, Connaissance, Croyance» (DIKW, *Data, Information, Knowledge, Wisdom*) est le fondement des systèmes d'information d'entreprise, dans la mesure où ceux-ci sont conçus pour collecter et organiser les données en vue de produire des informations et de gérer des connaissances, le tout dans un système de croyances qui légitime ces connaissances et ces informations.

Dans la perspective qui nous anime de compréhension des mécanismes de création de valeur fondés sur les données, nous retiendrons ici les trois premières phases (voir figure 2.5).

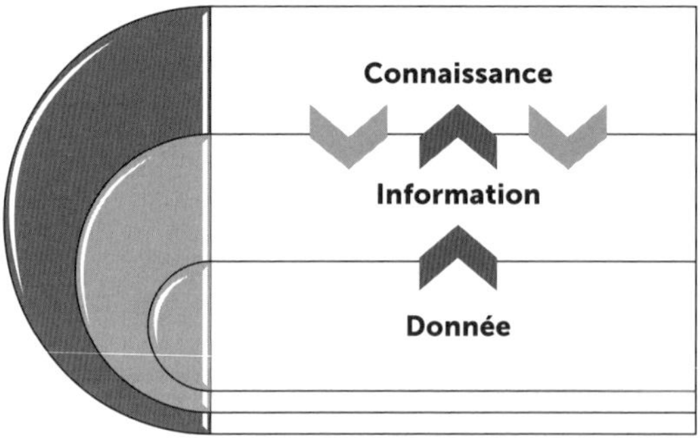

FIGURE 2.5. Modèle « Donnée, Information, Connaissance »

Ce triptyque est bousculé depuis plus d'une décennie par l'arrivée à maturité des techniques d'intelligence artificielle, qui permettent de construire des connaissances directement à partir des données. C'est une rupture de paradigme dans le traitement des données et un changement de régime dans l'extraction de la valeur des données.

Les méthodes d'apprentissage machine (*machine learning*) et d'apprentissage profond (*deep learning*) automatisent l'extraction de la connaissance des données et les transforment directement en connaissances actionnables (voir figure 2.6).

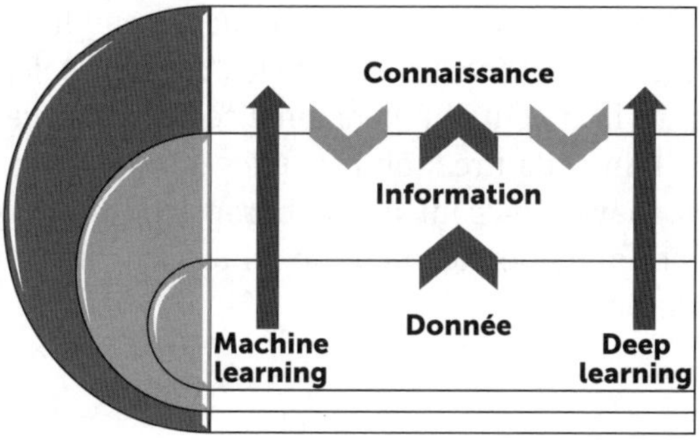

FIGURE 2.6. La transformation du modèle DIK

Ce qui est transformé, c'est l'utilisation des données et la finalité de leur traitement. Les méthodes d'intelligence artificielle génèrent des modèles et non plus des informations, c'est-à-dire que grâce à ces méthodes, il est possible d'extraire directement des connaissances de vastes ensembles de données.

Cette capacité de générer des connaissances directement depuis des jeux de données est renforcée par le fait que de nouvelles méthodes accroissent substantiellement cette capacité. En effet, les méthodes d'apprentissage par renforcement utilisent parfois des modèles d'intelligence artificielle pour entraîner d'autres modèles d'intelligence artificielle.

EXEMPLE

AlphaGo Zero, l'IA qui a battu le champion du monde de jeu de go, a été entraînée par une IA qui a généré des millions de parties, dépassant très largement l'ensemble des parties connues, créant ainsi des connaissances nouvelles sur le jeu lui-même.

Cependant, les données ne sont pas intrinsèquement et directement source de valeur. La donnée primaire nécessite des investissements de forme (mise en qualité des données, métadonnées) pour que sa valeur puisse en être extraite.

Interface utilisateur, expérience utilisateur et valeur des données

Quel que soit le processus de création de valeur fondé sur la donnée, celui-ci se traduit par un service à un utilisateur ou un client dans lequel la mise en forme des données est une part significative de l'expérience. Ce dernier valorisera le service s'il satisfait au besoin ou le dépasse. La question de la restitution de la valeur à l'utilisateur dépend fondamentalement de chaque service : un service de listes de lecture musicales diffère fondamentalement d'un fil d'actualité personnalisé en temps réel d'un réseau social. Pourtant, l'un et l'autre mobilisent des données, des métadonnées, des algorithmes, mais le mécanisme d'appropriation est propre à chaque service et dépend fondamentalement de l'interface par laquelle la valeur est restituée à l'utilisateur.

EXEMPLE

Airbnb a développé un algorithme de *pricing* très sophistiqué, capable de fournir un prix pour une nuitée pour toute habitation dans le monde, quel que soit le lieu. L'enjeu pour Airbnb est de trouver une interface simple et facilement utilisable pour que quiconque puisse comprendre le fonctionnement de la tarification. Airbnb a fini par recourir codes couleur classiques (rouge, orange, vert) dans le calendrier des réservations de l'hébergeur pour traduire la probabilité de réservation (que l'algorithme calcule) en fonction du prix choisi.

Dès lors, la capacité à s'identifier à l'utilisateur dès la phase de conception est un enjeu majeur dans la création de service numérique. Une des méthodes possibles, permettant une telle approche, est celle du ***design thinking*** développée à Stanford dans les années 1980 par Rolf Faste. Contrairement à la pensée analytique, le *design thinking* est un ensemble d'espaces qui s'entrecroisent, plutôt qu'un process linéaire avec un début et une fin, et se pense comme une démarche itérative dans laquelle le prototypage joue un rôle important pour trouver une solution adéquate. Mais d'autres méthodes viennent compléter cette approche générale, comme l'ergonomie d'interfaces.

Force est de reconnaître que l'interface appropriable demeure un enjeu majeur pour nombre d'entreprises qui ne perçoivent pas la part de la valeur qui se joue à cette étape du processus de création de valeur, tant il reste encore marqué soit par la restitution de données plutôt que de services à valeur ajoutée, soit par la recherche d'une efficacité immédiate au détriment d'un service pour l'utilisateur. Parfois, la compréhension de ces enjeux est limitée, voire contre-productive et destructrice de valeur.

EXEMPLE

Les podomètres connectés affichent de nombreuses données qu'ils recueillent au travers de leurs capteurs afin de les afficher à l'utilisateur. Cependant, quelle est la valeur d'un service qui affiche le fait d'avoir parcouru 4891 ou 12345 pas quotidiens? Ces chiffres, en tant que tels, n'ont aucune valeur servicielle intrinsèque. Ce qui importe, c'est un service apte à inciter l'utilisateur à effectuer une activité physique qui maintient et prévient son état de santé, et qui affiche des messages incitatifs plutôt que des données brutes sans réelles valeurs d'usage. Dès lors, la restitution conduit souvent à des services de piètre qualité, menant souvent à un abandon rapide de ces services.

Aussi, les projets centrés sur les données doivent-ils s'adjoindre des compétences spécifiques sur les questions de conception de services et d'expérience (*User Experience Designer* ou *UX Designer*) et de conception d'interface utilisateur (*User Interface, UI*).

Plus encore, la valeur des données s'exprime via un processus de traitement de plus en plus sophistiqué, dans lequel la valeur ne provient pas tant des données que de leur circulation et de leur combinaison dans la production de modèles prédictifs et d'algorithmes qui les mobilisent.

Algorithmes d'intelligence artificielle et extraction de la valeur des données

À partir de 2005, le développement sans précédent des volumes de données grâce à la numérisation, combiné aux nouvelles capacités de calcul et de stockage, a permis de franchir une nouvelle étape dans le développement de l'intelligence artificielle. En l'état, les méthodes d'apprentissage automatique (*machine learning*) et d'apprentissage profond (*deep learning*) reposent massivement sur les jeux de données mis à disposition pour « entraîner » des algorithmes.

Dès lors, la valeur des données n'est plus simplement liée à leur existence et à leur qualité, mais à leur combinaison dans des algorithmes auto-apprenants. Ce vaste ensemble de méthodes est généralement dénommé intelligence artificielle, même s'il existe un débat vif sur ce qui peut être considéré comme telle.

Plusieurs ensembles de méthodes existent, mais toutes reposent sur l'existence de jeux de données disponibles pour les faire fonctionner. En effet, ces méthodes cherchent toutes un modèle prédictif qui repose sur des jeux de données qui serviront à entraîner une machine (un algorithme en l'occurrence).

EXEMPLE

Dans un modèle de **reconnaissance d'images de maladies de plantes**, on évaluera le modèle en fonction du taux de reconnaissance de ces maladies. Le modèle peut en effet identifier des plantes qui ne sont pas malades comme malades (faux positif) et des plantes malades comme ne l'étant pas (faux négatif). Les modèles qui prédisent des pathologies humaines se doivent d'être les plus fiables possible, du fait des conséquences sur les personnes de cette prédiction.

Les méthodes d'entraînement diffèrent selon la nature des données et des objectifs d'utilisation de la prédiction. Une fois entraîné, le modèle est testé sur un autre jeu de données, afin de vérifier son efficacité et sa fiabilité. Le rôle des données est donc crucial et plus encore leur qualité. Celle-ci dépend surtout des métadonnées qui permettent précisément de caractériser une donnée. La figure 2.7 illustre le rôle des métadonnées (labels) dans cette logique. Si l'on veut classer automatiquement des images de pièces automobiles, il faut que chaque photo utilisée possède la description (un label, une métadonnée) d'une pièce. Une fois le modèle entraîné, on le teste sur un autre jeu de données que celui qui a servi à l'entraînement pour vérifier sa capacité prédictive.

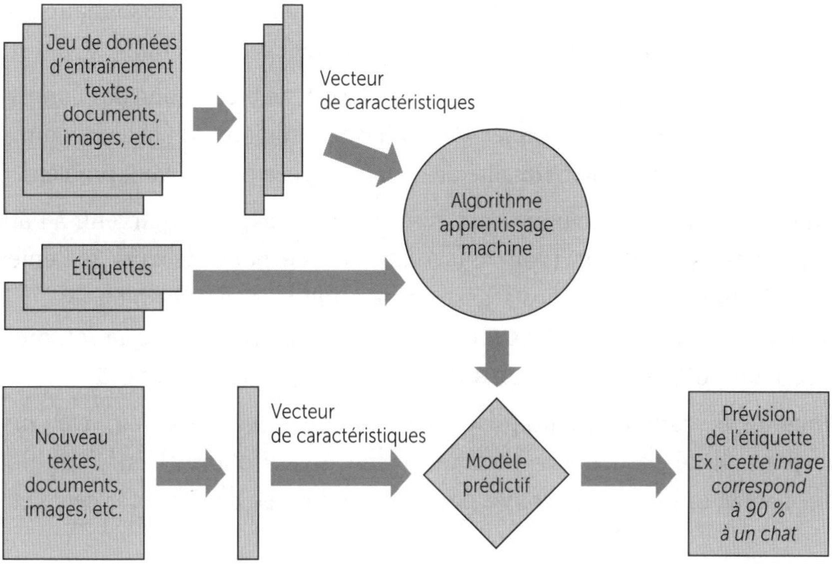

FIGURE 2.7. Logique d'entraînement dans l'apprentissage supervisé

EXEMPLE

La plateforme **Meero** de mise en relation entre photographes et entreprises utilise plusieurs méthodes de traitement d'images produites par les photographes. Un premier modèle améliore automatiquement les prises de vues, grâce à un un modèle de deep learning (double réseau de neurones convolutif). L'objectif est d'apprendre les différentes étapes d'amélioration exercées par des professionnels de l'image à l'algorithme, et de le rendre robuste à des variations d'éclairage (comme la balance des blancs ou des tonalités) et des défauts de capture (par exemple, le bruit ou le flou de bougé). Un deuxième modèle est utilisé afin de détecter des objets et des formes dans une image, et de la catégoriser automatiquement (production automatisée de métadonnées).

Le réseau social **Pinterest** de curation d'images, fondé sur le partage d'épingles (*pins*) organisées en tableaux (*pin boards*), traite des millions de photos quotidiennement. Pinterest utilise de nombreux algorithmes fondés sur l'apprentissage machine tant pour catégoriser les images, extraire les métadonnées, que pour son moteur de recherche ou son moteur de recommandation.

Les données sont donc essentielles dans la production d'intelligence artificielle. Quelle que soit la méthode envisagée ou son champ d'application, elle nécessite préalablement de définir le problème que l'on souhaite prédire et d'identifier les données à partir desquelles y parvenir.

Avant toute modélisation, une phase d'analyse et de préparation des données est donc essentielle à tout projet. Cette phase est toujours la plus consommatrice de temps, et la piètre qualité des données pose très souvent problème.

En résumé, de nombreux processus sont nécessaires pour parvenir à bâtir des modèles prédictifs (voir figure 2.8). De ce point de vue, si l'enjeu organisationnel autour de la gestion des données existait bien avant le développement de l'intelligence artificielle, celle-ci ne fait que renforcer l'impératif d'une organisation spécifique pour gérer les données.

Tous les niveaux de l'entreprise sont concernés par cet enjeu, avec une responsabilité particulière pour le niveau organisationnel en charge de la mise en œuvre d'une gouvernance de la donnée pour piloter ce sujet.

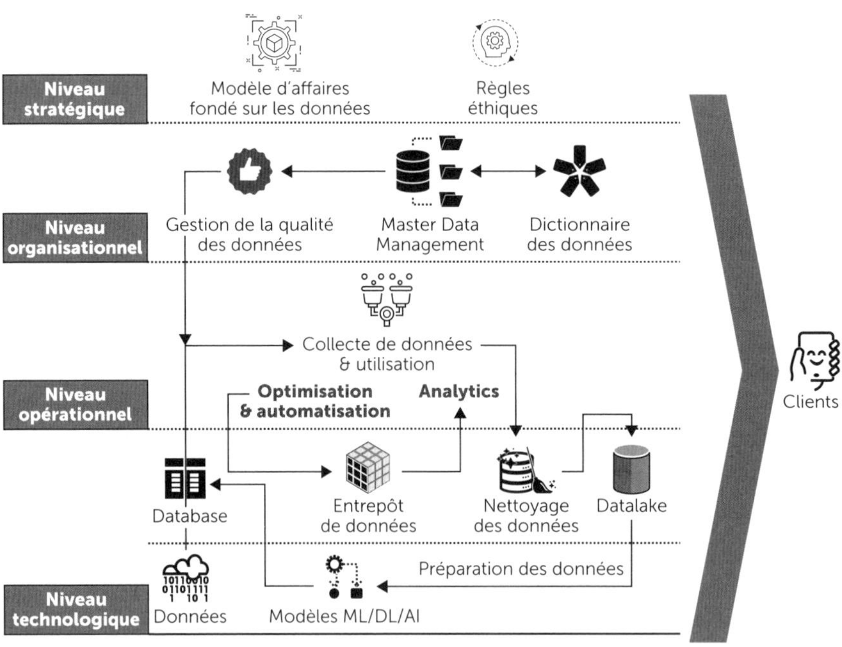

FIGURE 2.8. Processus de gestion de la donnée

La disponibilité des méthodes de l'intelligence artificielle a de nombreuses conséquences sur les possibilités de créer de la valeur à partir des données.

Créer de la valeur grâce aux données

L'utilisation des données pour créer de la valeur n'a pas attendu l'arrivée de l'intelligence artificielle. Il existe différentes options pour valoriser les données collectées par l'entreprise. Dans une ère où la mise en données du monde s'accélère, il importe de maîtriser la logique propre aux modèles émergents qui reposent sur un usage central et massif de la donnée dans la création de valeur.

Du descriptif au prescriptif

Les usages des données, depuis l'introduction des systèmes d'information automatisés dans les organisations, n'ont eu de cesse de croître au fil du temps. Les données sont largement utilisées dans la gestion des opérations afin de décrire leurs états. L'usage descriptif, puis leur usage diagnostic ont progressé à mesure que les capacités de calcul ont augmenté. Ainsi, les entrepôts de données et les tableaux de bord automatisés sont des technologies largement répandues dans les entreprises. L'usage de la donnée à des fins de prévisions est également ancien, notamment dans certaines fonctions et dans certaines industries.

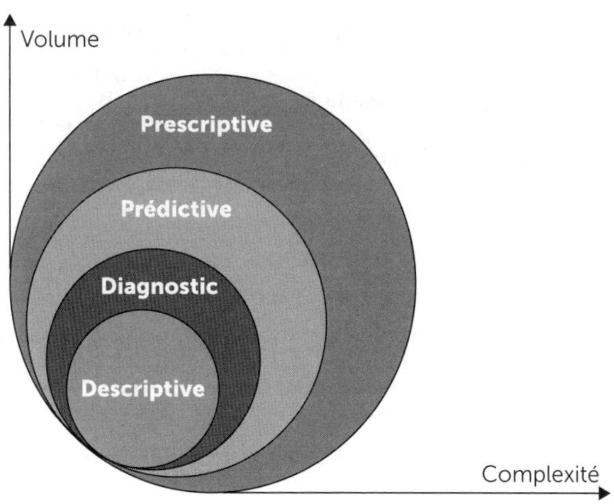

FIGURE 2.9. Du descriptif au prescriptif

Ce que la *datafication* modifie, c'est l'extension du domaine analytique à des fonctions qui étaient peu pourvues en données, comme le marketing ou les ressources humaines. Par ailleurs, la disponibilité croissante de données sur davantage d'opérations étend les possibilités de prévision et d'utilisation des méthodes prédictives. Plus encore, les méthodes d'intelligence artificielle permettent l'automatisation croissante de tâches grâce à des prescriptions automatisées de réponses. Ainsi, les véhicules autonomes sont-ils capables de prendre des décisions par eux-mêmes en analysant en temps réel les données d'environnement et du véhicule.

Si les enjeux techniques sont nombreux dans ces projets, les enjeux économiques le sont tout autant, car la mesure de la valeur produite par les données est rarement directe. Aussi, il importe de saisir les différentes stratégies possibles de valorisation de la donnée.

Monétisation et valorisation de la donnée

Le terme monétisation est souvent employé à propos de la création de valeur par les données. Ce terme est trompeur, dans la mesure où la vente directe de données est certes une activité possible pour certaines d'entre elles et dans certains pays, mais la donnée ne s'apparente guère à une marchandise au sens classique du terme.

TABLEAU 2.3. Stratégies de valorisation de la donnée

	Valorisation directe	Valorisation indirecte
En interne	Optimisation des processus existants: • Réduction des coûts • Amélioration des processus • Nouveaux services	Data as a Service Mise à disposition de la donnée à des tiers: • Données brutes, granulaires, segments • Données retraitées (Insights) • Services de conseil • Services à des tiers
En partenariat	Services enrichis avec/pour des tiers • Création de services avec des tiers sur la base des données • Création de services pour des tiers sur la base des données	Data Pooling • Agrégation de data (volumétrie, richesse, diversité) • Valorisation par vente directe (audiences, segments)

Quatre logiques de création de données se dégagent. La valorisation est interne ou externe, c'est-à-dire qu'elle est déployée pour l'entreprise ou au contraire pour des tiers. La valorisation est directe, c'est-à-dire qu'elle s'appuie sur les données personnelles et ne nécessite pas de traitement (nettoyage, agrégation, anonymisation, hachage). *De facto*, la valorisation indirecte revient plus à vendre de l'information, c'est-à-dire de la donnée structurée mise en contexte, que de la donnée elle-même.

1. **Optimisation des processus** : la logique consiste à utiliser la donnée interne pour optimiser les processus existants. L'optimisation prend deux formes : l'augmentation des revenus et la réduction des coûts des processus par l'automatisation que la donnée rend possible. C'est le sens même de l'automatisation. Avec la mise en données du monde, celle-ci s'étend à des processus internes nombreux, notamment par le déploiement de *Robotic Process Automation* (RPA). Cette approche permet d'identifier toutes les tâches automatisables pour ne laisser aux humains que celles qui ne sont pas automatisables.

TABLEAU 2.4. Exemples d'application d'une stratégie de données chez BBVA

Classer	• Transactions • Clients • Textes
Comparer	• Clients • Les comportements transactionnels • Les entreprises et leurs concurrents
Détecter	• Fraude à la carte • Fraude dans les filiales • Blanchiment • Client premium avec une faible activité • Client à forte capacité d'épargne
Optimiser	• Prix des assurances habitation • Budget publicitaire
Prédire	• Dépenses futures • Sources de revenus et de dépenses des clients • Découvert bancaire • Demande d'emprunt immobilier
Recommander	• Des produits d'épargne retraite adaptés • Des enseignes aux clients • La meilleure cible de clients pour une campagne donnée • Des produits pour les PME
Évaluer	• Propension d'un client à acheter un produit • Score de crédit pour une entreprise • Scoring des prospects • Résilience financière des clients

L'augmentation des revenus peut provenir de la personnalisation qui engendre une plus grande fidélité des clients par un meilleur service, l'augmentation des ventes et les ventes de nouveaux produits.

2. **Services enrichis** : ils peuvent être le prolongement des précédents, notamment parce qu'ils enrichissent les services construits grâce à des données externes. Il est également possible de commercialiser des services pour des tiers grâce aux données.

EXEMPLE

De nombreux distributeurs ou banques développent des services de *cashback* grâce à des partenaires en partageant les données transactionnelles de leurs clients.

3. **Data as a Service** : l'entreprise commercialise elle-même les données à des tiers, notamment grâce à des API. Cette commercialisation consiste en la vente de données brutes anonymisées, dont la granularité peut varier. De nombreuses variantes existent dans la mise à disposition de données à des tiers.

EXEMPLE

La banque espagnole **BBVA**, au travers de l'API PayStats, offre des données statistiques anonymes et agrégées provenant de millions de transactions effectuées avec des cartes BBVA et toute autre carte dans les terminaux de point de vente BBVA, créant ainsi une carte virtuelle composée des habitudes, de la démographie et des origines des consommateurs. L'API Business Notification permet, quant à elle, de recevoir en temps réel des informations enrichies sur les différents événements liés aux opérations bancaires de ses clients.

4. **Data pooling** : l'entreprise mutualise des données avec des tiers pour enrichir la valeur de ses données.

EXEMPLE

Gravity agrège les données des médias français. Ces derniers ont créé un pool de données qui permet aux annonceurs de cibler les audiences de ces médias. L'ensemble entend rivaliser en termes de portée avec les audiences de Facebook et de Google. **Skimlinks**, en Grande-Bretagne, agrège également des audiences de médias, mais avec une logique d'affiliation et non de vente de display programmatique.

Donnée et servicisation généralisée

L'extension de la mise en données du monde atteint désormais de nombreux objets. Cette phase de la numérisation, que l'on décrit comme l'encastrement des logiques du Web au monde physique Web^2 (voir chapitre 1), généralise la transformation des objets en support de services. De fait, cette numérisation conduit à une généralisation de la logique des services.

Pour analyser le monde de l'encastrement du réseau Internet dans le monde physique des objets, il convient plutôt de raisonner en plusieurs étapes de la connectivité, comme le proposent Porter et Heppelmann. Cette distinction permet de mieux appréhender les changements de mécanismes de création de valeur qui sont à l'œuvre dans cette transformation des objets physiques.

Elle établit également le passage du modèle d'affaires centré sur le produit à un modèle d'affaires de plateforme, dans lequel le produit n'est qu'un prétexte à des prestations de services proposées par une plateforme créée autour du produit, dont la fonction réside dans le partage des données produites par l'objet connecté et enrichies par les partenaires.

Il est possible, à partir de n'importe quel objet, de raisonner sur sa connectivité et sur les modèles d'affaires qui en découlent. En partant d'un produit quelconque, on peut lui ajouter une fonctionnalité qui le rend «intelligent» grâce à des composants électroniques.

Par exemple, on peut améliorer une chaudière en lui incorporant une carte électronique qui régule la température. On passe du produit (étape 1; voir figure 2.10) à un produit intelligent doté d'une fonctionnalité supplémentaire (étape 2). En ajoutant une connectivité à ce produit, on enrichit les possibilités de création de valeur. En effet, notre chaudière, devenue connectée, peut transmettre les données à un serveur qui propose des interventions en cas d'arrêt anormal de celle-ci. On assiste ici à une première migration de la valeur, qui se déplace du produit vers un service, du fait de l'ajout d'une connectivité qui autorise un traitement des données produites par l'objet (étape 3). Le modèle d'affaires évolue donc, le produit devenant un support à des prestations de services. Dans une étape ultérieure, les données de la chaudière pourraient être analysées en fonction des données météorologiques du lieu d'habitation et versées dans une base de données centrale qui analyse les pannes et propose des modèles de maintenance prédictive de la chaudière. La combinaison des données de la chaudière avec d'autres services permet d'accroître les services proposés et d'enrichir la proposition de valeur. La valeur continue de se déplacer vers des services, la chaudière devenant un composant dans un système de valeur (étape 4). Dans la dernière étape, des partenaires de différentes industries ont accès à une plateforme sur laquelle ils peuvent accéder à des données produites par l'ensemble des chaudières d'un constructeur et y proposer différents services complémentaires, que la plateforme autorise et contrôle par le biais de différents mécanismes : homologation, certification, contrôle d'accès aux données par l'intermédiaire d'une API. On parvient ainsi à une logique de plateforme dans laquelle la valeur est le fruit d'une plateforme et d'un écosystème (étape 5).

La migration de la valeur est complète, puisqu'elle n'est plus le fait du produit et de l'entreprise qui commercialise celui-ci, mais le fait d'une plateforme qui autorise et facilite la construction d'une proposition de valeur résultant d'un écosystème.

L'analyse précédente permet de dégager un cadre d'analyse global en raisonnant sur le processus de transformation de la donnée en valeur. En effet, dans cette logique, la création de valeur repose sur la production de données permises par la numérisation et la transmission des données issues du produit, puis une valorisation directe ou indirecte par le biais d'une logique de plateforme.

- La première étape du modèle de création de valeur fondé sur la donnée nécessite de doter l'objet de capteurs qui généreront et transmettront les données (voir « Capteur », figure 2.11). De nombreux capteurs existent désormais grâce à la miniaturisation, offrant une infinité de possibilités sur un grand nombre d'objets. Cette étape consiste donc à rendre l'objet en partie « sensible » à des usages, à son environnement, voire aux deux. Cette étape, en tant que telle, ne produit guère de valeur, car les données ne font pas l'objet d'un traitement algorithmique spécifique et ne sont pas combinées à d'autres données ni partagées avec des partenaires.
- La deuxième étape consiste à utiliser les données pour surveiller le bon fonctionnement de l'objet (voir « Contrôle », figure 2.11), apportant par exemple, par le biais d'une interface à l'utilisateur, une boucle de rétroaction sur le bon ou le mauvais fonctionnement de l'objet. À ce stade, la donnée ne fait l'objet que d'un traitement limité (et souvent restreint au cadre de l'objet lui-même), sans être nécessairement transmise. Il ne s'agit pas encore d'objet connecté, mais seulement d'objet intelligent.
- L'étape suivante nécessite une transmission des données, afin que celles-ci fassent l'objet d'un traitement qui les transforme en une information

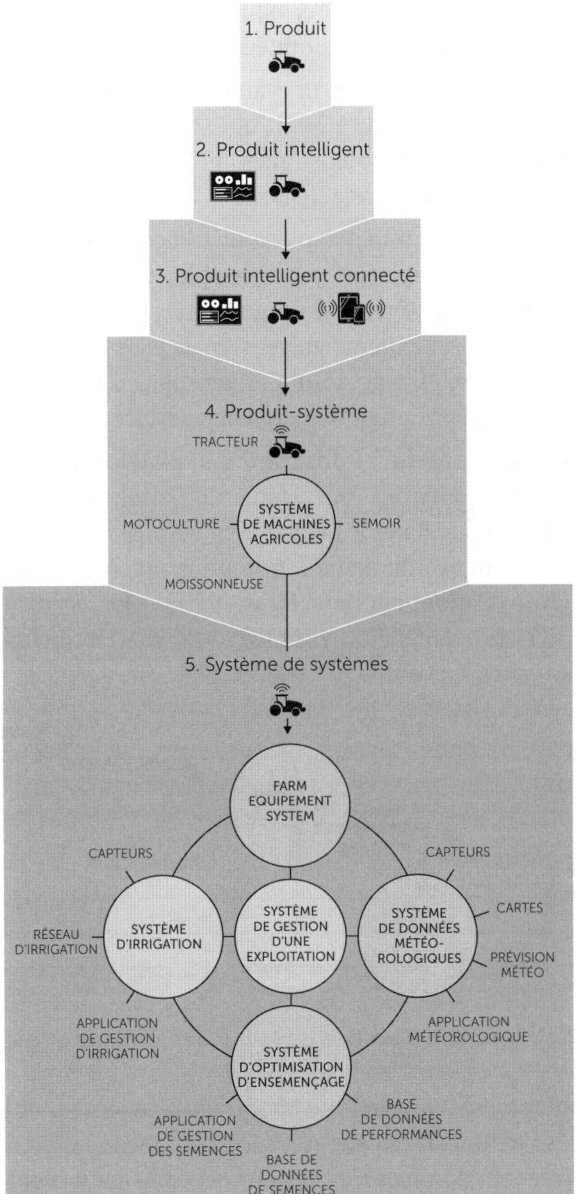

Source : adapté de Porter et Heppelmann.

FIGURE 2.10. Du produit à la plateforme : les différents modèles d'affaires des objets connectés

à valeur ajoutée (voir «Pilotage», figure 2.11). L'utilisateur obtient des tableaux de bord, restituant les données traitées et enrichies.

- La quatrième étape repose sur une analyse plus approfondie des données (voir «Diagnostic», figure 2.11), qui sont agrégées et auxquelles on applique des algorithmes sophistiqués afin de créer de nouveaux services, comme la maintenance à distance.
- Puis, lors de l'étape suivante, l'application d'algorithmes de type *machine learning* permet de déployer, par exemple, des services de maintenance prédictive (voir «Prédictif», figure 2.11). Les données des objets connectés sont non seulement agrégées, mais elles alimentent également des modèles d'apprentissage automatique qui, en retour, permettent la construction et la distribution de nouveaux services.
- La dernière étape consiste à construire une plateforme qui donne accès à des tiers et développe un écosystème de partenaires qui, à leur tour, viennent enrichir la plateforme par des services qu'ils ajoutent à la proposition de valeur initiale de l'entreprise pivot à l'origine de l'objet connecté (voir «Autonomique», figure 2.11). Des données en provenance des tiers peuvent s'ajouter grâce à une plateforme technologique à laquelle on accède par des API ou des SDK.

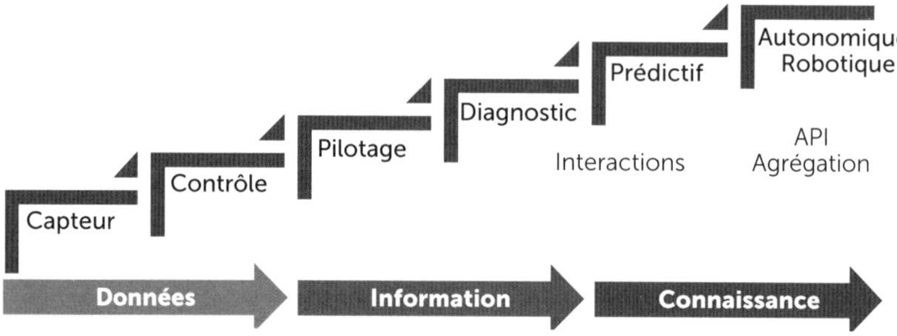

FIGURE 2.11. Un cadre d'analyse de valeur des données à l'ère du Web[2]

Dans cette perspective, la valeur de la donnée provient tant de son ouverture que de sa réutilisation par des tiers qui peuvent l'enrichir en la combinant avec leurs données. La valeur est également conditionnée par les capacités de traitement algorithmiques.

Ces éléments combinés débouchent sur de nouvelles propositions de valeur qui migrent du produit au service dans une logique servicielle. En d'autres termes, la donnée se transforme en service. Ce phénomène est très bien décrit par la théorie de la *Service-Dominant Logic*, dans laquelle la valeur ne peut être que cocréée dans l'échange et ne réside pas dans l'objet lui-même.

PLATEFORMES ET CRÉATION DE VALEUR FONDÉE SUR LES DONNÉES

Nous avons vu que les plateformes sont des organisations qui maximisent les effets de réseau, car ils sont de puissants moteurs de génération de transactions. Cependant, à eux seuls, ils ne sont pas suffisants pour parvenir à un tel objectif. Le fait d'avoir davantage d'utilisateurs sur une plateforme ne produit pas mécaniquement plus de transactions. Il se peut même qu'un trop grand nombre d'utilisateurs complique la réalisation d'une transaction : par exemple, s'il y a des millions de produits, de personnes ou de morceaux de musique, il est fondamental que la plateforme fournisse des outils de recherche et de tri puissants, voire personnalisés. Parvenir à construire de telles fonctionnalités repose largement sur la capacité d'une plateforme à utiliser des données pour optimiser ces fonctionnalités. Cela nécessite que, dès la phase de conception, une telle perspective soit comprise et intégrée dans le fonctionnement de la plateforme. L'analyse des plateformes développée par Choudary fournit à cet égard une approche fructueuse pour appréhender les enjeux de la donnée dans un modèle de plateforme.

La plateforme, modèle d'affaires fondé sur les données (*data-driven business model*)

Dans son ouvrage *Platform Scale*, Choudary propose une représentation d'une plateforme comme un ensemble de trois couches complémentaires qui rendent possibles des échanges et des transactions (voir figure 2.12).

La couche transactionnelle, celle des échanges entre les différents utilisateurs de la plateforme, repose sur une couche infrastructure qui les rend possibles. Elle permet également à la plateforme de gérer une couche de données qui elle-même est à l'origine de différents services et fonctionnalités de la plateforme. Toute plateforme combine ces trois couches dans des proportions différentes pour créer de la valeur.

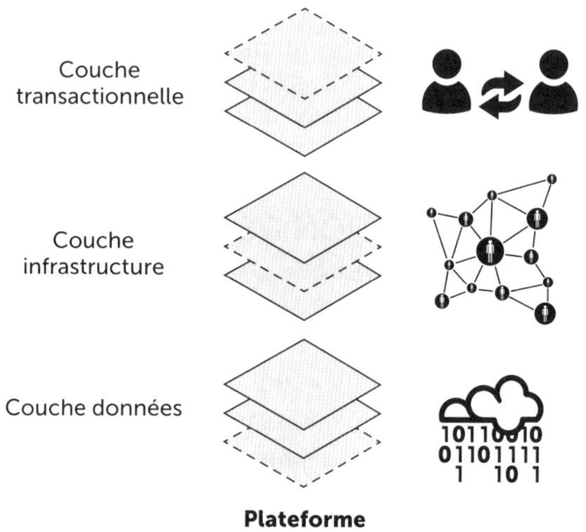

FIGURE 2.12. Modèle en trois couches d'une plateforme

Dans certaines plateformes, la couche de données représente l'essentiel de la création de valeur générée par la plateforme : il en va ainsi des plateformes publicitaires comme DoubleClick ou AppNexus, dans lesquelles l'essentiel des échanges consiste en un échange de données entre les éditeurs et les annonceurs et des tiers fournisseurs également de données (*third-party data*) pour améliorer le ciblage des campagnes publicitaires. *A contrario*, une plateforme comme Leboncoin utilise des données, mais l'essentiel de la valeur est lié au volume d'annonces déposées par des utilisateurs de la plateforme (voir figure 2.13).

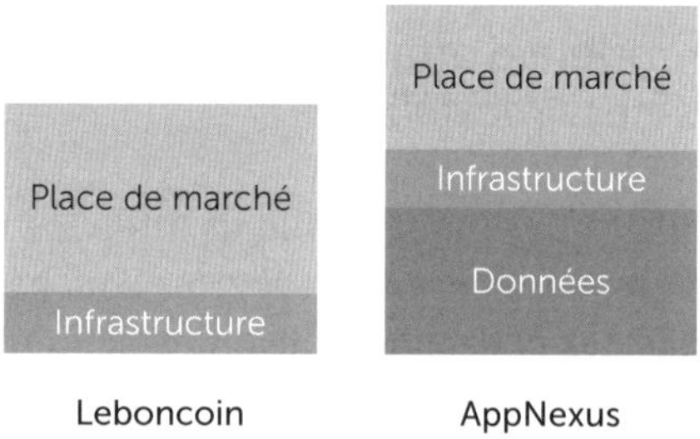

FIGURE 2.13. L'importance relative des données dans les modèles de plateforme

Plus encore, cette importance relative évolue dans le temps si elle est anticipée dans la phase de conception de la plateforme. Ainsi, une plateforme comme Airbnb, en phase de démarrage, ne possède guère de données de recherche et de transaction, et ne peut donc pas s'appuyer sur elles pour améliorer son fonctionnement, comme personnaliser les résultats de recherche en fonction des critères de choix passés d'un client. Dès qu'Airbnb dispose de suffisamment de données d'usage, celles-ci sont utilisées pour améliorer les résultats fournis par le moteur de recherche et l'algorithme de fixation des prix des locations, deux enjeux majeurs de la liquidité de la plateforme et de ses revenus.

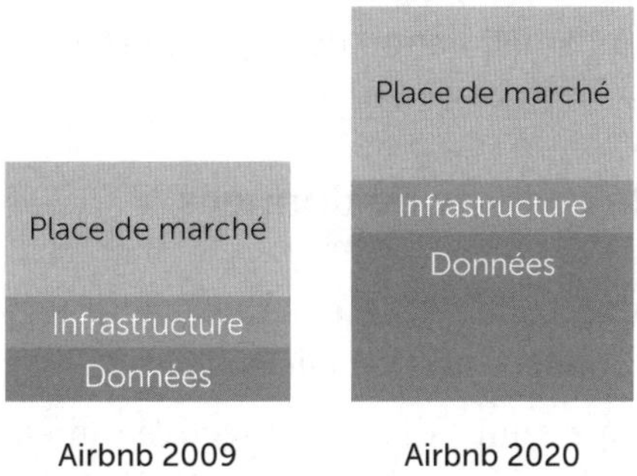

FIGURE 2.14. Importance relative de la donnée dans le temps sur Airbnb

EXEMPLE

Tout comme Airbnb, **Amazon** disposait de peu de données dans sa phase initiale de développement. Dans la phase suivante, Amazon a commencé à exploiter les données pour bâtir un algorithme de recommandation de produits complémentaires, afin d'augmenter le panier moyen. Dans une troisième phase, Amazon ayant accumulé un très fort volume de données et des flux considérables de transactions débute un déploiement systématique du *machine learning* (Alexa) et une commercialisation des données de recherches et d'achats auprès des annonceurs et des vendeurs de la place de marché, afin d'atteindre mieux les clients potentiels. On estime les revenus publicitaires d'Amazon en 2019 à 12 milliards de dollars.

L'approche de la plateforme en trois couches, dont la couche de données constitue le socle, s'interprète donc comme un type de modèle d'affaires fondé sur les données (*data-driven business model*). De façon plus précise, de tels modèles d'affaires possèdent comme caractéristique le fait que les données constituent une ressource clé dans le modèle et que le traitement des données est également une activité clé, qui repose sur des compétences spécifiques souvent identifiées comme des *Big Data Analytics Capacities* (BDAC).

La couche de données comporte elle-même deux composants : la collecte et la valorisation. Choudary parle de *data capture* (collecte) et de *data currency* (valorisation). En effet, les données constituent l'équivalent d'une monnaie de la plateforme, en ce sens qu'elles fluidifient les échanges par leur traitement et les services qui en découlent. Il importe donc de concevoir ces deux phases de façon coordonnée, afin de collecter les données utiles à l'amélioration de la plateforme.

Les stratégies de collecte de données

La collecte de données s'effectue dans un cadre réglementaire, notamment s'il s'agit de données personnelles

Depuis 2018, l'Europe a mis à jour la directive qui encadre la collecte et l'utilisation des données personnelles. Le Règlement général sur la protection des données (RGPD) fixe un cadre pour toutes les entreprises qui collectent des données d'un utilisateur européen, quelle que soit sa localisation. Il existe plusieurs bases légales pour justifier de la collecte de données : l'exécution contractuelle, le consentement, l'intérêt légitime, l'obligation légale, l'intérêt public et la sauvegarde des intérêts vitaux.

Une entreprise ne peut collecter des données uniquement par rapport à des finalités explicites présentées à l'utilisateur (principe de proportionnalité). À ce principe s'ajoute celui de la minimisation de la collecte (on ne collecte que ce qui est nécessaire) et tous les traitements doivent respecter la vie privée (*privacy by design*).

Cette collecte s'accompagne d'obligations, comme la nomination d'un responsable du respect de la vie privée (DPO, *Data Protection Officer*), un registre des traitements, la notification sous 24 heures des failles de sécurité concernant les données personnelles (*data leakage*) et, dans certains cas, une étude d'impact des traitements sur les données personnelles (*privacy impact assessment*).

Les citoyens se voient dotés de nouveaux droits qui peuvent impacter la collecte, puisqu'il s'agit du droit au déréférencement et du droit à la portabilité des données. En cas de manquement, les sanctions peuvent s'élever jusqu'à 20 millions d'euros ou 4 % du chiffre d'affaires mondial consolidé.

Toute stratégie de collecte de données personnelles s'inscrit donc dans ce cadre, même si d'autres types de données, qui ne relèvent pas de ce cadre juridique, sont mobilisables (données industrielles, données ouvertes).

Les plateformes reposent sur des infrastructures technologiques qui leur fournissent une base importante de collecte de données. Outre que la numérisation des transactions assurée par la plateforme génère par elle-même un grand nombre de données, ce sont les données d'usage qui sont accessibles grâce aux traces numériques et à partir desquelles on infère des données comportementales.

Les données de connexion, les cookies et les tags permettent de suivre finement les usages : temps passé, consultation d'une fiche produit, recherches dans le moteur de recherche, achats antérieurs, évaluations de produits ou de services (avis clients), toutes ces données souvent secondaires par rapport à la transaction elle-même sont la source potentielle de nombreux services et donc de valeur additionnelle.

Si certaines données sont techniquement accessibles automatiquement de par la nature du fonctionnement d'un site Web ou d'une application mobile (données de *log*), il est souvent nécessaire de créer des traceurs (tags) afin d'obtenir des données spécifiques et plus précises sur les comportements d'usage.

Le basculement des usages sur mobile a permis d'augmenter le nombre de données collectées en ajoutant des données de localisation grâce à la présence d'un GPS. Le capteur photo est également une opportunité pour acquérir des données, comme les données d'une carte bancaire insérée automatiquement grâce à la reconnaissance d'images.

Ces opportunités de collecte de données augmentent à mesure que le nombre de capteurs se multiplie. Dans cette perspective, l'arrivée du Web^2 qui se matérialise par l'Internet des objets est une nouvelle étape dans la numérisation et la collecte de données. Véhicules connectés, trottinettes connectées, domotique, drones, capteurs agricoles, le nombre de capteurs ne cesse de progresser et augmente le volume de données disponibles.

Dans certaines industries, ce développement ne fait que prolonger une mise en données plus ancienne, comme dans l'agriculture, mais dans d'autres industries, comme l'assurance, les données comportementales sont inexistantes. Dès lors, la stratégie de collecte consiste à concevoir des dispositifs numériques qui génèrent des données d'usage, ce que l'Internet des objets (IoT) permet dans l'assurance habitation, ou ce que les dispositifs médicaux connectés autorisent dans la santé.

Les stratégies de valorisation de la donnée des plateformes

Les données collectées alimentent principalement trois mécansime de création de valeur sur une plateforme : la gestion de la liquidité de la plateforme, l'augmentation de la valeur des transactions, le pilotage d'un écosystème.

Gérer la liquidité de la plateforme

Comme nous l'avons vu au chapitre 1, la gestion de la liquidité d'une plateforme est un enjeu central dans ce modèle organisationnel. Dans les plateformes qui déploient un modèle biface, il faut équilibrer l'offre et la demande, et maintenir un ratio de liquidité qui assure le bon fonctionnement de la plateforme, à savoir l'aboutissement des transactions sur la plateforme.

Si la **liquidité** est un enjeu clé pour une plateforme en temps réel comme Uber, elle le demeure pour toute plateforme biface. La liquidité se définit comme **le seuil à partir duquel le nombre d'utilisateurs permet à la plateforme de fonctionner de façon optimale**. On distingue la liquidité absolue et la liquidité relative. Dans le cas des plateformes où l'appariement n'est pas en temps réel, la gestion de la liquidité passe par le taux de transformation des visites en achats et donc par l'optimisation des résultats de recherche, tout comme l'optimisation du taux d'utilisation de l'inventaire.

Les cas d'Airbnb et de Spotify illustrent cette problématique. Airbnb a un enjeu de transformation des visites en réservations. Elle doit donc s'efforcer d'améliorer les résultats qu'elle présente aux visiteurs de son site ou de son application mobile, afin de maximiser la probabilité de réservation en augmentant la vitesse à laquelle cette réservation est effectuée. Dans cette perspective, elle utilise massivement les données d'usage générées par les clients de la plateforme.

EXEMPLE

Au fil des voyages des uns et des expériences d'hébergement des autres, le système d'information d'**Airbnb** apprend de ses hôtes et invités. «Dans les données que nous avons, il y a de l'implicite et de l'explicite, explique Joe Zadeh. Nous savons par exemple que certains hôtes refusent systématiquement les séjours d'une nuit. Inutile de les mettre en contact avec des membres qui ne cherchent qu'une nuitée. Certains cherchent des quartiers calmes pour leur famille, d'autres préfèrent les centres-villes animés... Le moteur de recherche permettra de mieux répondre à ce type de question.»

Airbnb ne veut plus se contenter de proposer à ses membres une liste d'annonces correspondant à un lieu et une date, mais la mise en relation la plus pertinente possible, sans perte de temps. Pour chaque requête qu'un client effectue dans le moteur de recherche, le modèle calcule la probabilité que des hôtes sélectionnés et pertinents donnent suite à la demande du client. Sur la base d'un test A/B du modèle, il apparaît que ce dernier conduit à une augmentation de 3,75 % du taux de conversion. Pour développer ce modèle, les ingénieurs d'Airbnb ont analysé de nombreux paramètres. L'algorithme repose sur un apprentissage à partir des hôtes qui ont le taux de réservation le plus élevé. Cependant, les comportements des hôtes sont susceptibles de varier selon les différents marchés sur lesquels Airbnb est implanté (selon qu'ils sont plus ou moins touristiques). D'autres facteurs influencent aussi le taux d'acceptation des demandes de location, notamment le nombre de personnes hébergées, le type de séjour (week-end, séjour long, etc.) ou le nombre de jours avant la date d'arrivée. L'analyse de l'ensemble des réservations fait apparaître une distinction entre les réservations de dernière minute et celles effectuées à l'avance (plus de sept jours avant). En fonction de l'ensemble de ces paramètres, le moteur de recherche d'Airbnb a été modifié afin de fournir des résultats personnalisés qui tiennent compte des préférences à la fois de l'hôte et de l'invité, avec pour objectif d'optimiser la probabilité d'acceptation et donc le taux de réservation.

Dans le cas de Spotify, l'enjeu de liquidité de la plateforme est lié à la nature du contenu et la distribution de sa consommation, phénomène généralement décrit sous le terme de **longue traîne**. Cette concentration sur une partie de l'offre s'interprète comme une réponse à l'hyperchoix auquel le consommateur est exposé, des millions de morceaux de musique dans le cas de Spotify.

Ce phénomène de concentration de la consommation ou de l'attention sur un nombre restreint de produits ou de contenus (films, artistes, morceaux de musique) est étudié depuis longtemps et se trouve renforcé par la numérisation de la distribution de ces contenus. L'affirmation de Chris

Anderson, qui a popularisé l'idée de la longue traîne, qu'Internet faciliterait la consommation des contenus les moins populaires et plus diversifiés, et que leur disponibilité numérique augmenterait leur volume de vente, est difficile à démontrer dans les faits. Si l'on constate parfois une diversification de la consommation des contenus, on constate dans le même temps un renforcement de l'effet de concentration sur les contenus les plus populaires.

Ces phénomènes conduisent les plateformes à se préoccuper de l'exposition de la partie du catalogue la moins consommée. En effet, si les éditeurs de contenus ou les vendeurs sur une place de marché ne réalisent que de très faibles ventes ou ont des revenus trop faibles, ils n'ont pas d'incitation à rester sur la plateforme.

EXEMPLE

Sur une plateforme comme **Spotify**, 1 % des artistes génèrent 70 % des revenus et 20 % du catalogue n'a jamais été écouté. La part des titres écoutés moins de 100 fois est colossale. L'enjeu d'une meilleure exploitation des catalogues est très important, tant du point de vue économique que culturel.

Dès lors, l'enjeu est d'exposer une partie du catalogue afin d'accroître la visibilité de certains contenus, ce qui est parfois une obligation légale.

Dans l'optimisation de l'appariement sur une plateforme, d'autres algorithmes reposent massivement sur l'utilisation des données collectées et générées par la plateforme. Comme dans le cas d'Airbnb, le moteur de recherche d'une plateforme est un dispositif central de la liquidité et toute amélioration de son efficacité améliore sa gestion.

Dans cette perspective, les algorithmes de reconnaissance d'images se développent fortement sur les plateformes de commerce en ligne, notamment dans leur version mobile. L'utilisateur prend en photo un objet qui est reconnu par un algorithme de reconnaissance de forme (*computer vision*) qui trouve le produit ou des équivalents. Le rôle des données est crucial dans l'entraînement de ce type d'algorithme, dans la mesure où la reconnaissance et la recommandation s'appuient essentiellement sur les produits qui constituent le jeu de données d'entraînement d'un tel algorithme.

Les données peuvent également servir à améliorer la fixation du prix et ainsi assurer la liquidité de la plateforme. C'est particulièrement le cas pour les plateformes où les utilisateurs n'ont pas toutes les informations ni les compétences pour fixer le prix par eux-mêmes. Il existe trois types de plateformes quant à la fixation du prix (voir chapitre 1). Dans le cas où la plateforme fixe elle-même le prix (Uber, par exemple), les données d'usage et leur analyse sont essentielles pour parvenir à un algorithme de tarification qui régule offre et demande. Dans le cas où c'est l'utilisateur lui-même qui fixe le prix, l'enjeu est encore plus important. Il faut accompagner l'utilisateur de telle sorte qu'il fixe un prix qui maximise la probabilité d'une transaction et non le revenu. C'est le cas d'Airbnb qui a construit un algorithme capable de proposer des prix pour chaque logement, dans n'importe quel lieu dans le monde, pour chaque période de l'année.

EXEMPLE

Pour chaque logement, **Airbnb** affiche le calendrier d'un hôte avec plusieurs informations: les jours en blanc sont disponibles à la réservation, et les zones grisées indiquent les jours déjà réservés ou qui n'ont pas été ouverts à la réservation par l'hôte. Dans les jours en blanc, l'hôte voit une barre de couleur, qui indique la probabilité d'obtenir une réservation pour ce jour-là à un prix donné. La couleur verte indique une forte probabilité; le jaune signifie qu'il y a une probabilité moyenne de réservation au prix actuel; le rouge indique une faible probabilité de réservation.

Construire un tel système de recommandation de prix pour les hôtes a constitué un réel défi. La technologie sous-jacente combine deux éléments: une modélisation mathématique et l'algorithme de *machine learning* Aerosolve.

La modélisation essaie de prédire, pour chaque jour de l'année et pour chaque logement, la probabilité d'obtenir une réservation pour tout prix possible. Ce calcul permet ensuite de proposer à l'hôte le prix le plus adapté. Cette modélisation constitue un travail d'envergure, car Airbnb le calcule à une échelle mondiale en fonction de la demande, de la saisonnalité, d'éventuels événements à proximité (une conférence, un salon...), de l'emplacement du logement, et de la qualité de l'hébergement (sa taille, son équipement, ce à quoi s'ajoutent les commentaires laissés par les clients précédents).

La deuxième partie de la technologie de tarification dynamique d'Airbnb repose sur Aerosolve, un outil conçu pour interpréter des ensembles de données complexes, afin de rendre compréhensible à des humains l'ensemble des calculs de la modélisation précédente. Alors que la modélisation d'Airbnb suggère un prix aux hôtes, l'objectif est d'ajouter grâce à Aerosolve le contexte de la recommandation de prix afin que l'hôte puisse comprendre cette recommandation: «Vous devez comprendre pourquoi le modèle prend une décision», déclare Airbnb.

Aerosolve prend soin de modéliser les différents quartiers d'une ville de façon unique, et ce dans le monde entier en créant des algorithmes pour générer automatiquement des quartiers en fonction de l'endroit où sont situés les hébergements Airbnb. Aerosolve utilise un algorithme qui diffère de deux façons des polygones de voisinage faits à la main. Ils sont générés automatiquement de sorte qu'Airbnb puisse rapidement construire les nouveaux marchés qui s'ouvrent au fur et à mesure que des personnes mettent leur logement en location, ce qu'Airbnb ne contrôle pas.

Parce que chaque offre de logement est unique, des algorithmes d'analyse d'images ont été introduits dans Aerosolve pour tenir compte de détails et de l'attention que les hôtes accordent à la décoration de leur maison. D'autres critères, tels que le nombre d'avis, s'avèrent complexes à intégrer dans l'algorithme. Par exemple, dans la relation entre le nombre de critiques clients et l'évaluation trois étoiles (sur cinq), il y a une grande discontinuité entre aucune critique et une évaluation. Afin d'intégrer la complexité de cette relation dans l'algorithme de pricing, les caractéristiques sur les notes et les avis clients sont lissés tout en préservant les valeurs extrêmes en utilisant des fonctions delta de Dirac. Enfin, après toutes ces transformations, l'ensemble de ces données sont assemblées dans un modèle de tarification intégrant des centaines de milliers d'interactions et de paramètres, afin de fournir un tableau de bord aux hôtes, qui les informe sur la probabilité d'obtenir une réservation à un prix donné.

In fine, par la mobilisation des données et des méthodologies du *Big Data*, les plateformes deviennent de véritables infrastructures de choix des consommateurs, dépassant les problématiques de l'hyper-choix.

Si l'optimisation de l'appariement est un objectif stratégique fondamental, augmenter la valeur des transactions est un autre objectif stratégique tout aussi fondamental pour une plateforme.

Pour augmenter la valeur des transactions qui prennent place sur la plateforme, plusieurs usages des données sont identifiables: la recommandation de produits, la personnalisation, la recommandation de produits au travers du fonctionnement du moteur de recherche (*searchandising*) et la valorisation des données en offres de ciblage publicitaire.

La **recommandation** permet de suggérer à un utilisateur de la plateforme un contenu, un produit complémentaire ou d'autres produits dans une offre groupée (*bundle, package, look*). L'objectif est d'augmenter la valeur de la transaction (panier moyen) ou le taux d'utilisation d'un catalogue de contenus (morceaux de musique, vidéos, films, articles, livres, etc.). Il existe de nombreux algorithmes de recommandation. Quelle que soit la méthode retenue, la plupart d'entre elles reposent sur l'utilisation des données des produits et des comportements des utilisateurs de la plateforme (achats, recherches, écoutes, visualisations, évaluations, etc.).

Les données d'usage sont donc à la base de systèmes de recommandation plus ou moins sophistiqués. Les plus anciens, comme les moteurs de filtrage collaboratif, reposent massivement sur les données comportementales des utilisateurs de la plateforme pour suggérer un produit ou un contenu.

La **personnalisation** vise, quant à elle, à proposer à l'utilisateur de la plateforme un contenu ou un produit qui correspond à ses attentes ou à ses goûts, afin de maximiser la probabilité de réaliser une transaction ou d'augmenter le taux d'utilisation des contenus de la plateforme. La personnalisation repose sur l'identification de l'utilisateur et la collecte de données sur ses usages de la plateforme (recherche, achat, historique d'achat, mise au panier non aboutie, mise dans une liste de souhaits, évaluation d'un achat, navigation, temps passé sur une fiche produit, durée d'écoute sur des contenus audiovisuels, etc.).

Il est évidemment possible de combiner recommandation et personnalisation, notamment dans les résultats d'une recherche d'une plateforme.

Les technologies de moteur de recherche combinent désormais des logiques de recherches multicritères dans une base de données et des logiques de merchandising, ce que l'on nomme ***searchandising***. Ainsi, les réponses à une requête sont paramétrables selon :

- le segment auquel appartient le client qui effectue la requête ;
- l'historique de navigation ou d'achat ;
- la disponibilité du produit en stock ;
- le classement des produits selon différents critères (meilleures ventes, marges, fin de stock, etc.).

Toutes les solutions techniques de *searchandising* qui visent à améliorer le taux de transformation reposent massivement sur la collecte de données comportementales et l'apprentissage machine. Les données d'usage de la plateforme constituent donc à nouveau une base pour bâtir des services complémentaires qui augmentent potentiellement la valeur des transactions.

L'accumulation de données d'usage permet à une plateforme d'identifier des comportements différenciés, des utilisateurs réguliers, des préférences qui s'expriment par les choix de produits ou services. Il est dès lors possible de valoriser cette connaissance du client pour monétiser la plateforme, par le **ciblage publicitaire**. C'est le cas de Waze qui offre aux annonceurs la possibilité de faire de la publicité dans l'application en fonction de la localisation de l'utilisateur. Il monétise une audience en créant des segments ou en permettant le ciblage d'utilisateurs dans une zone géographique donnée. Amazon a également développé une offre publicitaire qui repose sur la connaissance de ses clients, Amazon Advertising. Cette offre publicitaire sur son site lui permet de générer des revenus complémentaires importants (Amazon Advertising a généré un chiffre d'affaires d'environ 13 milliards de dollars en 2020). Amazon a de facto développé une offre de *trade marketing* spécifique à sa plateforme.

Innover et créer de nouveaux produits grâce aux données

Collecter des données d'usage sur une plateforme peut conduire celle-ci à identifier des produits ou des services qui font défaut aux utilisateurs. Ainsi, dans les activités de vente en ligne, analyser les données de recherche des produits qui n'ont pas abouti permet d'identifier une demande non satisfaite. C'est précisément ce que Citymapper a fait en analysant les données de son application de calcul d'itinéraires. Les données sont la base d'un nouveau service qui, sans elles, n'aurait aucune chance d'exister. Cela démontre qu'il existe toujours des usages secondaires des données susceptibles d'être une source de valeur a priori non identifiée.

EXEMPLE

À l'inverse d'un Uber qui collecte les données en faisant du transport, **Citymapper** a d'abord récolté les données de déplacements des citadins pour devenir un transporteur. Jusqu'à présent, l'application se contentait d'aider ses utilisateurs à se déplacer en ville en leur proposant des itinéraires qui combinaient tous les moyens de transport disponibles. Le 22 février 2016, elle a lancé à Londres son propre service de minibus: «Smart Ride», un système hybride à mi-chemin entre le bus et le taxi. Citymapper a mis toutes les chances de son côté pour que son service de transport réponde à un vrai besoin. En commençant par se servir des masses de données qu'elle compile depuis son lancement en 2013, elle a regardé «essentiellement les trajets du point A au point B, complètement anonymisés, sans lien avec des profils d'utilisateurs», précise Jean-Baptiste Casaux, porte-parole de Citymapper. Ses analystes ont ainsi détecté «les trajets les plus populaires, les zones et les horaires où la réponse n'est pas adaptée aux besoins».

Citymapper a, par exemple, identifié une carence dans l'East London, presque totalement dépourvu de moyens de transport public la nuit, alors que c'est précisément là que sortent les jeunes Londoniens le soir. Ainsi est né le projet «Project Grasshopper»: elle teste depuis mai 2017 un service de bus aux couleurs de Citymapper, qui ramène les usagers vers le centre de Londres. En termes de demande, l'expérience rencontre un franc succès, si bien que Transport for London (TfL), l'autorité qui gère les transports londoniens, envisage désormais de faire fonctionner les métros la nuit dans ce quartier. À cette occasion, les bus verts de l'entreprise étaient équipés de prises USB pour que les passagers puissent recharger leurs appareils électroniques et d'une tablette pour que le chauffeur puisse adapter son trajet en fonction des conditions de circulation. Cependant, les autorités de transport de la ville de Londres ont mis fin à ce service en considérant qu'il ne répondait pas à la réglementation en vigueur.

Piloter l'écosystème

Les données constituent un levier important de création directe de valeur. Elles peuvent également constituer un levier indirect de création de valeur pour une plateforme par le fait qu'elles permettent de piloter l'écosystème grâce aux données analytiques sur son activité. Les plateformes reposent sur un écosystème plus ou moins vaste (voir chapitre 3).

Toute plateforme fait face à des utilisateurs qui peuvent enfreindre les règles de fonctionnement de la plateforme. Qu'il s'agisse de contrefaçon sur les places de marché, d'usurpation d'identité sur les plateformes sociales (faux comptes ou faux profils), de faux avis clients, de contenus illicites (infraction à la propriété intellectuelle), de fausses informations, de fraude ou de contenus ou comportements qui limitent la participation ou les usages (cyber-harcèlement, haine en ligne), les plateformes doivent réguler leur espace d'échanges et de transactions, afin d'éviter que ces externalités négatives n'amoindrissent la valeur des effets de réseau en diminuant les usages et donc le nombre de transactions.

À cette fin, l'utilisation des données d'usage et des utilisateurs permet de construire des algorithmes auto-apprenants à partir des jeux de données issus de la plateforme et de détecter les contenus illicites, les faux avis ou faux profils. L'utilisation des méthodes du *machine learning* et du *deep learning* est indispensable pour identifier les contenus problématiques, automatiser la détection et le retrait des contenus problématiques, et fermer les faux comptes, tant la volumétrie de ces problèmes est élevée et trop coûteuse à traiter manuellement.

On utilise les données d'usage pour entraîner un modèle qui détectera ensuite les contenus ou les comportements interdits ou à risque. Typiquement, on catégorise des contenus problématiques et on entraîne un modèle jusqu'à ce qu'il soit capable de prédire, avec un taux de confiance élevé, si un nouveau contenu appartient à une catégorie de contenus à risque. L'enjeu est bien sûr la fiabilité de ces modèles, afin de limiter les cas de faux négatifs (contenus ou personnes identifiés à tort comme problématiques). Dans cette perspective, les données et leur qualité sont essentielles. Sans jeux de données pertinents, il est difficile, voire impossible, de parvenir à une prédiction fiable. Ces algorithmes sont ensuite déployés sur la plateforme où ils filtrent a priori tous les contenus qui sont ajoutés.

EXEMPLE

YouTube développe depuis plusieurs années un algorithme qui détecte le contenu musical ou vidéo d'une vidéo postée sur le site. L'algorithme Content ID permet donc aux ayants droit de faire retirer des contenus qui enfreignent leur propriété intellectuelle.

Facebook développe des algorithmes de filtrage des contenus pédopornographiques ou terroristes. Ceux-ci s'appliquent aux photos, textes et vidéos.

Cependant, quels que soient les jeux de données disponibles pour filtrer les contenus, les modèles auto-apprenants n'ont pas une efficacité totale et requièrent des modérateurs complémentaires pour parvenir à traiter l'ensemble des contenus. En outre, certains contenus sont très difficilement identifiables comme les propos haineux.

WAZE, UN GPS GRATUIT FONDÉ SUR LES DONNÉES

La société Waze a été fondée en 2008 en Israël sous le nom Linqmap. Après plusieurs levées de fonds (12 millions de dollars en 2008, 25 millions en 2010, puis 30 millions en 2011), elle est rachetée en juin 2013 par Google pour un montant de 1,1 milliard de dollars. C'est la sixième acquisition la plus élevée de Google.

L'HISTOIRE D'UNE RÉUSSITE

Waze est une application mobile de navigation GPS qui s'appuie sur une cartographie modifiable par ses utilisateurs. Elle est classée dans le top 10 des applications les mieux évaluées en 2018 aux États-Unis, où elle compte 25,6 millions d'utilisateurs. En France, Waze est la sixième application la plus téléchargée et compte 10,2 millions d'utilisateurs. La navigation se fait en quasi-temps réel en prenant en compte l'état du trafic. Waze est un jeu de mots anglais basé sur le nom «*ways*», qui peut se traduire, en fonction du contexte, par: les voies, les chemins, les manières ou les façons de faire. Ainsi, Waze indique les nombreuses voies (ici dans le sens de «routes») alternatives pour une même destination.

Chaque utilisateur peut mettre à jour les tracés et caractéristiques des routes, noms de lieux et adresses, ainsi que signaler des routes fermées (événements, travaux...) via une application Web distincte de l'application mobile. La cartographie disponible sur Waze est participative. Le maillage des routes provient des traces GPS des utilisateurs de l'application. Dans certains pays, Waze a acquis une *basemap* (des fonds de cartes) auprès de sources officielles afin d'accélérer le développement de la communauté. Les utilisateurs peuvent modifier la carte (sens de circulation, nouvelles rues, etc.) afin de l'améliorer ou de suivre l'évolution du réseau routier. Ces modifications se font à partir d'un éditeur en ligne. Les règles d'édition sont indiquées par l'équipe de Waze, mais la majorité des décisions sont prises de manière communautaire dans les forums de discussion. Les résultats sont ensuite publiés sous forme de Wiki. Fin 2012, la communauté Waze comptait 65 000 éditeurs de cartes ayant effectué un total de 500 millions de modifications et ajouts sur la carte.

Waze gère sa communauté en organisant des rencontres physiques : les « Meetups » qui sont organisés entre « Wazers » au niveau national, mais aussi au niveau régional. Ce sont des moments d'échanges sur l'évolution de l'application, ses fonctionnalités et ses usages.

Depuis avril 2018, Waze devient la première application mobile de navigation GPS intégrant les informations de zone à trafic limité, notamment Crit'Air en France, permettant ainsi de calculer des itinéraires qui évitent ces zones en fonction de critères propres au véhicule utilisé, préalablement renseignés dans l'application mobile.

Les utilisateurs de l'application peuvent à tout moment signaler un accident, des travaux, un danger, un embouteillage ou le prix du carburant de chaque station-service ; le système avertit alors les automobilistes devant emprunter la même route. En moyenne, 3,5 millions d'alertes sont envoyées sur Waze chaque mois en région parisienne (400 000 à Bordeaux, 300 000 à Toulouse). Waze s'appuie donc sur les données ascendantes pour améliorer son service.

Indépendamment de cette possibilité qui demande une action volontaire du conducteur, le système ayant connaissance de la vitesse instantanée de tous les utilisateurs connectés détecte en temps réel les ralentissements et vitesses moyennes par tronçon du parcours. Il propose un itinéraire plus rapide lorsque c'est possible. C'est probablement la fonction la plus recherchée par les utilisateurs de Waze, qui d'ailleurs en a fait sa devise : « *Outsmarting traffic, together* » (« Déjouons le trafic ensemble »). Waze dispose aussi d'une fonctionnalité d'avertisseur de radars mobiles, fixes et de contrôles de police très performante, profitant de sa communauté étendue. Le modèle de Waze utilise donc des données générées par l'application des utilisateurs en temps réel pour router les automobilistes.

LES SERVICES COMPLÉMENTAIRES

Le programme **Waze for Broadcasters** fournit aux médias partenaires des outils exclusifs pour traduire des données sur le trafic en contenu à signaler sur leurs antennes. L'application « W on Air iPad » permet aux partenaires de diffusion de rapporter en temps réel les informations routières de Waze grâce à une carte interactive optimisée pour la diffusion. **Waze Traffic View** est un tableau de bord dynamique de surveillance en temps réel sur le Web qui donne un aperçu complet du trafic d'une région, 24 heures sur 24, 7 jours sur 7. **Embedded Waze Live Map** est une carte de marque Waze que les partenaires intègrent à leurs sites Web de stations radio ou TV. **Waze Teams** est une fonction d'engagement social où les téléspectateurs se connectent à la chaîne via leur application Waze pour partager des mises à jour en direct, des photos et des rapports directement avec le service trafic de la chaîne. Un tel service valorise la marque, exposant le service Waze à de nouveaux publics et facilite le recrutement de nouveaux utilisateurs.

Le programme **Waze Partner Event** offre aux organisateurs d'événement des possibilités d'accéder aux données de Waze liées à l'événement. Ainsi, l'organisateur d'un festival ou d'un concert obtiendra un rapport résumé du jour de l'événement incluant le nombre de conducteurs Waze qui se sont rendus sur le lieu, l'heure moyenne d'arrivée, le temps de déplacement et la distance parcourue. Le résumé reflète tous les Wazers qui ont utilisé Waze le jour de l'événement pendant les heures de fermeture des routes, et qui ont terminé leur trajet sur le lieu de l'événement ou sur le parking de l'événement. Les données partagées avec les partenaires reposent sur le routage des demandes vers le site de l'événement et les emplacements de parking. Il s'agit donc d'une offre dédiée aux acteurs de l'événementiel qui valorise différemment les données collectées.

En outre, Waze met à disposition un SDK « **Waze Transport SDK** ». Ce kit de développement logiciel permet à des développeurs d'applications mobiles d'intégrer la plupart des services de Waze directement dans leur application, afin d'accroître le nombre d'utilisateurs et donc la volumétrie de données disponibles.

Par ailleurs, Waze a développé des capteurs, les **Waze Beacons**, qui sont des émetteurs Bluetooth qui pallient l'absence de GPS dans les tunnels. Plusieurs villes en ont d'ores et déjà déployé, comme Pittsburgh, Haïfa,

Paris ou encore Rio de Janeiro. Les capteurs ont une durée de vie de cinq à six ans et coûtent 28,5 dollars l'unité ; il en faut environ une trentaine pour couvrir une distance d'un kilomètre. Les capteurs ne sont compatibles qu'avec l'application Waze. Par ce biais, Waze améliore la collecte de données et fiabilise son service.

Waze offre la possibilité aux annonceurs de diffuser leurs publicités directement dans l'application auprès de ses 90 millions d'utilisateurs dans le monde. Ceux-ci utilisent en moyenne l'application 438 minutes par mois, soit plus de sept heures.

La principale source de valorisation des données repose sur la publicité ciblée disponible sous plusieurs formats dans l'application. Ainsi, le service **Waze Local** propose trois formats de publicité qui s'insèrent dans l'application et permettent une publicité géolocalisée : des points d'intérêts sponsorisés qui permettent à des enseignes commerciales de se signaler sur le parcours d'un Wazer (« Branded Pins » ou « Nearby Arrows ») ; des résultats sponsorisés dans le moteur de recherche de destinations de Waze (« Promoted Search ») ; et des publicités qui ne s'affichent que lorsque le conducteur est à l'arrêt plus de trois secondes (« Zero-Speed Takeover »). Les publicités sont commercialisées au coût pour mille impressions (CPM). Il est également possible de remplacer la voix des messages de Waze par une voix spécifique. Ce type d'opérations spéciales a d'ores et déjà été utilisé aux États-Unis par KFC ou pour le lancement du film d'animation de Disney, *Cars*.

Les possibilités de ciblage sont nombreuses : caractéristiques du conducteur (touriste ou habitant local, langue, version de l'OS mobile, etc.), destination du conducteur, événement local. Des marques comme Peugeot, Danone et Air France effectuent des campagnes sur Waze tout comme McDonald's. Waze se positionne en concurrent d'un affichage publicitaire local qui n'offre pas la possibilité de cibler les utilisateurs ni de paramétrer les campagnes de façon fine dans la journée.

CHAPITRE 3

COCRÉER DE LA VALEUR GRÂCE À UN ÉCOSYSTÈME

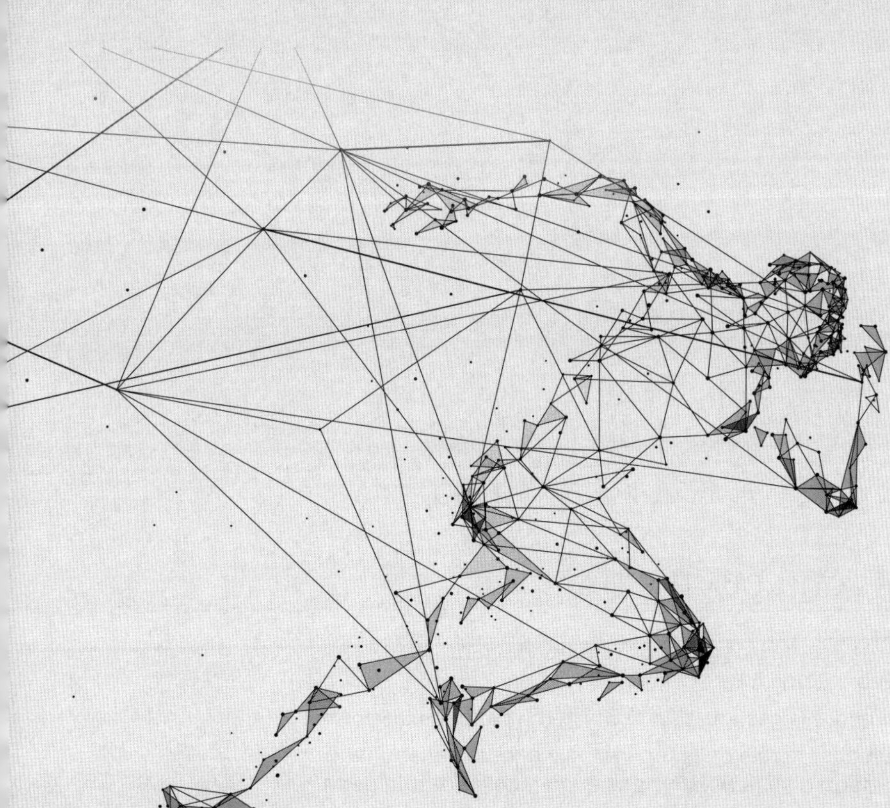

LES OBJECTIFS DU CHAPITRE

- Définir et décrire la logique de fonctionnement d'un écosystème à l'ère numérique.
- Comprendre la gestion d'un écosystème par une plateforme.
- Appréhender le rôle de la technologie dans la construction et la gestion d'un écosystème et en particulier, le rôle des API.
- Mesurer les enjeux de coopétition dans la gestion d'un écosystème.
- Maîtriser la méthode de l'*Ecosystem Pie Model*.

La connectivité développée par les réseaux numériques conduit à un accroissement sans précédent des interactions individuelles au travers de services numériques aussi bien entre les individus qu'avec des objets connectés. Ces interactions reposent sur la combinaison de nombreuses ressources réseau, logicielles et informationnelles. Toutes ces ressources appartiennent rarement à une seule entreprise. Il suffit de penser au service de VTC Uber pour comprendre que sans les réseaux mobiles, les satellites de géolocalisation et les fabricants de smartphones, son service serait impossible à délivrer.

Si ces infrastructures jouent un rôle important dans la conception du modèle d'affaires, l'essentiel se situe dans la capacité à utiliser la technologie pour générer et gérer différents échanges entre différents acteurs. Il en va de même dans le système d'exploitation mobile d'Apple qui, en s'ouvrant à des développeurs tiers, a su attirer un grand nombre d'entre eux dans l'App Store et ainsi accroître la valeur de son produit, l'iPhone. C'est aussi le cas d'une plateforme logicielle de vente en ligne comme Shopify ou de l'outil de création de sites Web, WordPress, qui l'un et l'autre, en ouvrant leur logiciel à des développeurs tiers, ont généré d'importants écosystèmes de compléments logiciels qui ont augmenté la valeur de leur solution respective.

Toutes ces plateformes intègrent une dimension d'écosystème et le fait qu'à l'ère numérique, une proposition de valeur peut largement être enrichie par des tiers grâce aux technologies et aux utilisateurs. Ces plateformes cherchent à maximiser la valeur des effets de réseau indirects que nous avons présentés dans le chapitre 1 au travers de la création et de l'animation d'un écosystème de partenaires.

Ce faisant, le management stratégique d'un tel ensemble diffère largement de celui d'une entreprise, dans la mesure où une partie de la proposition de valeur n'est pas du ressort de la plateforme, mais des partenaires de l'écosystème. C'est une différence profonde avec l'entreprise qui définit et contrôle totalement la proposition de valeur au cœur de son modèle d'affaires. En conséquence, il convient d'appréhender les différentes méthodes et outils qui permettent de concevoir une telle architecture de la valeur. Si concevoir un écosystème est une décision stratégique centrale pour toute plateforme, il n'en reste pas moins que la gestion des interactions avec ses différentes composantes constitue un deuxième enjeu central : comment développer l'écosystème ? Comment en garder le contrôle ? Comment répartir la valeur entre les différents acteurs de l'écosystème ? Ce sont les nouvelles dimensions du management stratégique.

LES ÉCOSYSTÈMES À L'ÈRE NUMÉRIQUE

La notion d'écosystème n'est pas récente en sciences de gestion. Henri Moore, dans un article de la *Harvard Business Review*, introduit le concept dans cette discipline dès 1996. Utile, dans un premier temps, pour saisir les interactions complexes entre entreprises, il a surtout été mobilisé pour comprendre les logiques d'actions collectives dans lesquelles la coordination entre les entreprises était un impératif de réussite. Puis, la notion d'écosystème a connu une incroyable extension sémantique, puisque l'on parle désormais d'écosystème d'affaires, d'écosystème d'innovation, d'écosystème digital, d'écosystème du monde logiciel ou encore des paiements. L'utilisation toujours plus étendue du terme nuit souvent à sa compréhension.

À cet égard, la typologie d'Adner clarifie grandement le concept. Il distingue les « *business ecosystems* » (écosystèmes d'affaires), qui renvoient à des externalités positives entre entreprises du fait de leur colocalisation (comme dans la Silicon Valley), des « *product ecosystems* » (écosystèmes de produits), dans lesquels la modularité des produits conduit à l'existence de produits compatibles complémentaires, et des « *platform ecosystems* » (écosystèmes de plateformes). Ces derniers diffèrent des précédents par le fait que dans le cas du produit, la complémentarité est limitée par le fabricant du produit et les standards qu'il impose.

Reposant fondamentalement sur la notion d'effets de réseau indirects, les écosystèmes pilotés par des plateformes sont clairement une de leur dimension essentielle dans la mesure où une partie importante de la valeur qu'elles créent repose sur leur capacité à construire et à gérer dans le temps un écosystème. Plus les effets indirects seront importants et présents, plus la gestion de l'écosystème deviendra une dimension centrale dans la gestion de la plateforme.

Par essence dynamique, il importe de comprendre la particularité d'un écosystème que gère une plateforme par rapport à un réseau classique de fournisseurs et les différents leviers pour l'activer, le contrôler et le faire évoluer.

Les plateformes sont de nouvelles formes d'organisation de la production et des échanges qui reposent sur l'exploitation des effets de réseau et des données issues des interactions avec ses utilisateurs et clients. De facto, elles sont conçues pour maximiser ces effets de réseau, afin de générer un nombre maximal d'échanges et de revenus. Dans cette perspective, le développement d'un écosystème est un moyen d'amplifier les échanges.

Un des effets de réseau les plus importants, à l'origine des écosystèmes, est l'effet de réseau indirect. Pour rappel, un effet de réseau indirect émerge lorsqu'un bien ou un service est complété par une offre riche de biens et de services complémentaires. Cette offre, en gagnant en profondeur, en largeur, en disponibilité et en accessibilité, renforce en retour l'attrait du bien ou du service qui en est la source (voir chapitre 1).

L'importance relative des effets de réseau indirects, par rapport aux autres effets de réseau, est également un élément à considérer dans la compréhension de l'importance relative de l'écosystème dans le fonctionnement d'une plateforme. Ainsi, comme nous l'avons vu dans le chapitre 1, lorsqu'on étudie cette importance relative des effets de réseau indirects, on met en évidence des types de plateformes dans lesquels ceux-ci sont fortement prévalents dans leur conception et leur fonctionnement.

Deux types de plateformes connaissent des effets de réseau importants : les systèmes d'exploitation et les logiciels, et les places de marché. Ils existent dans d'autres types de plateformes, mais jouent un rôle relativement moindre en regard du nombre d'utilisateurs, c'est-à-dire des effets de réseau directs.

Dans le cas des **places de marché**, la constitution d'une offre complémentaire à celle de l'opérateur de la plateforme par des vendeurs tiers étend les catégories offertes, approfondit les gammes et, *in fine*, renforce l'attractivité de la plateforme. Plus la place de marché diversifie les vendeurs, plus elle se trouve en situation de devoir gérer un écosystème de vendeurs. Dans ce cas, deux types d'effets de réseau se combinent : les effets de réseau croisés et indirects (voir chapitre 1).

Il en va de même pour un **logiciel** qui décide de laisser des développeurs tiers ajouter des fonctionnalités à son logiciel initial, comme c'est le cas avec Moodle, PrestaShop, Shopify ou WordPress (*add-ons*). Les navigateurs Internet s'enrichissent également de nombreux modules complémentaires (*plug-ins*) qui accroissent les fonctionnalités pour l'utilisateur. Pour les systèmes d'exploitation fixes ou mobiles, ceux-ci sont complétés par les nombreux logiciels qui fonctionnent dans leur environnement. Dans le cas des **systèmes d'exploitation** mobiles, l'écosystème de logiciels complémentaires est désormais organisé par des magasins d'applications (App Store et Google Play), qui s'apparentent à de véritables places de marché d'applications.

Dans les autres cas, la plateforme orchestre un écosystème, mais celui-ci est moins prévalent dans la création de valeur, dans la mesure où celle-ci dépend davantage du nombre d'utilisateurs comme dans le cas des réseaux de communication (messageries instantanées du type WhatsApp, Messenger ou Telegram), des réseaux de données où la valeur dépend des données générées par les utilisateurs (Waze ou Citymapper) que des partenaires de l'écosystème. Les réseaux sociaux présentent un cas intermédiaire dans la mesure où les deux types d'effets de réseau sont aussi importants dans la création de valeur. Il n'en demeure pas moins qu'au sein de cette catégorie des réseaux sociaux, les acteurs se différencient précisément en activant ou non cette dimension d'écosystème. Il suffit de comparer Facebook et Twitter pour mettre en évidence que le premier a une forte dimension écosystémique à l'inverse de Twitter.

Il importe désormais d'identifier les différentes caractéristiques d'un écosystème pour en comprendre la conception et le fonctionnement.

Les caractéristiques fondamentales d'un écosystème

Une plateforme orchestre donc un écosystème plus ou moins développé. Qu'est-ce qui le caractérise ? En quoi est-ce différent d'un réseau de fournisseurs ?

Un écosystème piloté par une plateforme, que l'on nomme souvent la firme pivot, c'est-à-dire celle qui spécifie les caractéristiques de l'écosystème, qui le développe et le gère, possède plusieurs caractéristiques essentielles qui président à son fonctionnement :

- une architecture ouverte qui permet la cocréation ;
- la générativité de cette architecture, c'est-à-dire sa capacité d'offrir au tiers de développer plus ou moins de valeur.

Une architecture de proposition de valeur hybride : la cocréation de valeur

Pour une plateforme, la spécificité d'un écosystème conduit au fait que la plateforme ne construit pas l'ensemble de son offre elle-même, mais qu'elle organise grâce à différentes technologies une architecture où des tiers peuvent compléter son offre. Cela signifie que contrairement à une entreprise classique, la plateforme ne spécifie pas la totalité de son offre et n'en maîtrise pas tous les contours, puisqu'elle laisse, avec une latitude plus ou moins grande, à d'autres la possibilité de la compléter. Contrairement à des fournisseurs qui se voient fournir un cahier des charges précis, ici, il n'y en a pas sur les produits eux-mêmes, mais sur les conditions de production de cette offre complémentaire.

D'un point de vue stratégique, il s'agit donc d'une architecture de ressources différentes, dans la mesure où leur propriété n'est plus une condition de leur exploitation. Il suffit de fournir un cadre, généralement technologique, pour que des ressources puissent s'activer et produire des compléments à l'offre initiale.

Dès lors, la notion de proposition de valeur, au cœur du modèle d'affaires de l'entreprise, doit être repensée, puisqu'une partie de celle-ci n'est plus exclusivement l'apanage de la plateforme. Dans cette perspective, ce qui rend possible le développement et le fonctionnement de l'écosystème, c'est l'existence d'une plateforme technologique ouverte qui met à disposition des spécifications techniques, les documente et permet aux tiers de développer leur complément et de venir l'exploiter directement depuis cette même plateforme technologique.

Pour illustrer cette transformation fondamentale, qui oppose entreprise et plateforme, on peut représenter à l'aide de différents canevas les deux modes d'architecture de la valeur. Dans le *Business Model Canvas* (voir bibliographie en fin d'ouvrage pour accéder aux ressources en ligne), on voit parfaitement que la proposition est le fait unique de l'entreprise. En comparaison, dans le *Platform Design Toolkit*, la proposition de valeur se décompose en trois éléments distincts et complémentaires : la proposition de valeur centrale (*Core Value Proposition*), la proposition de valeur complémentaire (*Ancillary Value Proposition*) et l'infrastructure technologique (*Infrastructure and Core Components*), qui rend ces deux propositions compatibles et complémentaires.

La cocréation est donc un marqueur fondamental d'une plateforme. La particularité de cette forme de cocréation est qu'elle laisse une marge de manœuvre aux tiers dans la création de valeur. Dans certains modèles de plateformes, c'est l'utilisateur lui-même qui crée de la valeur par l'usage même de la plateforme.

Dans ce type de plateforme, dénommé *User Generated Content* (UGC), l'essentiel de ce que la plateforme offre à ses utilisateurs consiste en des contenus ou des produits mis à disposition par ses utilisateurs : contenus numériques (vidéos, photos, textes, graphiques, etc.), objets fabriqués par ces derniers sur des plateformes comme Etsy, objets d'occasion sur des plateformes de vente comme Leboncoin, prestations sur des plateformes de restauration à domicile comme La Belle Assiette, etc. C'est évidemment le cas des réseaux sociaux.

Par ailleurs, la cocréation est présente sur toutes les plateformes dès lors que les utilisateurs génèrent des données liées à leurs usages de la plateforme ; ces données sont ensuite réutilisées de différentes manières par la plateforme dans la construction de ses services, et particulièrement dans l'appariement de l'offre et de la demande (voir chapitres 2 et 4). La plateforme intègre ces retours d'information soit pour augmenter la qualité des services existants, soit pour l'exploitation de nouveaux marchés.

On distingue dès lors deux logiques dans l'architecture de la valeur qui se combinent : une logique de création de valeur par la plateforme elle-même et une logique de capture de la valeur sur les interactions au sein de l'écosystème que génère la plateforme.

Les acteurs de l'écosystème

L'écosystème repose sur l'existence d'un ou de plusieurs acteurs centraux, propriétaires de la plateforme (*platform owner*). Comme les plateformes reposent sur des réseaux, il existe plusieurs types de structures réticulaires sous-jacentes qui, par la répartition du pouvoir au sein d'une plateforme, caractérisent les plateformes (voir figure 3.2).

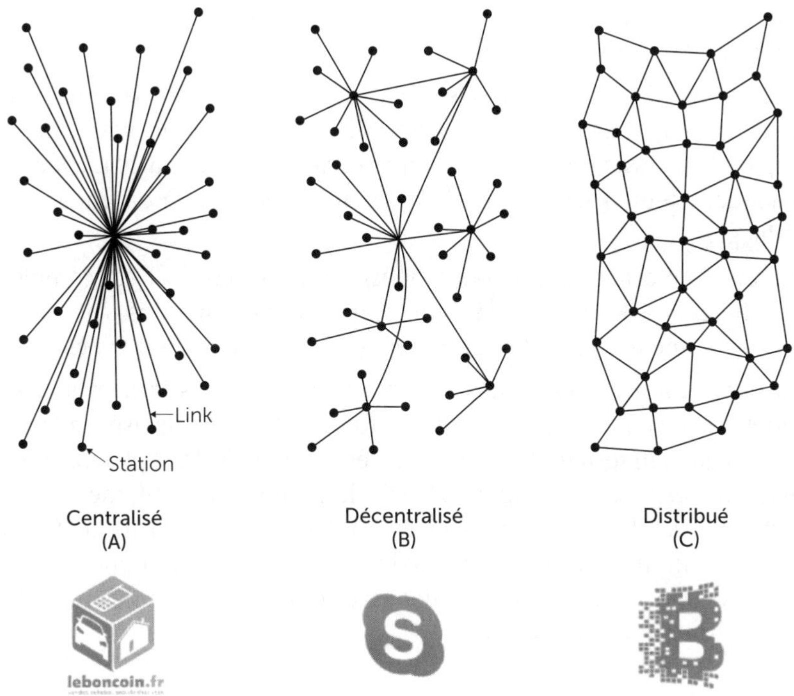

FIGURE 3.2. Structure de réseau et type de plateforme

- **Centralisé** : un seul acteur, la firme pivot, définit les règles de fonctionnement de la plateforme et les impose aux acteurs de l'écosystème. C'est le modèle qui s'est le plus fortement développé jusqu'à aujourd'hui, car il permet de maximiser la valeur des différents effets de réseau (voir chapitre 1). C'est typiquement le cas d'Apple ou des différentes places de marché.
- **Décentralisé** : c'est un modèle dans lequel le pouvoir est réparti au sein d'une communauté d'acteurs. La plupart des plateformes décentralisées fonctionnent comme un consortium qui met à disposition une configuration technique qui permet à des tiers de produire ou d'innover. Il s'agit souvent d'une plateforme technologique qui définit des standards techniques. C'est également le cas de certains protocoles de partage, comme BitTorrent où n'est partagé qu'un fichier de nœuds sur lesquels les fichiers sont hébergés. C'est également le cas dans une architecture de communication utilisée par Skype, dans laquelle les utilisateurs partagent les ressources de leur ordinateur pour construire les ressources

du réseau. D'une façon générale, tous les protocoles de pair-à-pair rentrent dans cette catégorie.

- **Distribué** : dans un tel modèle, chaque acteur est décisionnaire des règles qui régissent la plateforme, selon des droits de vote qui sont répartis sur différentes bases, comme dans le cas de la *blockchain* où chaque acteur a des droits de vote proportionnels à sa capacité de minage.

Chaque plateforme définit une proposition de valeur qui est complétée par différents acteurs qui s'insèrent dans l'écosystème. Ces acteurs sont définis comme des **complémenteurs**. On en distingue deux types :

- **Les partenaires** : ce sont des acteurs qui ont des liens forts avec le propriétaire de la plateforme et qui contribuent de façon décisive à la création de la plateforme, dont les utilisateurs intensifs de la plateforme, les *marquee users* (voir chapitre 1). Dès lors, le degré d'interdépendance entre la plateforme et ces acteurs est fort. La plateforme doit éviter qu'ils ne quittent la plateforme. Pour ce faire, elle développe généralement soit des partenariats, soit des services spécifiques à destination de ces utilisateurs de la plateforme.

EXEMPLE

La plateforme **Airbnb** distingue les «Superhosts» des «Hosts». Les Superhosts ont une note moyenne de 4,8 sur 5; ils ont accueilli au moins 10 séjours au cours de l'année passée, ou au moins 3 séjours pour un total de 100 nuits minimum; ils annulent dans moins de 1 % des cas et répondent à 90 % des nouveaux messages sous 24 heures. En contrepartie, ils bénéficient d'une meilleure exposition sur la plateforme, notamment dans les résultats du moteur de recherche.

- **Les complémenteurs faiblement liés à la plateforme**. Ce sont des partenaires qui utilisent la plateforme pour commercialiser leurs produits ou services et qui augmentent l'offre de la plateforme ; ils contribuent à l'enrichir notamment par des services innovants qui ne sont pas fournis par la plateforme.

Le rôle de la plateforme est d'orchestrer cet ensemble d'acteurs et de leur fournir un environnement propice à l'échange et à l'innovation, afin de maximiser la valeur qu'ils génèrent et d'en capter une part. La figure 3.3 illustre cette logique d'interactions entre les acteurs.

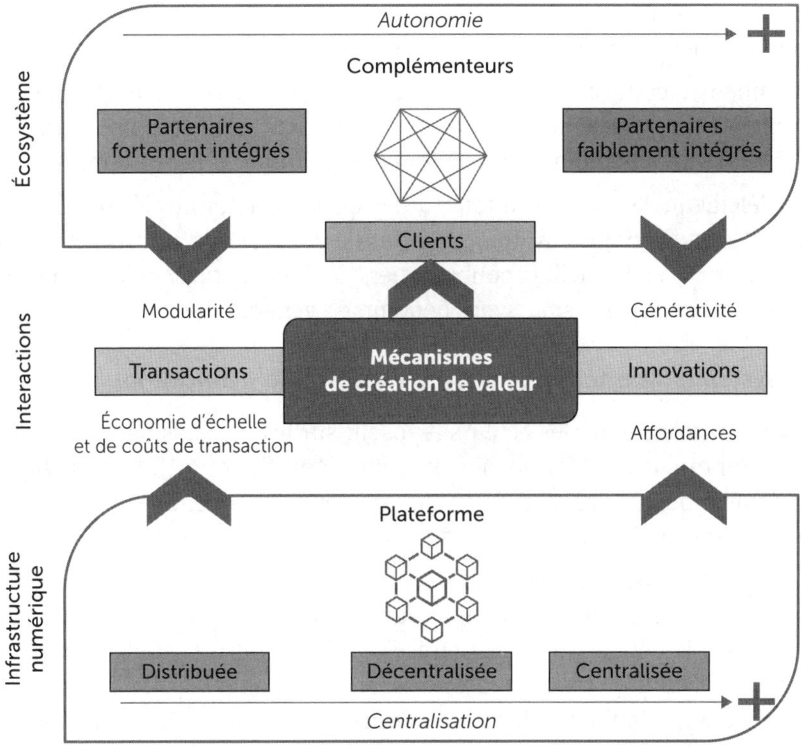

Source: adapté de Hein *et al.*, 2019.

FIGURE 3.3. Logique de complémentarité écosystème-plateforme

Les mécanismes centraux de la création de valeur dans un écosystème

Les mécanismes de création de valeur au cœur de la plateforme reposent sur la capacité de la plateforme à réduire les coûts de transaction, afin de maximiser le nombre de transactions. À cette fin, elle agit comme une infrastructure de confiance entre acteurs qui, sans elle, auraient peu de chance de parvenir à contracter. Cela passe par le design d'interaction efficace pour faciliter la mise en relation et la conclusion des transactions.

Dans cette perspective, la modularité des plateformes numériques repose sur une couche logicielle qui facilite grandement la connexion de tiers : ajouter un vendeur supplémentaire à la plateforme est aisé, tout comme l'ajout d'un catalogue de produits ou de services qui complète l'offre initiale. Cette modularité permet en outre de diversifier les partenaires.

Apple a ainsi pu ajouter, après la musique, des films et des vidéos, des podcasts, des livres et des jeux vidéo.

Par ailleurs, cette caractéristique de l'infrastructure numérique facilite la croissance rapide du nombre d'utilisateurs. Elle offre un passage à l'échelle, une scalabilité, qui facilite la constitution d'écosystèmes larges.

Parallèlement, la capacité d'innovation de la plateforme dépendra de sa capacité à faciliter l'innovation pour des tiers, ce qu'elle autorise et permet (*affordance*), et la facilité pour les tiers à s'approprier ces mécanismes. Cette caractéristique est souvent dénommée générativité.

Écosystème transactionnel versus *écosystème d'innovation*

Les interactions entre les acteurs reposent sur les mécanismes de création de valeur que la plateforme met en œuvre (voir figure 3.4). Deux logiques fondamentales de création de valeur existent et peuvent se combiner : la logique transactionnelle et la logique d'innovation.

La logique transactionnelle repose sur l'exploitation intensive des effets de réseau et nécessite l'agrégation d'un grand nombre de partenaires pour maximiser les effets de réseau croisés (voir chapitre 1). Cela dépend de la capacité de la plateforme à optimiser les échanges grâce à des mécanismes d'appariement efficaces de l'offre et de la demande. Plus ils sont efficaces, plus la probabilité de transactions est élevée. La collecte des données (voir chapitre 2) sur les intentions (caractéristiques, préférences, navigation, recherche de l'utilisateur) constitue un levier important d'optimisation des échanges.

Selon que la plateforme développe plus ou moins ces mécanismes, elle sera caractéristique d'une plateforme transactionnelle, généralement incarnée par une place de marché biface, ou elle s'apparentera à une plateforme d'innovation avec de nombreux tiers différents participant à l'offre.

La plateforme transactionnelle facilite les transactions ou les échanges entre un grand nombre de personnes ou d'organisations qui, autrement, auraient du mal à se trouver ou à échanger entre elles, par exemple Uber, Google Search, Amazon Marketplace, Facebook. La caractéristique importante de ces plateformes est leur capacité à mettre efficacement en relation les acheteurs et les vendeurs sur le marché. Les plateformes transactionnelles optimisent les coûts de transaction et facilitent donc les échanges, notamment en offrant un cadre de confiance aux acteurs des échanges.

Les plateformes d'innovation offrent une ressource technologique partagée qui peut être exploitée par un grand nombre d'individus ou d'organisations qui peuvent innover dans des produits, des technologies ou des services complémentaires. En d'autres termes, les plateformes d'innovation agissent comme une base technologique sur laquelle des entités externes peuvent innover. Parmi les exemples archétypaux, on peut citer l'iPhone et les centaines de milliers de développeurs d'applications, ainsi que Google Android et son vaste écosystème de développeurs d'applications. Ces plateformes offrent des outils numériques tels que des API (interfaces de programmation d'applications) ou des kits de développement logiciel pour permettre aux développeurs de logiciels complémentaires d'innover plus facilement sur des services ou des technologies ou des applications complémentaires.

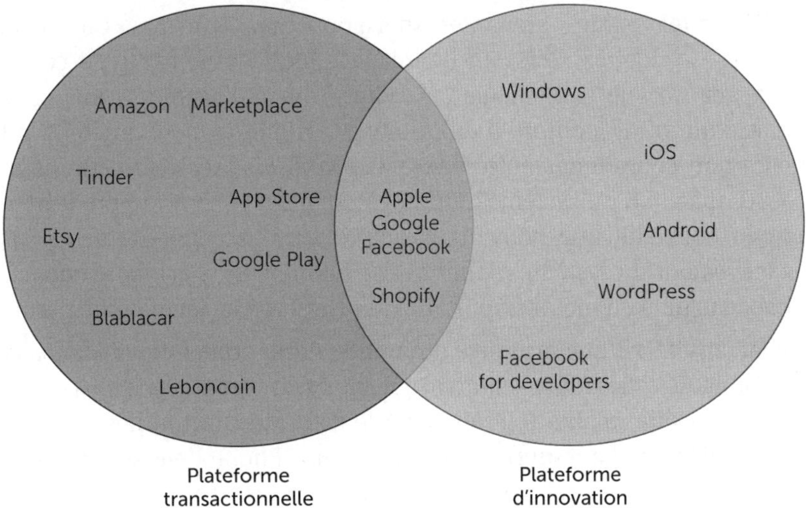

Source: adapté de Gawer, 2014.

FIGURE 3.4. Plateforme transactionnelle versus plateforme d'innovation

Il existe des plateformes qui combinent les logiques transactionnelles et d'innovation, comme Apple, Google ou encore Facebook, ce qui en fait des plateformes puissantes par le nombre de transactions qu'elles génèrent et par le nombre d'acteurs qu'elles orchestrent au travers des différentes faces de leur plateforme.

Les plateformes reposent sur une infrastructure technologique sur laquelle elles exposent des services et sur laquelle les tiers viennent s'intégrer et développer des services complémentaires. Cette infrastructure technologique est donc centrale dans le développement d'un écosystème. Sa conception est à l'origine d'un écosystème plus ou moins important. Cette caractéristique fondamentale se nomme la générativité.

La générativité d'une plateforme

Les plateformes reposent sur le principe de la maximisation des effets de réseau. Elles doivent donc agréger un grand nombre d'utilisateurs pour y parvenir. Ce nombre d'utilisateurs dépend de nombreux facteurs (voir chapitre 1), mais l'attractivité de l'offre est une condition *sine qua non*.

À cet égard, le développement d'un écosystème est donc une clé de la réussite d'une plateforme. Pour y parvenir dans un monde numérique, cela repose sur une architecture ouverte qui aura pour objectif de connecter les différentes parties prenantes (développeurs, vendeurs, utilisateurs et autres partenaires). Zittrain définit la notion de générativité comme «la capacité d'une technologie à produire des changements inattendus du fait d'un grand nombre d'utilisateurs et d'une grande variété d'utilisateurs non coordonnés entre eux». Tilson *et al.* précisent cette définition: «Capacité d'un système autonome de créer, générer ou produire un contenu nouveau, une nouvelle structure, ou des comportements sans que le créateur du système n'intervienne lui-même.» C'est donc une mise en capacité plus ou moins importante des tiers que la générativité permet.

La générativité est une propriété du monde numérique fondamentale, car elle distingue les ressources numériques des ressources physiques qui ont par essence une finalité unique liée à leur forme (un tournevis ne peut pas devenir une chaussure). En revanche, un iPhone peut servir comme lampe de poche, appareil photo, radioréveil, console de jeux et téléphone. Dans l'espace numérique, la complémentarité fonctionnelle se définit donc différemment de celle du monde physique.

Zittrain suggère qu'en fonction de la technologie, la générativité recouvre cinq dimensions:

- la capacité d'effet de levier;
- l'adaptabilité;
- la facilité de maîtrise;
- l'accessibilité;
- la transférabilité.

La capacité d'effet de levier fait référence à la faculté des objets à être utilisés pour des réalisations différentes. Si une technologie permet une plus grande variété de réalisations, cela signifie qu'elle est générative. Dans le cas des applications mobiles, cela se traduit par la manière dont les innovateurs indépendants des vendeurs de téléphones portables et des opérateurs de réseaux peuvent facilement exploiter le téléphone portable comme plateforme pour développer de nouveaux services et applications.

L'adaptabilité fait référence à la mesure dans laquelle la technologie peut être utilisée sans modification et peut être flexible afin d'augmenter son champ d'utilisation.

La facilité de maîtrise reflète la facilité avec laquelle on peut apprendre à connaître la technologie.

L'accessibilité est déterminée en fonction de la facilité avec laquelle les utilisateurs peuvent avoir accès à l'utilisation de la technologie.

Enfin, **la transférabilité** signifie la capacité de transférer tout changement technologique à d'autres.

Pour maximiser la valeur d'un écosystème, une plateforme devrait maximiser l'ouverture de son écosystème. Cependant, cette décision d'ouverture se heurte à la nécessité de contrôler son écosystème afin qu'il n'échappe à la plateforme.

La tension entre l'ouverture et le contrôle de l'écosystème

Une plateforme qui souhaite extraire de la valeur de son écosystème doit en partie le contrôler, afin qu'il ne lui échappe ou qu'il parte dans des directions qui ne génèrent aucune valeur, voire qui en détruisent. Il existe donc une tension entre l'ouverture de l'écosystème et son contrôle, afin de maximiser la valeur qui en découle. Des économistes (Shapiro et Varian, 1999) ont démontré qu'il existe un point optimum entre l'ouverture de l'écosystème et son contrôle (voir figure 3.5).

Parvenir à cet optimum est un exercice délicat, car il est par essence évolutif compte tenu du fait que prévoir les évolutions des usages de la plateforme est difficile, sinon impossible : qui aurait prévu que certains acteurs utiliseraient Facebook pour tenter de manipuler des élections en diffusant des campagnes de publicité reposant sur des fausses informations ? Certaines plateformes le maîtrisent parfaitement, comme Apple l'illustre avec sa plateforme iOS et son App Store et les différentes phases de développement de son écosystème.

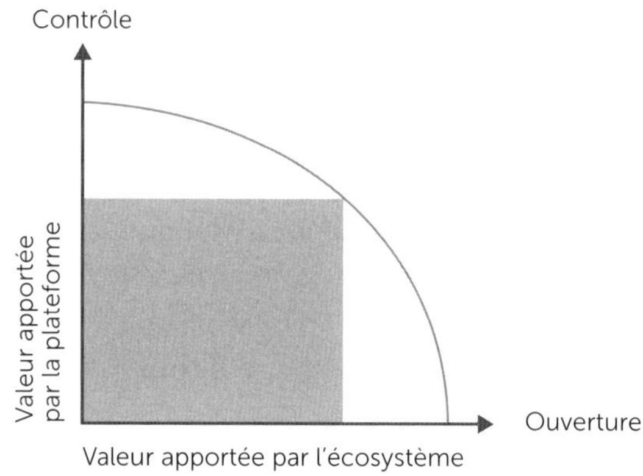

FIGURE 3.5. Optimum entre ouverture et contrôle de l'écosystème

EXEMPLE

Apple maîtrise la logique d'écosystème. Grâce à l'ouverture d'un magasin d'applications, l'entreprise a bâti un immense écosystème autour de l'iPhone et de son système d'exploitation iOS, ce que la société n'avait pas réussi à faire avec le Macintosh, contrairement à Microsoft (avec Windows).

L'écosystème développé par Apple a d'abord débuté avec l'introduction de l'iPod et d'iTunes qui a ajouté la musique, puis les vidéos, et les livres comme contenus multimédias consommables sur les différents appareils de la marque (Mac, iPod, iPhone, iPad, Apple TV, Apple Watch). L'écosystème ne cesse de s'étendre avec CarPlay, qui permet de déporter les services de l'iPhone dans un véhicule; Apple Pay, son système de paiement; et Apple Card, sa carte de paiement.

Lors de l'introduction de l'iPhone en 2007, Steve Jobs annonce que les applications de son smartphone seront produites par Apple. Un an après, dans un spectaculaire revirement, il annonce l'ouverture de l'App Store aux développeurs tiers. Les développeurs d'applications se voient offrir contre un abonnement annuel l'accès à un SDK (*Software Development Kit*) qui leur permet d'accéder aux API du système d'exploitation et aux fonctionnalités du smartphone (gyroscope, caméra, micro, connectivité, etc.).

L'écosystème d'Apple ne se limite pas aux applications, mais s'étend bien au-delà dans la mesure où ses produits reposent sur un ensemble d'acteurs comme les opérateurs télécoms, les fournisseurs de composants électroniques, les usines d'assemblage. La dépendance d'Apple à certains de ces fournisseurs est une préoccupation managériale centrale, puisque certains composants, dont les processeurs, sont spécifiquement conçus par Apple pour ses appareils mobiles afin de ne plus dépendre de certains de ses fournisseurs.

Deux cas de figure extrêmes permettent de comprendre les erreurs à ne pas commettre dans les décisions d'ouverture et de contrôle. Dans le premier cas (voir cas 1, figure 3.6), la plateforme entend contrôler totalement son écosystème et limite l'accès à la plateforme, soit par des critères très sélectifs, soit par des frais élevés d'entrée. Elle va donc limiter son développement en bridant *de facto* son écosystème. C'est le cas d'une plateforme comme Nintendo qui a restreint de façon forte l'accès à sa plateforme, limitant d'autant son développement et se faisant concurrencer par des plateformes beaucoup plus ouvertes comme les jeux mobiles (iOS et Android) ou les plateformes de jeux en ligne, comme Steam.

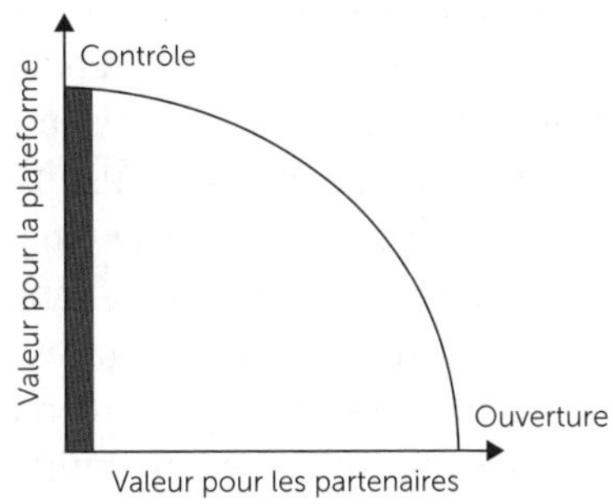

Cas 1 : la plateforme verrouille l'écosystème

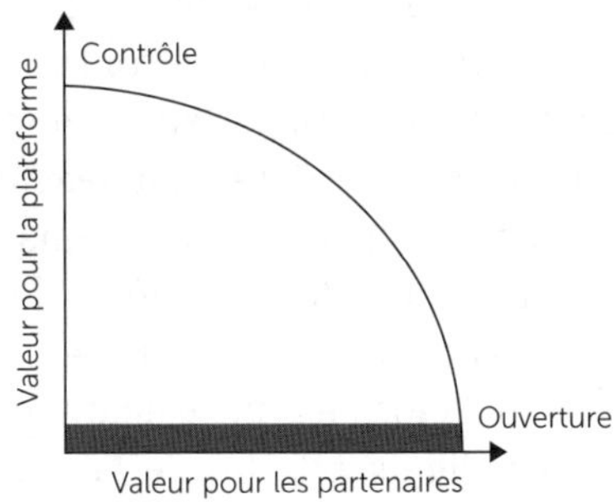

Cas 2 : la plateforme est totalement ouverte

FIGURE 3.6. Le choix du contrôle et le choix de l'ouverture

Dans le deuxième cas (voir cas 2, figure 3.6), le système est totalement ouvert et n'importe quel acteur peut s'en emparer. La plateforme ne peut alors plus contrôler l'utilisation qui en est faite et s'expose à ce que la valeur soit entièrement entre les mains des utilisateurs et qu'elle ne puisse plus la capter. Un tel cas se retrouve souvent dans les logiciels libres, et Linux en est l'archétype. Ce système d'exploitation *open source* a généré énormément de valeur pour des tiers, mais finalement peu à la société Red Hat qui l'a repris.

Comme Parker et Van Alstyne l'ont démontré, la stratégie payante est celle de l'ouverture contrôlée qui se rapproche le plus de l'optimum ouverture/contrôle. Quels sont donc les mécanismes qui permettent à la plateforme de contrôler son écosystème tout en le développant ?

Les différents mécanismes de contrôle de l'écosystème

L'accès à la plateforme. Développer un écosystème permet de contrôler qui accède à la plateforme et de se réserver le droit de refuser l'accès à certains partenaires potentiels. Une première politique de contrôle et de validation est de rendre cet accès payant. C'est notamment le cas de la plateforme d'Apple qui facture 99 dollars par an aux développeurs qui veulent réaliser des applications mobiles ou pour le Mac. Dans d'autres cas, la plateforme réserve l'accès à des partenaires qu'elle a évalués et sélectionnés, à l'instar de la plateforme Nintendo.

Le référencement/déréférencement. L'accès à la plateforme peut être libre, mais conditionné au respect de règles propres à la plateforme. Cela peut prendre plusieurs formes selon les types de plateformes. Ainsi, Apple se réserve le droit de retirer certaines applications si elle considère qu'elles ne respectent pas les règles de la plateforme. Facebook peut exclure un utilisateur qui contreviendrait à ses règles concernant la nature des contenus partagés sur le réseau social. Amazon édicte un ensemble de critères qui ont trait à la réactivité du partenaire dans ses livraisons et les réponses apportées aux demandes des clients de la plateforme. En cas de non-respect de ces critères, le partenaire n'est plus autorisé à vendre sur la place de marché. Sur la plateforme Uber, un chauffeur sera exclu de la plateforme s'il ne maintient pas une note élevée, note attribuée par les clients à la fin de la course. Ces mécanismes souvent critiqués pour leur caractère automatique n'en demeurent pas moins courants dans d'autres secteurs comme la qualification de fournisseurs dans l'industrie automobile, ou le référencement/déréférencement des centrales d'achat de la distribution.

Le code informatique, l'accès aux API. Le contrôle sur certaines plateformes s'exerce par le contrôle du code informatique utilisé par les partenaires. La plateforme mobile iOS d'Apple scanne le code de chaque application pour vérifier la présence ou non de malware, de virus, ou d'autres éléments qui pourraient nuire à l'utilisateur de sa plateforme. La plateforme peut décider de modifier certains accès à certaines fonctionnalités de sa plateforme au travers des modifications des API ou du SDK mis à disposition des développeurs. Par exemple, Apple a décidé de limiter l'accès à plusieurs fonctionnalités de sa plateforme, notamment la géolocalisation de ses utilisateurs, afin de mieux les informer sur le suivi dont ils font l'objet par certaines applications. Google Maps a modifié l'accès à son API de cartographie largement utilisée en la rendant payante et en limitant donc l'accès à nombre d'utilisateurs.

La possibilité d'étendre et de modifier la plateforme. C'est une modalité essentielle du contrôle de l'écosystème. Autoriser la modification de la plateforme, c'est courir le risque d'un développement entropique de celle-ci, en tout état de cause dans des directions où la plateforme ne maîtrisera plus son développement. Apple a en la matière une politique très stricte, puisqu'elle se réserve seule le droit de faire évoluer les fonctionnalités de la plateforme iOS. Mais cela n'a pas été le choix initial de Google concernant Android, ce qui a conduit à de nombreuses versions différentes d'Android, y compris des versions qui s'en éloignent fortement, en Chine notamment. Un tel choix conduit à une fragmentation de l'écosystème en petits écosystèmes moins intéressants pour les développeurs et plus coûteux, car s'ils veulent maximiser les usages de leur application, ils doivent multiplier les versions.

L'accès aux utilisateurs de la plateforme. Nombre de plateformes contrôlent étroitement l'accès de leurs clients et utilisateurs. Ainsi, l'accès aux coordonnées électroniques d'un client d'Amazon (l'e-mail) n'est pas possible pour les vendeurs tiers. Cela vise à maintenir les transactions sur la plateforme et à en contrôler les modalités exactes. Il en va de même avec Blablacar ou Airbnb, qui oblige les loueurs et locataires à échanger au travers de la messagerie interne à la plateforme. Ces plateformes visent encore une fois à maintenir les transactions sur leur plateforme, mais aussi à en contrôler certains aspects, comme la fixation du prix, ou encore des éléments de sécurité des utilisateurs. Apple ne donne plus accès aux développeurs à son identifiant unique des utilisateurs d'un terminal iOS. Tous ces contrôles et restrictions visent à garantir une expérience uniforme sur la plateforme, à préserver sa base de clients et à éviter qu'elle ne soit exploitée en dehors de sa plateforme. De facto, la plateforme protège les investissements qu'elle a consentis pour la création de cette base de clients.

Cet ensemble qu'est l'écosystème est dynamique dans la mesure où il n'est pas stable. Les partenaires sont libres d'en partir et la plateforme discipline les comportements de ses utilisateurs et se réserve le droit d'en exclure ou d'en refuser. Plus encore, un écosystème construit des dynamiques concurrentielles complexes, puisqu'elles peuvent exister entre les partenaires de la plateforme, mais aussi frontalement avec la plateforme elle-même. Ces dynamiques sont souvent décrites par la notion de coopétition par le fait que les parties ont un intérêt commun à développer les interactions et les transactions, mais une rivalité existe pour le partage de la valeur. En outre, l'interdépendance qui est ainsi créée doit impérativement être gérée, afin de minimiser les risques liés à celle-ci.

La coopétition, gérer les interdépendances stratégiques d'un écosystème

Un écosystème se caractérise par l'interdépendance des décisions stratégiques des différents acteurs qui le composent. Le propriétaire de la plateforme possède de ce point de vue un pouvoir important dans l'établissement des règles d'interactions. Cependant, il dépend des actions des partenaires de l'écosystème. Certains sont des partenaires privilégiés qui jouent un rôle crucial dans la pérennité de la plateforme et de la création de valeur.

EXEMPLE

Apple a besoin de la présence des applications et des services de Google (Search, Gmail, Maps, YouTube, Drive) dans son iPhone. Si de tels services n'étaient pas disponibles, nombre de clients se tourneraient vers des smartphones où ces services sont disponibles. À l'inverse, **Google** se doit d'être présent sur l'iPhone, alors qu'il est en concurrence frontale avec Apple au travers d'Android et de Google Play. En 2018, Google a signé un accord de 12 milliards de dollars avec Apple pour rester le moteur de recherche par défaut d'iOS et du navigateur Safari.

Cette situation, dans laquelle des partenaires coopèrent en étant en concurrence, s'appelle la coopétition. Elle est caractéristique des écosystèmes pilotés par une plateforme numérique. La coopétition se définit par une collaboration de deux ou plusieurs concurrents dans la phase de création de valeur et une concurrence sur la capture de la valeur. L'hypothèse fondamentale des acteurs est que cette situation crée davantage de valeur que s'ils étaient en concurrence frontale : la coopération augmentera la création de valeur sur laquelle les acteurs resteront concurrents dans son partage. Dans le cas d'une plateforme, celle-ci définit à l'avance les mécanismes de capture de la valeur en fixant des tarifs de commission sur les transactions.

De fait, les plateformes sont des modèles d'affaires conçus pour gérer la coopétition. Ces modèles d'affaires reposent sur quatre facteurs fondamentaux, qui permettent :

- **L'augmentation de la taille du marché adressable**. Avec plus de 10 000 vendeurs tiers en France et 100 000 en Europe, Amazon peut offrir 250 millions de références de produits en 2020 en France, contre 100 000 dans un hypermarché. Dès lors, le marché adressable est bien supérieur à n'importe quel concurrent issu de la distribution. Il en va de même avec les magasins d'applications mobiles.

- **La création de nouveaux marchés**. L'ouverture de l'App Store aux développeurs tiers a offert à ceux-ci l'opportunité de distribuer leurs logiciels à une base installée mondiale. Cela a généré un très grand nombre de nouvelles applications (plus de deux millions actuellement disponibles) créant de nouveaux marchés comme avec les calculateurs d'itinéraires (Waze ou Citymapper) et le transport intra-urbain (Uber, etc.).
- **L'amélioration de l'efficience des ressources engagées**. L'infrastructure numérique créée pour générer des transactions est ainsi amortie par un plus grand nombre d'acteurs et de transactions, comme dans le cas d'Amazon qui amortit son infrastructure numérique (Amazon.com et Amazon Web Services), mais aussi son infrastructure logistique.
- **L'amélioration de la position concurrentielle**. Le développement d'un écosystème de vendeurs tiers a permis à Amazon de croître de façon rapide et d'occuper des positions concurrentielles dans de nombreux pays, où elle est devenue numéro un du e-commerce.

La coopétition n'est pas sans poser de nombreux problèmes aux partenaires-concurrents, notamment des fuites possibles de connaissances, l'opportunisme, des tensions sur les investissements mutuels, l'insécurité de la création de valeur et les conflits en matière de captation de valeur. Ces problèmes existent inévitablement dans le cas de la coopétition qui s'établit sur une plateforme. Les exemples sont nombreux dans lesquels ces tensions sont présentes.

EXEMPLE

Les éditeurs de journaux en version électronique souhaitent accéder aux coordonnées des abonnés aux journaux du kiosque électronique d'**Apple**. Celui-ci n'existe pas sans les journaux en version électronique. Si les utilisateurs peuvent s'abonner, Apple reste seul à pouvoir communiquer directement avec les abonnés et refuse de transmettre les coordonnées aux éditeurs. **Amazon Marketplace** ne communique jamais l'adresse e-mail de ses clients aux vendeurs de sa *marketplace*. Les deux plateformes considèrent que ce sont leurs clients et non ceux des tiers. Ce faisant, ils préservent le fait que les transactions continuent à s'effectuer sur leur plateforme et non à l'extérieur.

Apple a supprimé de son App Store des applications qui rendaient gratuits des téléchargements d'applications, considérant qu'ainsi, des revenus lui échappaient.

Les chauffeurs **Uber** peuvent se coordonner pour se déconnecter de l'application et diminuer brutalement l'offre, et ainsi faire monter les prix afin d'augmenter leur rémunération.

Grâce à la capacité d'innovation qu'elles confèrent à des tiers, les plateformes génèrent de nombreuses innovations. Il est tentant pour elles de les imiter et de les intégrer à la plateforme, et ainsi de devenir un concurrent de ces partenaires.

EXEMPLE

Amazon a la possibilité d'observer les meilleures ventes de ses partenaires sur sa *marketplace* et de s'approvisionner en propre et de rivaliser avec ses vendeurs ou encore de passer ces produits en marque propre (Amazon Basics). Il est à noter que cette situation est strictement identique à celle des grands distributeurs qui, au travers de leur centrale d'achat et de leur capacité à maîtriser les ventes, procèdent de la même façon qu'Amazon.

Il en va de même dans les écosystèmes d'innovation dans lesquels le propriétaire de la plateforme est en mesure d'observer et d'intégrer les meilleures innovations dans sa plateforme technique, rendant ces services standards et souvent gratuits.

EXEMPLE

L'entreprise **Apple** est souvent accusée de récupérer les meilleures innovations de son immense écosystème d'innovation constitué par les millions d'applications que comporte son App Store. De fait, elle a progressivement ajouté à iOS des services qui au départ sont des applications tierces, comme la lampe de poche.

Dans le même temps, une telle dynamique incite l'ensemble des acteurs à innover pour toujours rester compétitifs dans un tel environnement. Dès lors, les plateformes d'innovation s'avèrent de puissants mécanismes d'incitation à l'innovation. Il n'en demeure pas moins que certaines décisions peuvent s'interpréter comme un abus de position dominante de la part de la plateforme. Des travaux académiques démontrent qu'il est possible d'améliorer ces situations asymétriques grâce à des contrats spécifiques qui améliorent le partage de la valeur entre les différents acteurs.

Afin de penser la construction et les interdépendances d'un écosystème, recourir à une méthode de conception s'avère utile. La méthode de l'*Ecosystem Pie Model*, développée par des universitaires, peut parfaitement être adaptée à l'analyse des écosystèmes pilotés par une plateforme.

La méthode de l'*Ecosystem Pie Model* (EPM)

Cette méthode, initialement développée pour l'analyse des écosystèmes d'innovation, peut être utilisée pour l'analyse des écosystèmes pilotés par une plateforme, et ce d'autant que les plateformes sont souvent analysées comme telles par certains auteurs. Cette méthode permet d'identifier les logiques de cocréation et les risques associés. Elle permet donc d'avoir une idée précise de la gestion d'un écosystème en le cartographiant.

Les mécanismes de fonctionnement d'un écosystème

L'approche de l'EPM envisage un écosystème comme un ensemble d'acteurs qui cocréent de la valeur. Dans notre cas, c'est grâce à une plateforme que cette cocréation est rendue possible. En modifiant légèrement la logique initiale de cette méthodologie, on peut utilement la mobiliser pour comprendre et analyser le fonctionnement d'un écosystème piloté par une plateforme.

Le responsable de la plateforme agrège des acteurs sur sa plateforme, qui ajoutent de la valeur à sa proposition de valeur initiale et l'enrichissent. Ils le font grâce à des ressources disponibles dans l'écosystème, soit mises à disposition par la plateforme elle-même, soit par l'accès à des ressources au sein de l'écosystème.

Les partenaires sont en mesure de déployer leur activité au sein de l'écosystème et de tirer parti de sa richesse, soit en accédant aux clients de la plateforme directement, soit en s'appuyant sur des partenaires de l'écosystème. Cet ajout de valeur permet à la plateforme de capter une partie de cette valeur additionnelle. Ce premier aspect de l'écosystème est donc un aspect positif, car il élargit les mécanismes de création de valeur. C'est donc à la fois une opportunité pour les partenaires et pour la plateforme (voir figure 3.7).

Cependant, la logique d'interdépendance propre à un écosystème accroît le risque à mesure que le nombre de partenaires augmente. Plus la plateforme agrège des partenaires, plus elle devient dépendante de ces derniers dans la création de valeur.

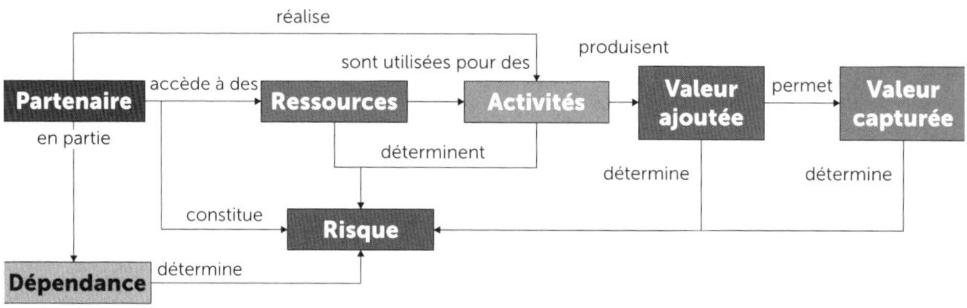

FIGURE 3.7. La logique d'interdépendance d'un écosystème

EXEMPLE

Amazon dépend de plus en plus de ses partenaires pour l'offre disponible sur sa place de marché et le volume de transactions. Symétriquement, les vendeurs tiers qui réalisent une part importante de leur chiffre d'affaires sur la plateforme sont dépendants des décisions de la place de marché. Il en va de même pour les éditeurs d'applications mobiles qui réalisent une part importante de leur activité soit sur iOS, soit sur Google Play.

Apple réalise une part croissante de son chiffre d'affaires grâce à son magasin d'applications et dépend donc de plus en plus de ces mêmes applications.

De façon concomitante, les partenaires qui accèdent à des ressources peuvent également constituer un risque tant par leur accès aux ressources de l'écosystème que par les activités qu'ils y développent.

EXEMPLE

La collecte des données personnelles des utilisateurs à leur insu grâce aux applications mobiles peut constituer un risque pour une plateforme comme **iOS** qui, à plusieurs reprises ces dernières années, a limité l'accès aux données de sa base de clients et a modifié certaines règles d'utilisation de sa plateforme, comme celles concernant la géolocalisation ou l'utilisation de la caméra et du micro.

Cartographier l'écosystème pour évaluer les risques et les opportunités de cocréation

Le recours à un canevas rassemblant les différents partenaires, leurs apports et le potentiel de capture de la valeur pour la plateforme est un exercice utile qui constitue une étape importante dans la réflexion sur la création d'une plateforme et le développement de son écosystème.

La méthode de l'EPM offre donc un outil de représentation de cet écosystème. Le canevas proposé permet l'identification de l'ensemble des acteurs de l'écosystème souhaité. Chaque acteur représente une part de l'écosystème d'où le nom de *Pie Model*. Chaque part comporte plusieurs éléments qui sont visibles dans la figure 3.8 :

- la ou les ressources que le partenaire de l'écosystème utilise ;
- les activités qu'il déploie dans l'écosystème ;
- la valeur ajoutée qu'il apporte à l'écosystème ;
- la valeur captée par la plateforme ;
- une caractérisation du risque de dépendance de la plateforme à cet acteur de l'écosystème.

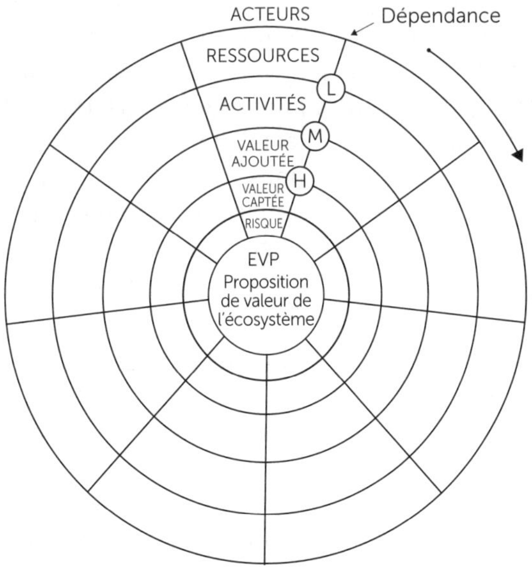

Source: *The Ecosystem Pie Model* (2018), M. Talmar, B. Walrave, K.S. Podoynitsyna, J. Holmström, A.G.L. Romme.

FIGURE 3.8. Le canevas de l'Ecosystem Pie Model

Sur la tranche de chaque acteur, on fait apparaître le degré de dépendance de la plateforme à cet acteur en coloriant l'un des trois cercles L, M ou H (*Low*, *Medium* ou *High*). Une fois identifié l'ensemble des acteurs de l'écosystème, il importe d'identifier les interactions possibles des acteurs entre eux, grâce à des flèches les reliant. On met ainsi en évidence les logiques de complémentarité et d'interdépendance entre acteurs de l'écosystème.

CONCEVOIR ET DÉVELOPPER UN ÉCOSYSTÈME : LE RÔLE CENTRAL DE L'INFRASTRUCTURE TECHNOLOGIQUE

Dans un monde en réseau, la construction d'un écosystème s'appuie fondamentalement sur la capacité de ce réseau à connecter les différents partenaires et donc à créer un écosystème. À cet égard, les choix technologiques de la plateforme sont déterminants dans la création de l'écosystème.

Ainsi, eBay en 2007 a souhaité bâtir une plateforme globale d'e-commerce, X.Commerce. Résultat de nombreux rachats (PayPal, Magento, Bill Me Later, RedLaser, Shopping.com, etc.), cette plateforme n'a jamais abouti, faute d'une vision technologique cohérente pensée comme socle d'un écosystème cohérent. *A contrario*, Jeff Bezos a pris dès 2003 des décisions radicales sur l'architecture du système d'information d'Amazon, en imposant des API à toutes les applications internes, ce qui a conduit ensuite à ouvrir cette infrastructure à des tiers et à la création d'Amazon Web Services, devenu numéro un mondial du *cloud* avec un chiffre d'affaires de 35 milliards de dollars en 2019 et un gigantesque écosystème logiciel au niveau mondial.

Plusieurs plateformes réalisent l'essentiel de leur chiffre d'affaires grâce à une ou des API. Ainsi, Expedia réalise plus de 90 % de son chiffre d'affaires (12 milliards de dollars) par ce biais, et Salesforce 50 % de son CA (13 milliards de dollars). Apple réalise, grâce à son App Store, un chiffre d'affaires de 54 milliards de dollars en 2019, ces revenus reposant à 100 % sur la disponibilité d'un SDK et de nombreuses API, qui facilitent le travail des développeurs d'applications.

Dès lors, si les technologies de stockage (*cloud*) et de traitement (puissance de calcul, bande passante) sont fondamentales, les technologies de connectivité s'avèrent essentielles pour construire une plateforme ouverte qui permet à la fois de recruter un grand nombre de partenaires et de les contrôler. Après avoir connecté des documents et des personnes, l'utilisation des API s'appuie sur les protocoles du Web pour connecter entre elles des applications.

Ouvrir la plateforme s'appuie donc sur des outils de développement auxquels les tiers peuvent accéder, ainsi que des services et des fonctionnalités qui sont accessibles par le biais d'*Application Programming Interfaces* (API).

Si le sujet semble technique, il est d'importance stratégique et ce serait une erreur de le laisser aux spécialistes techniques. Les grandes plateformes organisent des présentations annuelles pour les développeurs, où les dirigeants prennent la parole en ouverture. Présenter la stratégie technologique et ses API, c'est présenter la stratégie de développement de l'écosystème. Aussi, est-il nécessaire de maîtriser cette couche technique essentielle dans une stratégie de plateforme.

Dans l'écosystème, les acteurs du côté de la demande jouent un rôle de complément en cocréant des produits ou des services complémentaires. Les complémenteurs utilisent les services et les ressources mises à disposition par la plateforme. Parmi celles-ci, les kits de développement logiciel (*Software Development Kits* ou SDK) et les interfaces de programmation d'applications (*Application Programming Interfaces* ou API), fournis par le propriétaire de la plateforme, permettent de créer des produits ou des services complémentaires. Ces ressources technologiques, souvent décrites comme des « ressources frontières » (*boundary resources*), sont agnostiques en termes de création de services complémentaires, offrant un champ de créativité important aux tiers dans le cadre des règles de la plateforme.

Le rôle fondamental des API

Dans le même temps, les API autorisent donc certains développements complémentaires, mais peuvent également les contrôler directement par ce biais. En effet, une API est un ensemble technique évolutif et il est donc possible de bloquer certains usages, de les limiter ou de les arrêter, voire d'en modifier les conditions d'usage.

EXEMPLE

En juin 2018, **Google** a annoncé que son API Google Maps devenait payante, alors que celle-ci avait depuis son origine toujours été gratuite. En outre, il n'est plus possible d'utiliser l'API sans une clé d'authentification et un compte avec une carte bancaire. La facturation est gratuite pour les requêtes issues d'un appareil mobile et jusqu'à 200000 requêtes sur l'API, puis elle est facturée 2 dollars les 1000 requêtes.

La création et la gestion d'API constituent donc un levier stratégique pour une plateforme dans la perspective de créer un écosystème dynamique et d'en contrôler le développement.

En informatique, une interface de programmation d'application, plus souvent désignée par le terme anglais API pour *Application Programming Interface*, consiste à rendre disponible un logiciel ou une partie de celui-ci à d'autres logiciels. L'API est distribuée par un kit de développement logiciel (SDK ou *Software Development Kit*) ou directement au travers d'un service Web ; elle est le plus souvent accompagnée d'une description qui spécifie comment des programmes consommateurs peuvent se servir des fonctionnalités de ce programme fournisseur.

La partie descriptive est fondamentale, car elle joue le rôle d'une notice explicative qui permet aux développeurs tiers de comprendre comment l'utiliser. Il faut comprendre l'API comme un ensemble de deux composants :

- un logiciel utilisable par des tiers soit directement par Internet, soit par le biais d'un SDK ;
- une documentation qui rend cette interface utilisable et compréhensible.

Le programmeur n'a pas besoin de connaître les détails de la logique interne du logiciel tiers, et celle-ci n'est pas nécessairement documentée par le fournisseur. Seule l'API est réellement nécessaire pour utiliser le système tiers en question.

EXEMPLE

LinkedIn est un réseau social professionnel bien connu. Il est possible d'utiliser une API de LinkedIn qui permet à un site ou à un logiciel d'utiliser la fonction d'identification de LinkedIn. Cela évite à l'utilisateur d'avoir à créer un profil; il peut directement utiliser son profil créé pour LinkedIn sur le signe qui utilise cette API. LinkedIn Sign up est une API qui fonctionne comme Facebook Connect ou Google Connect, qui sont également deux API utilisées par de nombreux sites ou applications mobiles.

Google Maps est un service fourni par **Google** sur le site maps.google.com. Ce service est également utilisable par des tiers soit dans un site Web, soit dans une application mobile en utilisant l'API Google Maps Platform.

Tout comme un véhicule se compose de plusieurs sous-systèmes conçus par différentes équipes spécialisées (internes ou celles des partenaires et sous-traitants) qui communiquent les unes avec les autres tout au long du processus de conception, une API est une brique logicielle qui permet à une application de partager des données, du contenu structuré ou non, ainsi que des fonctionnalités avec d'autres applications, pour qu'elles construisent de nouveaux services sur la base de ces données, du contenu et des fonctionnalités.

Il est donc possible de concevoir des services intégrés qui peuvent utiliser une ou plusieurs API provenant d'un même prestataire ou de différents prestataires de services mettant à disposition des API.

Il existe trois types d'API :

- **API privées** : elles sont utilisées en interne d'une entreprise pour faciliter l'intégration des différentes applications et systèmes utilisés par celle-ci. C'est précisément ce que Jeff Bezos a imposé à ses équipes informatiques chez Amazon. Cette décision a ensuite permis de les ouvrir à des tiers et de devenir Amazon Web Services. Les avantages du recours à une telle architecture sont :
  - la rationalisation de l'architecture applicative de l'entreprise ;
  - la réduction des coûts ;
  - une flexibilité accrue ;
  - une amélioration des opérations internes.
- **API partenaires** : elles sont utilisées pour faciliter la communication et l'intégration d'un logiciel entre une société et ses partenaires. Expedia, agence de voyages en ligne, réalise 11 milliards de dollars de chiffre d'affaires en ligne, dont 90 % grâce à ses API qui ne sont accessibles qu'après un accord avec Expedia dans le cadre du programme Expedia Affiliate Network. Les avantages sont :
  - la valeur ajoutée des services proposés ;

– l'accroissement potentiel des ventes ;
– un moyen de construire une relation avec des partenaires et les retenir.

- **API publiques** : elles permettent aux entreprises d'exposer publiquement l'information et les fonctionnalités d'un ou de plusieurs systèmes et applications à des tiers qui n'ont pas nécessairement une relation d'affaires avec elles. Il existe désormais des milliers d'API accessibles publiquement. Ces API sont majoritairement produites par des plateformes américaines. Les avantages sont :
  – une délégation de la recherche et développement ;
  – une augmentation de la portée et de la circulation ;
  – une nouvelle source de revenus.

Historiquement, les API sont essentiellement privées, puis avec l'extension d'Internet, elles deviennent progressivement publiques. Il existe des API qui exposent des logiciels complets, d'autres seulement une partie des fonctions du logiciel. Certaines API exposent des données ou des flux de données en temps réel.

EXEMPLE

L'**industrie du transport et du voyage** fonctionne depuis plus d'une décennie quasi exclusivement sur des API qui permettent de distribuer les offres en ligne au travers d'un grand nombre de partenaires, notamment les moteurs de comparaison comme TripAdvisor, Trivago et Kayak. Ces métamoteurs de recherche, véritables comparateurs d'offres et de prix, fonctionnent en agrégeant les offres des différents acteurs en appelant les API des offreurs. Sont disponibles, au travers d'API, les vols des compagnies aériennes, les hôtels, les véhicules de location, les bus et les croisières.

Plus récemment, avec l'ouverture des données publiques, il est désormais possible d'accéder à de nombreuses données publiques grâce à des API. L'État, les collectivités locales, les entreprises publiques et les entreprises délégataires de service public publient à la fois des données structurelles qu'elles gèrent et des données en temps réel (données de circulation, de disponibilité de Vélib par exemple).

Toutes ces données sont accessibles par le biais d'API et donc réutilisables dans d'autres applications, ce qui permet la création de nouveaux services, complémentaires des premiers.

EXEMPLE

Citymapper profite pleinement de la mise à disposition de données structurelles (les plans des lignes de bus, de métro et des stations de vélos) et de données en temps réel, comme l'arrivée prochaine d'un bus ou d'un métro, ou la disponibilité en temps réel de vélos sur les bornes de recharge. Il en va de même avec les données d'Uber ou les données de trottinettes. Sans API, une application comme Citymapper ne pourrait pas exister.

Dans le cadre européen, la régulation dans l'industrie des transports évolue vers une ouverture des données des opérateurs. Les différents acteurs du marché du transport sont désormais dans l'obligation d'exposer leurs données au travers d'API exploitables par des tiers. En France sont concernés les exploitants de bus, métro, tramway, parking, taxis, VTC, covoiturage, vélos, trottinettes et scooters. Les données structurelles (réseaux, places et bornes) et historiques sont soumises à ouverture, comme les données en temps réel (ETA, *Estimated Time of Arrival*), mais aussi les données de billetterie offrant la possibilité à des tiers de combiner différents services pour bâtir une offre multimodale. De fait, une API est un puissant levier pour bâtir un écosystème et développer la création de valeur.

Comment utiliser les API ?

Dans le cadre d'une stratégie de développement d'un écosystème, les API peuvent être conçues et mobilisées de différentes façons pour constituer, développer et renforcer l'écosystème.

Une API permet de publier et d'exposer l'offre d'une plateforme. Ce faisant, elle permet à des tiers, sur une base ouverte ou partenariale, de la redistribuer dans d'autres environnements Web ou applicatifs. De facto, une telle API consiste alors en une véritable stratégie de distribution. En effet, il est tout à fait possible de paramétrer le périmètre de l'offre ainsi distribuée et ses conditions tarifaires. L'industrie du voyage et les comparateurs de vols sont une illustration éclatante de ces stratégies de distribution. Une telle stratégie ne se limite pas à cette industrie et va bien au-delà. Les plateformes de commerce en ligne exposent également leur catalogue de produits dans des comparateurs de prix (*pricebots*). Uber, afin de démultiplier le nombre de transactions sur sa plateforme, a créé une API qui permet de commander une course depuis une application qui utilise cette API. En étendant sa présence dans des applications tierces, Uber accède ainsi à des bases déjà constituées de clients susceptibles d'utiliser son service.

EXEMPLE

Uber propose des partenariats aussi bien sur Android que sur iOS et met à disposition des développeurs un SDK pour utiliser toutes les fonctionnalités de son API. En août 2014, Uber a décidé de proposer une API afin de pouvoir s'intégrer à d'autres propositions de valeur complémentaires. Cette stratégie d'ouverture reste contrôlée. En effet, Uber garde la mainmise sur le choix des entreprises partenaires ayant accès à son API. Pour accéder aux SDK, les développeurs doivent enregistrer leur application (nom et description) sur le site d'Uber et ce, dans le but de se voir attribuer un *client_id*, secret et un *server_token*. Ces identifiants permettent aux développeurs tiers d'être identifiés par Uber lorsqu'ils accèdent à son système d'information.

L'API d'Uber donne accès à différents services et niveaux d'information de l'application, par exemple, aux catégories de véhicules disponibles (type de voiture), temps et tarifs d'une course. Ce niveau nécessite une authentification de type *server_token*.

L'API mise à disposition par Uber permet notamment de proposer dans les applications partenaires un bouton Ride Request. Cet outil permet aux développeurs de l'insérer dans leur application redirigeant les utilisateurs directement vers l'application Uber.

L'API d'Uber comporte cependant quelques limites et ne permet pas de réaliser, via d'autres applications, certaines fonctionnalités proposées dans l'application Uber: noter les chauffeurs, émettre des factures, partager le coût de la course...

De manière assez rapide, Uber a noué des partenariats avec les applications qui permettent aux utilisateurs de se géolocaliser et de se déplacer d'un point A à un point B. Uber, grâce à son API (*server_token*), devient une solution de transport notamment dans Google Maps, ainsi que sur Citymapper. C'est le cas également du partenariat avec Transit dont les fonctionnalités ressemblent à celles de Citymapper. Uber est ainsi disponible dans les outils de Microsoft: il est possible de programmer un *ride reminder* pour les événements de votre calendrier Outlook. Bluesmart propose une valise connectée, notamment pour les professionnels. Ainsi, en arrivant après un voyage à l'aéroport, un Uber est proposé à l'utilisateur via un service de conciergerie directement rattaché à la valise. Ces partenariats sont souvent accompagnés de codes promotionnels pour encourager les utilisateurs des services partenaires à commander un Uber pour la première fois.

Netflix a utilisé la même stratégie pour faciliter son développement. Elle a ouvert une API qui lui a rapidement permis d'être présente dans de nombreux terminaux Xbox, PlayStation, TV connectée, Smartphone, etc. Comme Uber, Netflix expose grâce à des tiers son service auprès de nombreux clients potentiels.

Recruter des clients grâce à une API

Plus encore, certaines plateformes développent des programmes d'affiliation dans lesquels le catalogue est publié sous la forme d'une API et réutilisable par les affiliés sur leur site en fonction de leur audience.

EXEMPLE

Amazon Affiliate Program est un programme développé par Amazon pour acquérir du trafic qualifié sur son site et développer ses ventes. Les possesseurs de sites Web dédiés ou de blogs à des thématiques spécifiques peuvent utiliser une API (*Product Advertising API*) qui leur permet de générer automatiquement des bannières publicitaires à partir du catalogue de produits d'Amazon. En cliquant sur les bannières publicitaires, les visiteurs de ces sites sont redirigés vers le site d'Amazon, qui acquiert ainsi un trafic qualifié sur son site. Les affiliés sont rémunérés par une commission qui peut s'élever jusqu'à 12 % du prix de vente.

Enrichir l'offre initiale d'une API et des API tierces

Spotify, le service de streaming musical disponible en version Web et mobile, a intégré l'Open Graph de Facebook et a enrichi le profil de ses utilisateurs grâce aux données que l'Open Graph lui fournissait. En intégrant une logique sociale dans son application, Spotify a enrichi l'écoute de musique par des fonctions collaboratives, comme le partage de playlists et l'édition de playlists collaboratives. Ces playlists enrichissent le profil des utilisateurs et fournissent des données précieuses sur les préférences individuelles et collectives en termes de goûts musicaux. Elles permettent à Spotify de construire un algorithme de recommandation de morceaux et des playlists personnalisées.

Les plateformes doivent offrir des services aux acteurs de la plateforme, afin que ceux-ci gèrent leurs échanges sur la plateforme. Dans cette perspective, développer des services adaptés est une nécessité, afin de fidéliser les utilisateurs en leur facilitant l'usage de la plateforme. Dans le cas des places de marché en ligne, les services peuvent être nombreux et la plupart sont disponibles sous forme d'API : les paiements (PayPal, Stripe), la logistique (UPS, ColiPoste), les algorithmes de personnalisation de l'expérience en ligne des utilisateurs (Sparkow, Nosto, Target2Sell), l'identification (Facebook Connect, Google Connect, Apple Connect). Le développement de l'écosystème passe donc par de nombreux services qui viennent s'ajouter grâce à des API.

Développer des revenus grâce à une API

Il existe plusieurs façons d'envisager de **générer des revenus** grâce à une ou des API, soit par la commercialisation directe de données ou de fonctionnalités de la plateforme, soit par une génération indirecte de revenus via des services additionnels.

C'est le cas de la chaîne américaine de pharmacies et parapharmacies Walgreens qui a ouvert des API qui permettent aux utilisateurs d'imprimer des photos dans les points de vente Walgreens à partir de leur téléphone ou de leur compte Facebook, Instagram ou Dropbox. En s'appuyant sur les contributions de ces développeurs tiers et des applications ainsi développées, Walgreens a renforcé les visites de ses clients en points de vente. Les clients qui utilisent l'impression de photos dans un point de vente depuis ces applications génèrent un revenu six fois supérieur aux clients classiques.

Shopify, plateforme mondiale de e-commerce, a développé un large écosystème partenaire qui apporte des thèmes de boutiques en ligne et des services complémentaires à la plateforme. Les tiers utilisent les API mises à disposition par Shopify pour bâtir ces compléments. Shopify prend une commission sur chaque vente de thèmes et d'applications qui est générée sur sa plateforme, imitant ainsi le modèle d'Apple et son App Store. C'est également la stratégie de Stripe qui propose une API de paiement en ligne pour les sites Web ou les applications mobiles. L'accès à l'API est gratuit, mais chaque transaction fait l'objet d'une commission (1,4 % + 0,25 euro pour les cartes de paiement européennes).

Mais la façon la plus directe de générer des revenus consiste à rendre payant l'usage d'une API. Généralement, la tarification d'une API est proportionnelle à l'usage qu'en fait l'utilisateur et est, dans la plupart des cas, décomptée en nombre d'appels de l'API. Comme nous l'avons vu préalablement, Google facture l'usage de ses API de géolocalisation en fonction du nombre de requêtes mensuelles.

Il est également possible de rendre payant l'accès à des données par une API ou des services fondés sur des données et distribués par une API. C'est le cas de la banque espagnole BBVA qui facture l'accès à des données de paiement pour des usages secondaires. Ainsi, une marque peut être informée qu'un client de BBVA a acheté un de ses produits par le biais d'une API.

Externaliser la R&D grâce à une API

Dans sa première phase de développement, Spotify a ouvert une API qui a permis à des développeurs tiers d'ajouter des fonctions et des interfaces au service de streaming musical. Dans son modèle freemium, Spotify était en quête de fonctionnalités exclusives qui inciteraient les utilisateurs gratuits à souscrire à la version payante. Les développeurs tiers ont constitué une source importante d'inspiration et d'idées innovantes, comme des playlists personnalisées et des idées d'organisation des bibliothèques individuelles de morceaux de musique. De fait, Spotify a repris nombre de ces idées pour faire évoluer son service de streaming. L'API, dans cette phase, a constitué une véritable source d'innovation externe et un dispositif d'*open innovation*.

Netflix a eu le même usage que Spotify de son API dans sa phase de démarrage. Afin de maximiser les recrutements d'abonnés, Netflix avait la volonté d'être présent en tant que service dans un maximum d'appareils connectés présents sur le marché : Xbox, iPhone, iPad, PlayStation, télévision connectée, Android, etc. Développer le service sur chacune de ces plateformes technologiques représentait un coût élevé et plus encore, un temps trop long pour s'imposer rapidement sur le marché du streaming vidéo. Dès lors, l'ouverture de l'API a été la réponse de Netflix à ce défi. En ouvrant l'API aux développeurs de ces plateformes, elle a transféré le coût de développement aux ingénieurs expérimentés de chacune d'entre elles et bénéficié de leur expertise technique sur leur plateforme. Plus de huit cents terminaux ont fini par intégrer Netflix et 20 000 développeurs ont utilisé l'API. Netflix a ainsi pu accéder à des millions de clients potentiels sans avoir à investir de lourdes sommes dans des développements techniques, laissant aux tiers cette tâche.

Collecter des données grâce à une API

Publier des API permet d'étendre en dehors de la plateforme les fonctionnalités de celle-ci. Facebook est une plateforme qui a parfaitement compris cette caractéristique essentielle d'une API. Son modèle, qui repose sur la monétisation des audiences constituées par des utilisateurs qui partagent des contenus sur sa plateforme, s'alimente de données fournies par l'activité de ses utilisateurs. Le profilage des utilisateurs fournit des segments d'audience et des capacités de ciblage puissantes qui attirent les annonceurs sur la plateforme. En fournissant à des sites Web tiers des API comme Facebook Connect, API Graph et Open Graph, Facebook a démultiplié sa capacité d'enrichissement des profils en collectant, grâce aux API, des données d'usage externe à Facebook. En utilisant l'identifiant Facebook Connect, un site accepte de partager l'activité d'un utilisateur de Facebook sur son site avec Facebook.

Avec les plug-ins sociaux *Like, Comment* et *Share,* qui sont les trois fonctions de base de Facebook vis-à-vis d'un contenu, ces fonctions sont déployées sur des millions de sites et alimentent par là même Facebook en données. L'API Open Graph élargit encore cette collecte en ouvrant la possibilité de créer de nouveaux verbes, en plus des trois initiaux. Ainsi sont créés les verbes *Watch, Listen, Run* et *Cook*, qui permettent de socialiser des contenus et des actions sur des types de contenus comme les vidéos, la musique, l'activité sportive et la cuisine. Avec une telle possibilité, la collecte de données enrichissant les profils devient très puissante, puisque la liste de verbes est potentiellement immense, mais Facebook limite désormais cette possibilité. Elle lui permet de construire et d'enrichir les profils de ses utilisateurs de très nombreuses données fournies par des tiers, notamment par Spotify pour la musique, puisqu'il est possible de socialiser ses écoutes et ses playlists.

Une API est donc un moyen puissant de collecter des données sur des services distribués par ce biais.

Après avoir analysé le fonctionnement d'un écosystème construit et piloté par une plateforme, il faut se pencher sur le rôle particulier des utilisateurs et des clients dans cet écosystème, un rôle déterminant dans le fonctionnement de certaines plateformes.

SHOPIFY, LA PLATEFORME E-COMMERCE QUI S'APPUIE SUR UN LARGE ÉCOSYSTÈME DE PARTENAIRES

Shopify est une plateforme de commerce électronique qui permet à des individus et des entreprises de créer leur propre site de vente en ligne. Contrairement aux solutions e-commerce développées en *open source* comme Magento ou PrestaShop, ce système repose sur un fonctionnement en mode *Software as a Service* (SaaS) et sur un large écosystème de partenaires qui complète l'offre logicielle initiale. Cet écosystème inclut non seulement les acteurs du monde logiciel, mais aussi les agences partenaires qui développent des sites e-commerce pour leurs clients, les acteurs de la logistique.

Shopify est une plateforme de commerce multicanal fondée sur le *cloud*. Les commerçants utilisent le logiciel pour gérer leur activité sur l'ensemble de leurs canaux de vente, les sites Web et applications mobiles, les magasins physiques, les médias sociaux et les places de marché. La plateforme Shopify offre aux commerçants une vue globale de leur activité et de leurs clients sur l'ensemble de leurs canaux de vente et leur permet de gérer les produits et les stocks, de traiter les commandes et les paiements, d'expédier les commandes, d'établir des relations avec les clients, de tirer parti des analyses et des rapports, et d'accéder à des financements, le tout à partir d'un back-office intégré.

À chaque nouvelle transaction traitée, Shopify augmente son actif de données. Cette infrastructure basée sur le *cloud* ne soulage pas seulement les commerçants de l'exécution et de la sécurisation de leur infrastructure technique, mais elle consolide également les données générées par les interactions entre les acheteurs et les boutiques des commerçants, ainsi que celles des commerçants sur la plateforme Shopify. Elle fournit ainsi des données riches pour informer faire évoluer sa plateforme, et les fonctionnalités qu'elle fournit aux commerçants. Shopify peut construire des services fondés sur les données grâce à des méthodes de *machine learning*, comme c'est le cas pour son service de logistique intégrée, *Shopify Fullfilment Network*. Grâce à l'apprentissage statistique, Shopify indique aux marchands dans quel entrepôt positionner leurs stocks aux États-Unis, afin de minimiser les délais de livraison.

De grandes entreprises utilisent Shopify comme Unilever, Tesla Motors, Budweiser, The New York Times, The Economist, Kim Kardashian West. En 2018, les ventes générées par Shopify représentaient 4,7 % des ventes en ligne aux États-Unis, derrière eBay (6,8 %), et Amazon (35,9 %), mais devant Walmart (4 %), Apple (3,8 %) et The Home Depot (1,5 %).

En 2018, 218 millions de clients dans le monde ont acheté un produit sur un site en ligne géré par Shopify. Au 31 décembre 2018, plus de 820000 commerçants de 175 pays utilisaient la plateforme, répartis géographiquement comme suit : États-Unis, 55 % ; Royaume-Uni, 8 % ; Canada, 7 % ; Australie, 7 % ; et 24 % dans le reste du monde. Aucun marchand utilisant Shopify ne représente plus de 5 % de son chiffre d'affaires. Le chiffre d'affaires des marchands (GMV, *Gross Merchandise Value*) utilisant Shopify dans le monde représente un montant de 41,1 milliards de dollars en 2018.

DU SITE DE VENTE EN LIGNE DE SNOWBOARDS AU SUCCÈS MONDIAL

Shopify a été fondé en 2006 par Tobias Lütke, Daniel Weinand et Scott Lake à la suite de la création du magasin en ligne Snowdevil, un magasin d'équipement de snowboards. Lütke, un programmeur n'ayant pu trouver un logiciel de construction de site transactionnel pour son site de vente en ligne, décide de créer son propre logiciel. Lütke crée alors un modèle dans lequel les futurs vendeurs n'ont qu'à insérer les photos et les descriptions de leurs produits pour créer leurs magasins en ligne. Ainsi, Shopify voit le jour en juin 2006. Lütke décrit ainsi son produit : « Ce qui prenait des mois en 2004 peut maintenant être fait en environ 20 minutes. »

En juin 2009, Shopify lance sa plateforme d'API (*Application Programming Interface*) et son App Store. La plateforme API permet aux développeurs de créer des applications pour les magasins en ligne de Shopify et de compléter les fonctionnalités. Ces applications peuvent ensuite être vendues aux clients de Shopify à travers l'App Store de Shopify. En octobre 2011, Shopify annonce l'obtention de 15 millions de dollars en financement de série B. La compagnie utilise cet argent pour embaucher plus de personnel, faire des acquisitions et attirer des développeurs d'applications pour créer des plug-ins pour le Shopify App Store.

Un ensemble de développeurs d'applications, de concepteurs de thèmes et d'autres partenaires, tels que des professionnels du numérique et des services, des spécialistes du marketing, des photographes et des affiliés, s'est développé autour de la plateforme Shopify. Cet écosystème est désormais composé de 23 000 partenaires. Il s'est développé en partie grâce à la plateforme qui est très extensible et peut être étendue grâce à l'interface de programme d'application (API) et aux quelque 3 200 applications disponibles dans la boutique en ligne Shopify. L'écosystème de partenaires contribue à la croissance de la base de commerçants, ce qui accélère encore la croissance de l'écosystème.

L'écosystème comprend des développeurs d'applications, des concepteurs de modèles de magasin disponibles (*themes*) dans un App Store dédié (https://themes.shopify.com). On y trouve des sites en ligne prêts à l'emploi pour différentes catégories de produits comme la mode, les produits électroniques, la santé et le bien-être, la bijouterie et les accessoires de mode, les meubles, le sport, etc.

D'autres partenaires complètent les fonctionnalités de la plateforme. Ainsi, des modules complémentaires de marketing, de merchandising, de logistique, de gestion de la relation client, de gestion de stocks, de productivité, etc., sont disponibles en grand nombre (https://apps.shopify.com). Il existe des modules spécifiques développés par des tiers pour des prestataires logistiques locaux, comme Mondial Relay ou Colissimo en France.

Shopify entretient des relations avec des milliers d'agences de design et de marketing à travers le monde. Ces agences construisent des boutiques en ligne et des boutiques mobiles sur la plateforme pour leurs clients. Environ 18 000 partenaires actifs ont recommandé des marchands au cours de l'année 2018.

En 2013, l'entreprise comptait 80 000 clients, traitait des ventes de 1,6 milliard de dollars pour ses clients, réalisait des revenus de 50 millions de dollars et était évaluée à 1 milliard de dollars. En 2015, l'entreprise comptait plus de 243 000 clients dans le monde (dont 1 000 clients Shopify Plus) et réalisait un chiffre d'affaires de 205 millions de dollars pour un volume de vente (GMV) de 7,7 milliards de dollars.

CAS D'APPLICATION

La conférence annuelle *Unite* démontre aux partenaires de Shopify les opportunités qui existent de collaborer avec Shopify. Chaque année, la conférence est l'occasion d'annoncer de nouvelles fonctionnalités et de nouveaux services. En 2019, Shopify a annoncé l'ajout d'une fonctionnalité de réalité augmentée (AR, *Augmented Reality*), mais aussi son service Shopify Fullfilment Network aux États-Unis.

LES SERVICES ET LES REVENUS DE SHOPIFY

Shopify génère des revenus au travers de deux modalités différentes : un abonnement mensuel à Shopify et la vente de services aux marchands utilisant Shopify.

Il existe trois niveaux de tarification pour les abonnements : un abonnement à 29 dollars par mois destiné aux indépendants et TPE, un abonnement à 79 dollars par mois ciblant les PME, et un abonnement à 279 dollars par mois destinés aux plus grandes entreprises. La différence entre les paliers d'abonnement repose sur des fonctionnalités avancées de *reporting* et sur des tarifs dégressifs liés au volume d'affaires sur des prestations logistiques et de paiement. Il existe deux autres options tarifaires : Shopify Lite à 9 dollars par mois, qui offre la possibilité de vendre sur Facebook et de dialoguer avec ses clients sur Messenger ; et Shopify Plus, qui consiste en une offre destinée aux grands comptes dans laquelle Shopify met à disposition du marchand un chargé de clientèle dédié. L'engagement pour Shopify Plus est annuel, voire pluriannuel.

Bien que la plupart des commerçants s'abonnent majoritairement aux forfaits de base, la majorité du GMV provient de commerçants qui s'abonnent aux forfaits Advanced (279 dollars) et Shopify Plus.

Les services aux marchands consistent majoritairement en des fonctionnalités de paiement sécurisé gérées par Shopify, des services logistiques, des services de caisse pour les points de vente (POS, *Point of Sale*) et des services de financement de l'activité des marchands.

Shopify Payments a été lancé aux États-Unis et au Canada en 2013, puis dans d'autres régions géographiques par la suite. Plus des deux tiers des commerçants ont activé la fonction Shopify Payments, leur évitant ainsi tout souci lié aux paiements qui s'effectuent uniquement en dollars.

Des commissions sur les transactions sont facturées aux marchands en fonction d'un pourcentage du volume brut de marchandises (GMV) pour ceux qui n'ont pas souscrit à la solution de paiement Shopify.

Le service d'expédition de Shopify a été lancé aux États-Unis en septembre 2015 et au Canada en septembre 2016. Il permet aux commerçants de choisir parmi une variété de partenaires d'expédition pour acheter et imprimer des étiquettes d'expédition pour les envois sortants et les retours, et faire le suivi des commandes directement sur Shopify.

Shopify POS est une application mobile qui permet aux commerçants de vendre leurs produits dans un cadre physique ou de vente au détail. Bien que la majorité du matériel vendu par Shopify soit conçue et fabriquée par des fournisseurs tiers, Shopify lance en 2017 son propre lecteur de cartes de paiement afin de mieux répondre aux besoins de sa clientèle de commerçants et accroître la visibilité de la marque Shopify. En 2018 sont ajoutées des fonctionnalités pour inclure les pourboires, l'échange de produits en magasin et d'affichage pour les clients.

Shopify Capital a été lancé aux États-Unis pour aider les commerçants éligibles à obtenir du financement et à accélérer leur croissance en leur donnant accès à un fonds de roulement simple, rapide et pratique. Shopify propose des prêts ou des avances de trésorerie, et génère ainsi des revenus financiers de cette activité.

Shopify Fulfillment Network est un nouveau service aux États-Unis lancé en 2019. Cette offre logistique consiste à offrir aux marchands la possibilité de faire gérer leurs stocks et leurs expéditions directement par Shopify qui a investi dans un réseau d'entrepôts aux États-Unis.

CHAPITRE 4

CRÉER DE LA VALEUR AVEC LES UTILISATEURS ET LES CLIENTS

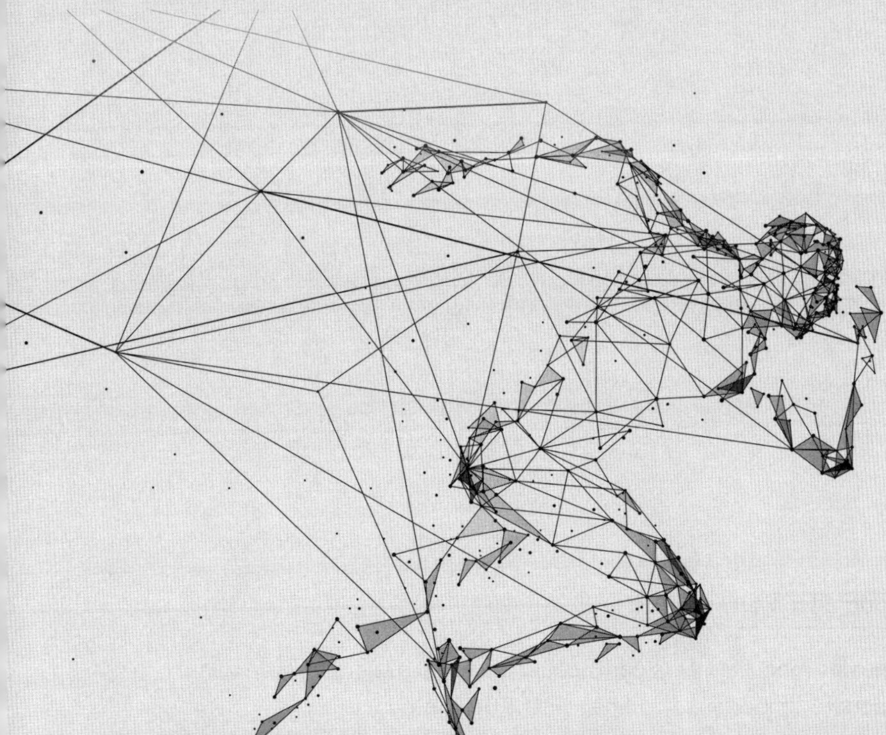

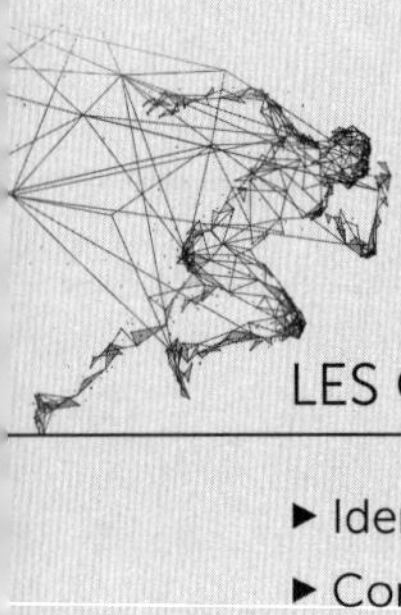

LES OBJECTIFS DU CHAPITRE

- Identifier les modalités de la participation du client à la création de valeur.
- Comprendre l'importance du phénomène de coproduction.
- Gérer la coproduction de la valeur par les plateformes.
- Intégrer les logiques communautaires et la création de valeur.
- Anticiper les limites de la cocréation de valeur.

La mise en réseau des individus, grâce au numérique, achève une transformation des mécanismes de la création de valeur, qui a débuté avec l'économie de services. Le client y participe désormais, depuis que l'essentiel de la valeur ajoutée est produit dans les services. Dès lors, il n'est plus seulement une finalité de l'entreprise, mais un acteur de la création de valeur, une véritable ressource pour produire.

Dans la phase actuelle de numérisation, cette participation de l'utilisateur et du client prend plusieurs formes et repose à la fois sur une logique passive des utilisateurs, qui se manifeste par l'exploitation de leurs données d'usage et les boucles de rétroaction qui en découlent (personnalisation), et sur une logique participative active, qui engage individuellement ou collectivement les utilisateurs et les clients dans des communautés.

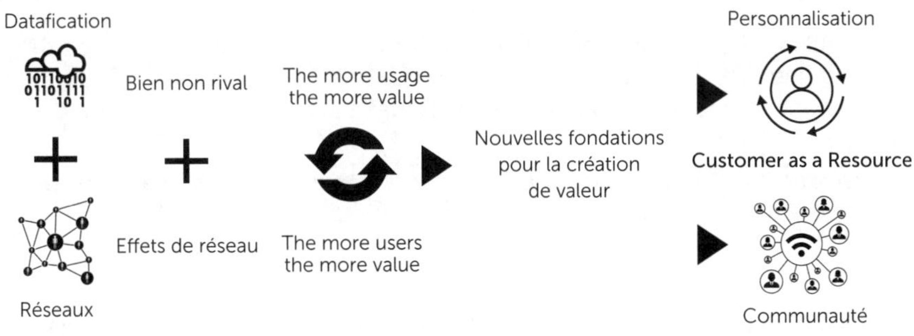

FIGURE 4.1. L'intégration des utilisateurs et des clients dans la création de valeur

L'analyse de cette logique de cocréation permet de mesurer l'ampleur de cette transformation, qui va bien au-delà des services numériques et s'étend aux objets dotés de capteurs et d'une couche logicielle, ce que l'on nomme couramment l'Internet des objets (IoT). La cocréation de valeur se développe au-delà des boucles de rétroaction sur les usages et concerne de nombreux processus dans l'organisation, y compris l'innovation. Dès lors, il est nécessaire de saisir les modalités par lesquelles la participation des utilisateurs et des clients s'active.

Les plateformes, plus que toute autre forme d'organisation, reposent sur cette logique de coconstruction de la valeur. Il existe plusieurs modèles d'affaires génériques qui activent et organisent cette participation des utilisateurs et des clients à la création de valeur, comme les modèles communautaires et les modèles de contenus générés par les utilisateurs, à l'instar de Wikipédia, Instagram et YouTube.

DE LA PARTICIPATION DU CLIENT À LA COCRÉATION DE VALEUR

La participation du client dans les activités de services est une réalité économique et managériale très documentée, largement étudiée en sciences de gestion depuis de nombreuses années. Les activités de services mobilisent le client à des degrés divers dans la réalisation de services.

EXEMPLE

Lorsqu'un client de la chaîne suédoise **Ikea** achète des meubles, il participe à une prestation de services qui nécessite sa participation, puisqu'il se rend dans les stocks de l'entreprise, effectue la livraison et le montage des meubles lui-même.

Lorsqu'un client d'une banque effectue un virement depuis son application mobile, il réalise une prestation bancaire en mode *self-service*.

Eiglier et Langeard identifient dès les années 1980 différents aspects de cette participation du client aux activités de services (voir tableau 4.1). Trois formes de participation sont envisagées : physique (le client doit être présent pour la réalisation du service), intellectuelle (le client doit traiter des informations et gérer des dispositifs de traitement d'information) et affective (le client s'engage dans une relation avec le prestataire qui dépasse le strict cadre fonctionnel). Cette participation peut intervenir dans la phase de spécification, de réalisation et d'évaluation de la prestation. Cette analyse met en évidence la nécessité de gérer ces différents aspects de la participation du client à la prestation pour les entreprises de services. Le client n'apparaît donc plus comme une simple finalité du service, mais comme un élément de sa production.

TABLEAU 4.1. Les formes de la participation du client à la prestation

	Phase de spécification de la prestation	Phase d'action	Phase de contrôle du processus et de la performance
Participation physique	Collecte de données	Libre-service	Autocontrôle simplifié et guidé
Participation intellectuelle	Générer de l'information	Manipulation d'une technologie sophistiquée	Générer du feedback
Participation affective	Spontanéité	Application des procédures en raison de l'acceptation de leur bien-fondé	Autocontrôle permanent basé sur un sentiment d'appartenance

Source: Eiglier et Langeard, 1987.

Eiglier et Langeard forgent le terme de «**servuction**», défini comme «une organisation systématique et cohérente de tous les éléments physiques et humains de l'interface client-entreprise nécessaire à la réalisation d'une prestation de services dont les caractéristiques commerciales et les niveaux de qualité ont été déterminés». Ce terme traduit les particularités d'un système de production spécifique des services, dans lequel le pilotage de la participation du client occupe une place centrale dans la réalisation de la prestation.

Plus généralement, la participation du client se définit donc comme «une intégration active, consciente ou non, des clients dans les processus de conception, production et diffusion des propositions de valeur, pensés par une organisation». Néanmoins, si cette participation est active, les clients n'ont pas toujours conscience d'être des acteurs d'un système de coproduction et l'organisation de la prestation est souvent conçue de telle sorte que la participation affective supplante les autres dimensions de la participation.

La numérisation des interactions marchandes conduit à un accroissement de la participation des clients aux prestations de services. En effet, les technologies numériques permettent la conception de dispositifs de participation du client de plus en plus sophistiqués, développant les logiques de *self-service*, comme dans la banque où les dispositifs numériques (site Web et application mobile) ont profondément modifié les prestations bancaires en rendant le client de plus en plus autonome et en charge de la gestion des prestations.

Cette généralisation est, par ailleurs, bien visible à mesure que l'on ajoute des couches logicielles aux objets («objets intelligents») et que l'usage d'un objet connecté devient lui-même une dimension du produit connecté par l'adaptation permanente à ces usages grâce aux traitements de données intégrés dans ces objets. De fait, les objets physiques ne sont plus consommés pour ce qu'ils sont et la valeur qu'ils produisent n'est plus simplement lefait des caractéristiques matérielles, mais est de plus en plus liée à l'usage du produit et aux boucles de rétroaction qui y sont intégrées par le biais de capteurs de données et de leur traitement logiciel. Cette généralisation est souvent décrite par des travaux de recherche comme la consécration d'une logique de service dans la création de valeur, la *Service Dominant Logic*.

La notion de *Service Dominant Logic* traduit la transformation des mécanismes de création de valeur et la nécessité qui en découle d'une représentation théorique adaptée. Elle synthétise les travaux de recherche en management des services, mais aussi les approches de l'économie de la fonctionnalité. L'économie de la fonctionnalité stipule qu'un bien n'est pas consommé pour lui-même, mais pour les effets utiles qu'il rend.

EXEMPLE

Un service comme **Blablacar** est typiquement une illustration de l'économie de la fonctionnalité. Le service offert par la plateforme de covoiturage permet de développer l'usage d'un véhicule et de fournir des services de transport à des individus. Le véhicule n'est pas consommé pour lui-même, mais pour le service qu'il rend, c'est-à-dire se déplacer d'un point A à un point B. Cela est rendu possible par une couche logicielle (la plateforme Blablacar) qui ajoute de la valeur au véhicule. La valeur créée repose sur le développement de l'usage du véhicule. Il en va de même avec des objets (Zilok) ou des biens immobiliers (Airbnb).

Cette approche entend mettre fin à une conception de la création de valeur qui sépare, depuis les théories microéconomiques, producteur et consommateur. Elle s'oppose à cette dichotomie qui ne correspond pas à la réalité des échanges économiques et représente le consommateur comme un simple destructeur d'une valeur (par la consommation de biens) créée uniquement par l'entreprise.

Cette approche considère que la production de valeur est toujours le fruit d'une interaction entre une entreprise et un client, et que la valeur produite dans l'échange ne se limite pas à la valeur proposée par l'entreprise (proposition de valeur), mais intègre également la valeur d'usage qui est produite par le client. Toute création de valeur est donc une coproduction.

L'intérêt d'une telle approche est une meilleure compréhension des différentes logiques de valeur à l'œuvre dans les échanges économiques et de mieux appréhender en quoi les plateformes sont des organisations qui matérialisent ces formes d'échanges dans un monde numérique.

La valeur qui est créée est le fruit d'interactions entre une proposition de valeur de la plateforme complétée de la valeur d'usage issue des interactions avec les clients. La rémunération de la plateforme consiste à capturer une partie de cette valeur créée.

Cette logique est d'autant plus importante que les biens industriels et physiques, du fait de la numérisation, ont de plus en plus tendance à être transformés en services. Cette logique est dénommée **servicisation**.

EXEMPLE

Les logiciels sont un exemple de produits qui ont été transformés en services. Ainsi, la suite Office de **Microsoft**, autrefois vendue avec une licence et donc un transfert de propriété, est désormais une suite logicielle à laquelle on s'abonne en ligne et dont on ne devient jamais propriétaire. C'est ce que l'on nomme un logiciel en mode service (SaaS, *Software as a Service*). Plus généralement, tous les logiciels disponibles sur le *cloud* sont désormais des services.

Air Liquide fournit des gaz aux entreprises et hôpitaux. Ce qu'il vend, ce ne sont pas des produits, mais un service de réapprovisionnement automatique (Service Optimal) qui assure au client qu'il aura toujours le gaz dont il a besoin en fonction de sa consommation. Cela est possible grâce à la connectivité ajoutée aux bouteilles de gaz.

Comme nous l'avons vu, une plateforme bâtit et anime un écosystème de complémenteurs, et prélève une partie de cette valeur qui est collectivement créée par les échanges sur la plateforme qui organise les échanges. Les plateformes sont des écosystèmes d'innovation (voir chapitres 3 et 5) qui mettent les différents acteurs en capacité de produire de l'innovation, dont la plateforme entend bien capter une part de la valeur. À cet égard, elles constituent une forme d'innovation ouverte spécifique (*open innovation*).

Cocréation et innovation ouverte

L'innovation ouverte (*open innovation*) repose sur l'idée que l'entreprise a intérêt à ouvrir son processus de recherche et développement sur l'extérieur, à ses clients ou à des tiers intéressés. Introduite par Chesbrough, la notion d'*open innovation* recouvre des flux de connaissances entre l'entreprise et ses partenaires : d'un côté, les flux entrants (*outside-in*) lorsqu'une entreprise cherche à importer des connaissances, méthodes ou technologies innovantes pour les intégrer et, de l'autre, les flux sortants (*inside-out*) quand elle cherche à exporter ses innovations en valorisant sa propriété intellectuelle via un brevet ou une licence libre.

Il existe de nombreuses modalités de l'innovation ouverte au travers desquelles une entreprise peut capter des innovations. Duval et Speidel en distinguent sept :

- la résolution de problèmes ;
- le concours d'idées ;
- les boîtes à idées, les portails, les réseaux sociaux d'entreprise ;
- les communautés de bêta-testeurs ;
- l'utilisation de l'*open data* et des API ;
- les partenariats avec les start-up ;
- le *corporate venturing*.

EXEMPLE

Kaggle est une plateforme de résolution de problèmes spécialisée dans les problèmes liés au *Big Data*, *machine learning* et *deep learning*. Les entreprises déposent des jeux de données (*datasets*) et un problème à résoudre dans un temps donné. Chaque membre de la communauté peut proposer une solution au problème, seul ou en équipe. Les entreprises dotent la résolution de problèmes d'une prime à la meilleure réponse. Kaggle s'inspire, dans le domaine des données, de la plateforme **InnoCentive** qui la première avait proposé ce type de dispositif en ligne.

La philosophie de l'innovation ouverte systématise l'idée d'innovation d'usage. Dans cette perspective, les clients utilisateurs avancés (*lead users*) constituent une ressource intéressante en termes d'innovation par l'intensité des usages qu'ils ont pu développer. Dès lors, l'entreprise peut chercher à les intégrer dans les processus d'innovation, pour bénéficier de leur expérience d'usage. Les utilisateurs avancés peuvent, en effet, utiliser un produit dans un sens qui n'est pas prévu par l'entreprise dans les spécifications initiales du produit et conduire par l'étude fine de ces usages à de nouveaux produits. L'idée est bien de capter des innovations liées aux usages qui, par définition, ne peuvent pas être totalement anticipés dans un laboratoire de R&D.

EXEMPLE

Procter & Gamble a développé une gamme spécifique de produits de nettoyage, puis une chaîne de magasins dédiés pour le nettoyage automobile à partir d'un dispositif d'innovation ouverte. P&G a ainsi découvert que son produit phare Mr Propre (Mister Clean) était régulièrement utilisé par des hommes (et non des femmes, sa cible originale) pour le nettoyage de leur véhicule. Ce détournement d'usage a révélé un besoin non identifié, et mené au développement d'une ligne de produits spécifiques et d'un réseau de franchise de centres de nettoyage pour véhicules.

Dans cette perspective, les plateformes numériques sont de véritables dispositifs de révélation des usages et de capture des innovations d'usage. Grâce aux données sur les usages que la plateforme génère, elle est en mesure d'identifier de nouveaux usages et de nouvelles pratiques.

EXEMPLE

Apple, grâce à son magasin d'applications mobiles, connaît les applications les plus téléchargées et les plus utilisées par les clients d'iPhone et d'iPad. Cela lui permet d'identifier des produits et des fonctionnalités essentielles qui sont le fait de développeurs tiers, et de développer ces fonctionnalités directement sur la plateforme.

Dans la continuité des approches de la participation du client à la réalisation des services et de l'innovation ouverte, la cocréation de valeur articule deux logiques complémentaires. En premier lieu, la servicisation transforme les clients en cocréateurs de valeur, dans la mesure où ils exercent un pouvoir sur cette amélioration/détérioration de la valeur d'usage lors de la consommation du service. En second lieu, la participation des clients s'étend désormais à la production des offres par les clients eux-mêmes et dépasse donc largement la phase d'idéation et de conception des offres. Elle s'étend à différentes fonctions de l'entreprise. Dans cette perspective, la participation du client porte sur un ou plusieurs maillons de la chaîne de valeur, voire sur la totalité de celle-ci. Le client peut donc jouer plusieurs rôles. Dans le cas des plateformes, celles-ci activeront nombre de ces rôles : conception, construction de l'offre, qualité, usage, service après-vente.

TABLEAU 4.2. Chaîne de valeur et rôle du client

Phase	Rôle du client	Exemple
Financement	Participer au financement de la construction d'une offre	Les clients financent une proposition de valeur notamment par le *crowdfunding*
Conception	Co-concepteur de l'offre	Les clients participent à la définition et à la conception de l'offre
Construction de l'offre	Donner un avis (souvent un vote) pour une offre	Les clients participent au choix de l'offre
Production	Proactivité dans la production du bien ou du service	Les clients sont acteurs de la production, ils paramètrent un produit
Distribution	Support à la distribution de l'offre	Les acteurs participent à la distribution et diffusion de l'offre
Qualité	Avis pour amélioration de l'offre	Dans des démarches d'itération les clients donnent leur avis sur la qualité des services ou des produits
Usage	Les clients créent de la valeur en utilisant et consommant la proposition de valeur	Les clients sont acteurs de la création de valeur d'usage.
Service après-vente	Les clients conseillent les autres clients	Des interactions entre clients permettent aux clients de s'entraider

Source : adapté de Joachim, 2019.

La cocréation de valeur peut intervenir à différentes phases d'une chaîne de valeur (voir tableau 4.2). La phase de financement de projet par les clients, le *crowdfunding* (ou financement participatif), est désormais une méthode de financement largement répandue avec des acteurs spécialisés, comme KissKissBankBank ou Miimosa dans le secteur agricole.

La phase de définition de l'offre peut aussi être le fait des clients d'une entreprise.

EXEMPLE

Lego a mis en place un site Lego Ideas sur lequel il est possible de proposer de nouveaux modèles de boîtes de Lego. Les modèles ne sont examinés par l'équipe produit que s'ils atteignent 10000 votes. Dans ce cas de figure, les clients participent donc au choix des éventuels futurs produits, contribuant ainsi à définir des gammes, et donc une partie de l'offre.

Dans le cas des réseaux sociaux, plateformes de contenus générés par les utilisateurs, ces derniers sont des producteurs de l'offre, tout comme les vendeurs tiers sur une place de marché ou les développeurs d'applications sur un magasin d'applications.

Avec les technologies de réseau, la phase de distribution peut également être le fait des clients, que ce soit grâce aux réseaux sociaux dans le rôle d'ambassadeurs de marque, par les modalités de l'affiliation, ou encore par les technologies Web.

EXEMPLE

La Ruche qui dit oui! est un acteur des circuits dans la distribution alimentaire. Le site propose à des clients de devenir responsables d'une Ruche, c'est-à-dire d'un point de vente qu'ils organisent eux-mêmes en distribuant des produits alimentaires locaux auprès d'une communauté. Dans cette perspective, l'entreprise met à disposition un site Web, des outils communautaires et de paiement.

Les évaluations des offres des plateformes, organisées par les boucles de rétroaction sur les usages, constituent une participation du client à la gestion de la qualité des offres.

Enfin, les clients peuvent être mobilisés pour aider d'autres clients dans une logique d'appropriation des usages (partage de trucs et astuces, comparaison des usages) et dans une logique d'entraide en cas de problèmes techniques et commerciaux. Dans ce cas, les clients constituent un véritable service après-vente.

EXEMPLE

Sosh est une marque d'Orange destinée à une cible jeune et connectée, qui n'a pas de magasin et n'est disponible que sur son site Web, son chat et les réseaux sociaux. Sosh repose sur une importante communauté en ligne qui s'avère être une véritable ressource, apportant notamment des réponses aux questions et aux problèmes que rencontrent des clients, un élément primordial pour son service après-vente.

Les modalités de la cocréation

La mise en œuvre de la cocréation et de la coproduction se matérialise par différentes modalités stratégiques. Celles-ci peuvent se classer en quatre catégories d'initiatives stratégiques d'intégration de la participation du client. Elles se distinguent selon deux axes de mise en œuvre : l'importance de la participation dans la proposition de valeur, centrale ou secondaire, et la liberté laissée au client par l'organisation dans cette mise en œuvre qui peut être plus ou moins grande, conduisant à une participation plus ou moins active ou passive du client (voir tableau 4.3).

TABLEAU 4.3. Les modalités de l'intégration du client

Liberté d'action accordée par l'organisation aux clients	Importance de la participation des clients pour la propositions de valeur →	Secondaire (Collecte de connaissance client)	Centrale (Délégation d'activités)
	Liberté restreinte	Personnalisation	Co-construction
	Grande liberté	Customisation	Management de communauté(s)

Source : Joachim, 2019.

Dans le cas de la **personnalisation**, ce sont les données d'usage de la plateforme, celles générées par les interactions et les transactions, qui seront utilisées par la plateforme pour améliorer la proposition de valeur du service. Le traitement automatisé des données par des algorithmes de recommandation en est la manifestation la plus évidente, que ce soit pour les playlists musicales sur Spotify, l'adaptation du contenu sur Pinterest ou Facebook, ou les recommandations automatiques de produits sur Amazon. Dans cette modalité, la participation du client est passive, mais elle est générée par les données de ses usages de la plateforme.

La **customisation** diffère de la personnalisation dans la mesure où les clients doivent agir pour obtenir une offre ou un service personnalisé. L'offre est donc configurable et des options sont proposées au client afin qu'il ajuste celle-ci à ses besoins. Cette forme de personnalisation, souvent dénommée *mass customization*, laisse une plus grande marge de manœuvre au client que dans le cas précédent où celui-ci n'a pas la main sur la personnalisation. Ainsi, l'utilisateur dans Facebook a la possibilité de paramétrer la visibilité de certains contenus, qu'il s'agisse de publicités ou de contenus d'autres utilisateurs.

La stratégie de **coconstruction** implique que le client participe à la création de valeur de façon significative et qu'il devienne un partenaire. Ici, la participation du client s'étend au-delà des phases de conception du produit. Le client se voit déléguer une ou des fonctions du ressort de l'organisation. Cette participation, consciente et proactive, permet également de créer plus de valeur pour le client, valorisant cette implication. C'est la logique de nombreuses plateformes qui délèguent une part significative de leur modèle aux utilisateurs, comme dans les plateformes de contenus générés par les utilisateurs, à l'instar de YouTube. Dans cette stratégie, il importe d'identifier les contributeurs les plus performants et de les accompagner dans leur activité grâce à des fonctionnalités dédiées de la plateforme.

La **stratégie communautaire** consiste à déléguer non plus simplement à des clients pris isolément, mais aux clients organisés en communauté tout ou partie de la proposition de valeur. Dans un monde en réseau, cette modalité stratégique s'est fortement développée ; elle est au cœur de nombreux modèles d'affaires de plateformes. Construire une communauté de clients est loin d'être évident, encore moins son animation dans le temps. Aussi, le pilotage d'une communauté de clients dépasse largement ce que l'on entend par la notion de *community management*, qui se résume souvent à gérer la présence d'une marque sur les réseaux sociaux.

Les plateformes numériques intègrent ces modalités de façon différenciée, mais toutes combinent l'une ou l'autre de ces modalités de l'intégration de l'utilisateur et du client dans leur logique de création de valeur.

En synthèse, si la participation du client n'est pas l'apanage des plateformes, elles systématisent la coproduction avec les utilisateurs et les clients, soit comme partenaires (les complémenteurs de la proposition de valeur, voir chapitre 3), soit comme producteurs, ou plus précisément coproducteurs (voir colonne grisée du tableau 4.4). Cela ne les empêche pas également d'avoir des relations de type fournisseurs et clients traditionnels avec certaines parties prenantes.

TABLEAU 4.4. Client apporteur de ressources, client comme ressource

		Importance de la participation pour la réalisation des propositions de valeur	
		Nécessaire pour les propositions de valeur	Secondaire pour les propositions de valeur
Nature du rôle des clients	Apporteurs de ressources	Partenaire	Fournisseur
	Ressources	Producteur	Consommateur

Source : Joachim, 2019.

LES LOGIQUES DE COPRODUCTION DE LA VALEUR

Les modèles de plateformes tirent parti de cette ressource que sont les utilisateurs et les clients. Elles déploient systématiquement cette logique de coproduction sous de multiples modalités par la création d'un écosystème et de fonctionnalités dédiées, dont nombre d'entre elles reposent sur la capacité à extraire la valeur des données d'usage de la plateforme elle-même.

Les plateformes se distinguent des entreprises sur deux aspects, du fait de cette logique de coproduction. En premier lieu, la proposition de valeur est complétée par des tiers (voir chapitre 3) ; elle n'est pas le fait de la seule plateforme contrairement à une entreprise qui la spécifie complètement. En second lieu, la plateforme articule deux catégories d'acteurs : des utilisateurs qui accèdent gratuitement à un ou des services, et des clients qui paient pour accéder aux utilisateurs grâce aux fonctionnalités de la plateforme. Des utilisateurs peuvent devenir des clients dans certains modèles où il existe une tarification dite freemium (voir chapitre 1).

EXEMPLE

Dans **Facebook** ou **Pinterest**, les clients sont les annonceurs qui achètent des audiences ciblées grâce aux données et segments d'audience que Facebook construit à partir des données d'usage de ses utilisateurs. Ces derniers sont les personnes qui ont créé un compte gratuit pour utiliser les fonctionnalités de partage d'images dans le cas de Pinterest, et les fonctions de réseau social dans le cas de Facebook.

Dans le cas de la plateforme **Uber**, il y a deux types de clients: les «drivers» (chauffeurs) et les «riders» (clients). Les deux faces du modèle sont des clients, tout comme dans **Airbnb**.

Dans le cas de **LinkedIn**, les utilisateurs sont les personnes qui déposent gratuitement un CV. Les clients sont les personnes qui paient pour accéder à la version premium de la plateforme (avec des fonctionnalités supplémentaires), et surtout les employeurs qui déposent des offres d'emploi, ainsi que les annonceurs.

Par ailleurs, les modèles d'affaires de *User Generated Content* (UGC), ou encore les plus anciens modèles de communautés, sont totalement centrés sur la capacité de la plateforme à attirer, organiser et monétiser la production des utilisateurs et des clients. En ce sens, les plateformes sont la forme organisationnelle qui maximise la capacité à tirer parti de cette nouvelle forme de production.

La cocréation de valeur sur les plateformes grâce aux utilisateurs et aux clients repose sur deux logiques qui se combinent: une logique d'intermédiation de différents groupes, et une logique de fluidification et d'optimisation des transactions grâce aux données d'usage de la plateforme.

Base de clients et modèles multifaces

Comme nous l'avons vu au chapitre 1, les modèles de plateformes exploitent la logique des effets de réseau que les réseaux numériques facilitent. Dans la dimension d'analyse qui nous intéresse, ce sont les effets de réseau croisés qui importent. Les utilisateurs d'une plateforme constituent une ressource que la plateforme expose à un autre groupe d'utilisateurs, les clients de la plateforme.

Les utilisateurs de YouTube créent des contenus vidéo qui génèrent une audience qualifiée que YouTube monétise auprès des annonceurs. Amazon crée une base de clients finaux qu'elle monétise auprès de marchands tiers sur sa place de marché. Le modèle biface est assez classique pour une plateforme. Dès lors que l'on a constitué une base d'utilisateurs (gratuits ou payants), un des objectifs de développement de la plateforme consiste à exposer cette base à d'autres faces afin de développer son chiffre d'affaires. La plateforme devient multifaces.

EXEMPLE

Apple est un exemple de plateforme multifaces. Elle a conquis une base d'utilisateurs grâce à iTunes (devenu Apple Music), qu'elle a ensuite progressivement exposé à d'autres acteurs économiques issus d'autres industries que la musique: le livre (Apple Books), le cinéma (iTunes Vidéo), le jeu vidéo (Apple Arcade), les applications mobiles (App Store), le contenu audiovisuel (Apple TV+).

Une fois constituée, la base d'utilisateurs est un véritable actif que la plateforme cherche à valoriser en développant de nouvelles faces dans son modèle. Une telle stratégie est cependant peu aisée à mener. En premier lieu, elle prend du temps, le temps de constituer une base importante de clients, ce qui peut prendre plusieurs années (voir chapitre 1 sur la vitesse de constitution de la base utilisateurs/clients). En second lieu, elle repose sur le fait que les nouvelles activités sont susceptibles d'intéresser les clients existants, ce qui ne va pas toujours de soi. En outre, le développement d'une activité nouvelle, ouvrant une nouvelle face, nécessite des compétences nouvelles qui ne sont pas toujours aisées à acquérir et à exploiter.

EXEMPLE

Amazon a développé une nouvelle activité, la publicité, sur son site e-commerce, offrant la possibilité à des marques et à des vendeurs de la place de marché de promouvoir leurs produits et leurs offres. Définir les bonnes offres commerciales et les bons outils de suivi des campagnes n'a pas été une étape facile pour Amazon, peu familière au démarrage des attentes des équipes publicitaires en la matière.

Données utilisateurs et clients dans les modèles de plateformes

Une des logiques fondamentales de la cocréation de valeur sur les plateformes réside dans l'utilisation des données d'usage des différents utilisateurs de la plateforme. Dans le chapitre 2, nous avons détaillé la logique générale de cette création de valeur fondée sur les données. Nous détaillons ici en complément les aspects qui portent sur les données générées par les usages et exploitées par la plateforme à des fins de fluidification des échanges (*frictionless transactions*).

Une des logiques fondamentales est d'exploiter des traces d'usage issues des transactions afin de pouvoir les optimiser. Cette logique est complétée par une collecte systématique des avis sur les usages et les transactions par le biais de mécanismes d'évaluation des transactions : avis clients, notation des chauffeurs, évaluation de l'expérience. Ces **boucles de rétroaction** permanente constituent un dispositif essentiel des logiques de plateformes, qui mobilisent ces données pour organiser les contenus qu'elles exposent : produits, vidéos, chansons, logements, restaurants, hôtels, etc.

Ces données explicitement générées par les utilisateurs ou les clients peuvent également être à la base de modèles d'affaires complets.

EXEMPLE

Dans l'industrie du voyage et de la restauration, une plateforme comme **TripAdvisor** ou **LaFourchette** constitue un exemple emblématique de ces modèles. Le modèle d'intermédiation s'appuie exclusivement sur les notes et les avis des clients sur les hôtels, auberges, restaurants, etc. L'organisation des inventaires de la place de marché est donc strictement structurée par ce classement fondé sur les notations des clients et leurs avis qui constituent la clé d'entrée dans l'offre de la plateforme.

Les données d'usage sont souvent constituées de traces que les utilisateurs génèrent par l'utilisation du système technique de la plateforme, ce sont en quelque sorte des **données comportementales**. Les dispositifs technologiques génèrent, en effet, des données qui permettent un suivi technique de la plateforme. Elles peuvent avoir un usage secondaire (*by-product*, usage ancillaire, voir chapitre 2), notamment parce que leur traitement révèle des comportements d'usage de la plateforme : quels sont les parcours des utilisateurs qui achètent le plus, ou qui n'achètent pas? Quels sont les produits les plus recherchés dans le moteur de recherche de la plateforme, et par quels profils d'utilisateurs? Toutes ces données font généralement l'objet de tableaux de bord de suivi (*data analytics*).

Cependant, il est possible d'exploiter de façon plus efficace ces données en recourant à des méthodes prédictives qui chercheront à maximiser la probabilité de conclure une transaction sur la plateforme. L'objectif est de faciliter la gestion de la liquidité de la plateforme (voir chapitres 2 et 5) en augmentant le taux de conversion (nombre de transactions/nombre de visites) et le taux d'utilisation (nombre de produits vendus/total de produits disponibles). Les algorithmes de *machine learning* sont régulièrement utilisés pour produire ces modèles prédictifs. Il est notable que l'utilisation de ces méthodes n'est possible que lorsque la plateforme a atteint un niveau d'usage conséquent. En effet, sans un minimum de données, les jeux de données sont insuffisants pour entraîner des modèles prédictifs. Aussi, cela n'est pas envisageable en phase de lancement d'une plateforme.

Dans les modèles bifaces ou multifaces, les effets de réseau croisés sont au cœur de ces modèles. S'ils permettent de gérer le bon fonctionnement de la plateforme et son développement, la **monétisation** de ces interactions repose sur la valorisation des données des utilisateurs de la plateforme. Celles-ci ne sont pas vendues *stricto sensu*, comme on le lit trop souvent, mais valorisées de plusieurs manières. La principale méthode de valorisation consiste à proposer des ciblages publicitaires fondés sur la connaissance fine des usages et permettant la création de segments d'audience notamment sur des données de type comportementalistes (nature des contenus consommés, fréquence de consommation, etc.). Les utilisateurs sont donc valorisés comme segment d'audience auprès des clients de la plateforme. Ce modèle a plusieurs déclinaisons dans les modèles de plateformes de contenus générés par les utilisateurs.

LES MODÈLES COMMUNAUTAIRES

La constitution de communautés d'individus grâce aux réseaux électroniques s'est développée avant même les forums en ligne. Il en existe une variété: communautés d'intérêt, de métier, de situation (rassemblant les personnes vivant une même expérience, une maladie, par exemple), professionnelle, d'intervention (humanitaire ou autre), de projets ou encore de mise en relation.

Le modèle des communautés, s'il reste très présent, s'exprime également dans les réseaux sociaux électroniques comme Facebook, Pinterest, LinkedIn et TikTok, qui ont progressivement capté et développé des usages avec certaines plateformes rassemblant plusieurs centaines de millions d'utilisateurs. Un grand nombre de réseaux sociaux se sont développés combinant, dans des assemblages spécifiques à chacun d'eux, quatre logiques d'activité complémentaires (voir figure 4.2).

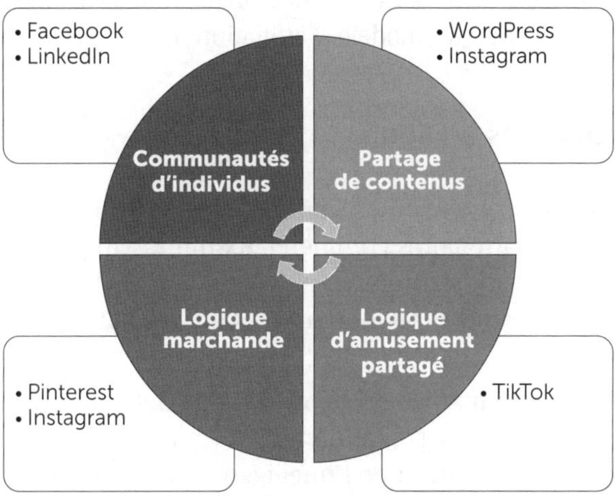

Source: adapté de Tuten et Solomon, 2019.

FIGURE 4.2. Les quatre logiques structurant les réseaux sociaux

La première logique d'activité est la **constitution de communautés** d'individus (*social community*) rassemblés selon différentes logiques, comme les réseaux sociaux professionnels (LinkedIn, Xing) ou les réseaux sociaux spécialisés sur une activité ou une passion, comme la photographie (Flickr, 500px). La connectivité est à la base de la constitution d'un réseau de relations interpersonnelles établies en ligne afin d'atteindre des objectifs individuels ou partagés avec d'autres membres du groupe.

La deuxième logique consiste à **partager des contenus** (*social publishing*) de nature différente au travers d'une activité de publication. Ces contenus peuvent être très divers d'un réseau social à un autre. Ainsi, Vivino permet le partage des vins dégustés par un individu à son réseau de *followers* quand WordPress permet de tenir un blog.

La troisième logique est une **logique marchande** (*social commerce*), dans laquelle les partages de contenus sont une clé d'entrée dans des offres avec une logique d'inspiration comme le réseau social Pinterest l'a construite depuis plusieurs années.

La quatrième et dernière logique est la **logique d'amusement partagé** (*social entertainment*) avec sa communauté autour de vidéos (Instagram, Snapchat, TikTok) ou de jeux en ligne.

Ces logiques peuvent bien évidemment se combiner, comme Facebook tente de le faire depuis plusieurs années avec plus ou moins de réussite, notamment pour ce qui est du *social commerce*. Instagram a instauré une logique de *social commerce* avec un modèle d'affiliation imité de celui de Pinterest.

Les communautés en ligne

Une communauté virtuelle ou en ligne se définit « comme une agrégation d'individus ou de partenaires commerciaux qui interagissent autour d'un intérêt commun, où l'interaction est au moins partiellement soutenue ou médiée par la technologie (ou les deux), et guidée par certains protocoles ou normes ».

La variété des communautés en ligne est immense et la décrire n'aurait guère de sens ici. Certaines communautés sont toutefois emblématiques de la collaboration en ligne et de l'intelligence collective qu'elles facilitent par la connectivité d'un grand nombre de membres. Que ce soit le logiciel libre (Linux), la connaissance (Wikipédia), le cinéma (IMDb), la cartographie en ligne (OpenStreetMap, Waze), l'alimentation (OpenFoodFacts), les communautés en ligne sont à l'origine d'un grand nombre de ressources du monde numérique.

Il est possible d'identifier les différentes logiques de création de valeur pour les différentes parties prenantes, y compris la plateforme qui les héberge, les organise et les anime. Six types de valeur peuvent être créés par une communauté en ligne :

1. La **valeur financière** fait référence aux revenus monétaires tirés des activités de la communauté en ligne. Dans le cas de Waze, la monétisation publicitaire de la plateforme crée de la valeur financière.
2. La **valeur de service** fait référence aux bénéfices tirés de l'application des ressources ou des compétences d'autrui. Les communautés en ligne rendent service à leurs utilisateurs.

3. La **valeur éthique** apparaît lorsque les expériences ou les idées sont librement partagées dans l'intention d'aider les personnes. Les communautés en ligne sont fortement marquées par une éthique qui leur est propre et qui guide les comportements en son sein.
4. La **valeur cognitive** fait référence au fait que les membres apprennent collectivement par les interactions et le partage au sein de la communauté.
5. La **valeur réputationnelle** fait référence à la légitimité acquise par une participation au sein d'une communauté.
6. La **valeur de plateforme** est générée par les capacités numériques de la plateforme qui élargissent la portée et l'étendue de la communauté.

Ces différents types de valeur ne sont pas systématiquement créés par toutes les communautés en ligne. Ils peuvent l'être à différents moments de la vie d'une communauté en ligne et dans diverses configurations.

EXEMPLE

Dans le cas de la communauté **IMDb**, la communauté de cinéphiles était d'abord une communauté qui produisait de la valeur cognitive et de la valeur de service avant que ne s'ajoutent, par son rachat par Amazon, une valeur financière et une valeur de plateforme qui ont fortement étendu les usages des ressources produites par cette communauté.

Les réseaux sociaux

Les réseaux sociaux constituent un des modèles de contenus générés par les utilisateurs dans la mesure où ils offrent la possibilité à chacun de partager avec son réseau social une activité, une passion ou tout autre objet autour duquel la plateforme réunit les utilisateurs. Le premier réseau social en ligne, Myspace, s'est ainsi structuré autour de la musique. Mais rapidement, un acteur, Facebook, a réussi à rassembler des millions, puis des milliards d'utilisateurs sur son réseau social.

Les différents réseaux sociaux ont systématisé et structuré des pratiques forgées dans les forums en ligne, les messageries instantanées comme MSN Messenger, les blogs comme les Skyblogs en France. Désormais, plusieurs caractéristiques communes se sont imposées, quelle que soit la spécificité du réseau social.

Gestion de profil et graphe social

Tout réseau social permet à un participant de créer un profil. L'individu a la possibilité de donner accès ou non à ce profil de façon publique ou privée. Le profil décrit l'utilisateur et lui permet de gérer une partie de son identité en ligne. Il est accessible aux autres membres du réseau social par l'intermédiaire d'un moteur de recherche. Plus encore, les profils se connectent les uns aux autres et créent ce que l'on nomme désormais un **graphe social**, c'est-à-dire l'ensemble des liens que tisse un profil avec les autres profils. Plus qu'un répertoire de contacts, le graphe social représente les liens entre un membre du réseau et les autres membres.

Ce graphe social est un élément structurant de certains réseaux sociaux, dans la mesure où il détermine en partie les contenus qui seront présentés à un membre, comme c'est le cas sur Facebook ou LinkedIn. L'exploitation du graphe social, sa structure, l'intensité des liens qui le constituent et sa dynamique sont au cœur de la proposition de valeur des réseaux sociaux, alors que cela n'est pas le cas dans les communautés en ligne.

Flux de publication

Tout réseau social permet à ses membres de partager des contenus, que ce soit des textes (Facebook, Twitter), des images (500px, Flickr) ou des vidéos (YouTube, Instagram). La publication de ces contenus s'organise au travers d'un flux personnalisé pour chaque membre, ce que Facebook a progressivement fait évoluer de la notion de mur (*wall*) vers le flux d'information (*news feed*), et ce que le protocole ActivityPub du W3C organise par le format Activity Streams 2.0. Selon les spécificités du réseau social, ce flux prend des formes différentes, comme c'est le cas de Pinterest qui organise ce flux en tableaux d'images épinglées. Cette organisation des flux de contenus est une activité centrale d'un réseau social, car ce flux détermine grandement le degré d'utilisation du réseau et l'engagement des membres essentiel à la monétisation.

EXEMPLE

Le fil d'actualité (*News Feed*) de **Facebook** met en évidence des informations qui comprennent, entre autres, les changements de profil, les événements à venir et les anniversaires. En utilisant un algorithme propriétaire, Facebook sélectionne, parmi 2000 mises à jour qu'un utilisateur peut potentiellement recevoir, des mises à jour qu'il expose aux utilisateurs à chaque visite de leur flux. Essentiellement alimenté par l'activité des membres du graphe social, ce flux a beaucoup évolué dans le temps, en choisissant d'exposer davantage les utilisateurs à des contenus issus des médias et non de leur graphe social, et en y intégrant des publicités (2012). Les évolutions de cette seule fonctionnalité ont suscité de nombreuses critiques de la part des utilisateurs et des observateurs, démontrant la frontière complexe entre réseau social et média social, et surtout l'importance de la conception d'un tel flux dans un service de réseau social.

Fonctions d'interaction : notation, commentaires, partage

Au cœur des réseaux sociaux, les fonctions d'interaction entre membres constituent véritablement la quintessence de ces modèles. À cet égard, Facebook a introduit des fonctions que l'on retrouve désormais sur tous les modèles de réseaux sociaux et qui sont désormais des standards de facto. Trois fonctions sont au cœur de la gestion des interactions entre membres :

- **La notation sous diverses formes** (*like*, *dislike*, étoiles). Cette appréciation des contenus par les membres permet de les organiser, de les trier, de les prioriser, de les classer et de les exposer aux différents membres. Cette boucle de rétroaction est essentielle pour la personnalisation du flux de chaque membre. Par ailleurs, elle permet d'identifier les contenus qui suscitent l'intérêt et l'attention des membres. Après le succès de la fonctionnalité «*Like*», Facebook a introduit d'autres appréciations possibles sur un contenu grâce à des émoticons, introduisant beaucoup plus de nuances dans l'évaluation. LinkedIn offre également une plus grande variété d'évaluations que d'autres réseaux sociaux.
- **Les commentaires**. Ils sont le cœur des réseaux sociaux, puisqu'ils reprennent la logique des échanges au cœur des forums en ligne. Chaque réseau social offre la possibilité à un membre de pouvoir commenter les publications des uns et des autres, enrichissant ainsi les contenus eux-mêmes d'une conversation.
- **Le partage**. Cette fonctionnalité est certainement celle qui a retenu l'attention des acteurs du marketing par la viralité qu'elle pouvait générer. Le fait pour un membre de pouvoir partager un contenu auprès de son graphe social, ou une partie de celui-ci, constitue un puissant canal de diffusion auprès d'une audience susceptible d'être intéressée par ce même contenu. La fonction de partage prend diverses formes, comme le *retweet* sur Twitter ou le *repin* sur Pinterest.

Le succès de ces fonctionnalités propres aux réseaux sociaux est tel que désormais, la plupart des sites et des applications reprennent ces fonctionnalités pour socialiser leurs contenus, comme les éditeurs de presse en ligne le font désormais systématiquement.

LES MODÈLES DE CONTENUS GÉNÉRÉS PAR LES UTILISATEURS

Comme les réseaux sociaux l'illustrent, une des transformations les plus visibles liées à la numérisation est la possibilité fournie à chacun de publier et de partager des contenus en ligne. Cela est particulièrement le cas depuis l'avènement du smartphone qui a facilité le partage de photos et de vidéos à une échelle inconnue jusqu'alors.

Parmi l'un des premiers sites de vente en ligne (1995), eBay est une place de marché où des individus vendent leurs biens d'occasion. L'offre est uniquement constituée dans un premier temps par les produits des individus. C'est la même idée dans le cas du site Leboncoin, à une variante près : l'entrée dans l'offre par la localisation. Il en va de même avec WordPress, où les contenus sont le fait de millions de personnes qui souhaitent publier leur blog, YouTube pour la vidéo et Facebook pour les réseaux sociaux. Ce modèle de plateforme est dénommé modèle de contenus générés par les utilisateurs (*User Generated Content*, UGC). Son fonctionnement est spécifique dans la mesure où la plateforme par elle-même ne produit pas de contenus, ou très peu, et doit convaincre de sa pertinence de nombreux utilisateurs si elle veut réussir. Elle doit par ailleurs organiser et gérer les contenus pour pouvoir les monétiser dans les meilleures conditions.

Les différents types de places de marché

Les places de marché de produits

La vente de produits par des utilisateurs à d'autres utilisateurs est à l'origine de l'un des premiers sites d'e-commerce, eBay, et de l'un des grands succès du e-commerce français, Leboncoin. Il s'agit là de modèles C2C (*costumer to costumer*), de places de marché de produits physiques. Dans le cas des places de marché de biens d'occasion, comme Vinted ou

Videdressing, l'essentiel de l'offre est construit à partir des produits des utilisateurs de la plateforme. C'est également le cas des plateformes de l'économie collaborative (*sharing economy*), puisque l'offre repose essentiellement sur des actifs matériels existants comme des maisons ou appartements (Airbnb), des véhicules (Blablacar) ou des objets partagés (Zilok).

On retrouve cette logique dans d'autres modèles de place de marché comme Cdiscount ou Amazon. Dans le cas de telles places de marché, les contenus tiers apportés par les vendeurs complètent l'offre existante de la plateforme pour en représenter une part importante des revenus.

EXEMPLE

Au premier trimestre 2020, la part de marché de la place de marché **Cdiscount** représente 38,8 % du volume d'affaires du site (GMV). Depuis 2015, la part des vendeurs tiers sur **Amazon** dépasse les 50 %, pour atteindre 58 % en 2018.

Les places de marché de services ou d'expertise

Les places de marché de services ou d'expertise peuvent être de plusieurs sortes. Par exemple, les places de marché culinaires mettent en relation soit des professionnels de la restauration (La Belle Assiette), soit des amateurs ayant un véritable savoir-faire (Meet My Mama) pour des clients particuliers ou des entreprises. Dans les deux cas, ces places de marché reposent sur des expertises certifiées ou issues de l'expérience des individus amateurs. Bien d'autres places de marché valorisent les compétences, expertises et savoir-faire des individus (Malt, Upwork, etc.). Elles ordonnent leurs offres, les évaluent et les valorisent auprès de leurs clients. Elles organisent aussi leurs recherches en identifiant le bon fournisseur, puis facilitent les transactions (*frictionless transaction*) en fournissant un cadre de confiance (voir chapitre 5).

EXEMPLE

Shoootin ou Meero sont des places de marché où les photographes amateurs offrent leur service de prise de vue à des particuliers ou des entreprises. **Meero** apporte aux photographes non seulement des clients, mais aussi une plateforme d'intelligence artificielle qui améliore le rendu des photos automatiquement.

Les places de marché de contenus

Si l'on a d'ores et déjà présenté les modèles de réseaux sociaux, il existe bien d'autres **modèles de plateformes de contenus** générés par les utilisateurs. Parmi les pionniers de ces modèles, on trouve la photographie avec des plateformes comme Flickr, 500px ou Unsplash.

De fait, la numérisation a facilité la création de contenus multimédias qui sont devenus l'objet de nombreuses plateformes, comme Wikipédia pour les connaissances, YouTube pour la vidéo ou SoundCloud pour la musique, où l'essentiel des contenus proposés gratuitement sont créés par des utilisateurs. Mais il existe bien d'autres modèles dans lesquels les utilisateurs jouent un rôle central, comme le moteur de recherche Quora.

EXEMPLE

Le principe de **Quora** est de s'appuyer sur l'expertise des individus pour répondre à une question qu'un membre pose à la communauté. Au lieu de renvoyer un lien hypertexte vers un site, Quora renvoie à celui qui pose la question des réponses rédigées par des membres de la plateforme.

Comment fonctionne une plateforme de contenus générés par les utilisateurs ?

Publier

Puisque rassembler l'offre de contenus la plus large possible est la logique fondamentale de ces modèles, les fonctions de publication sont primordiales. Toutes les plateformes mettent à disposition des outils de publication. Publier des contenus média, comme une photo ou une vidéo, est désormais chose aisée grâce au smartphone. Cependant, les publications peuvent être plus sophistiquées et structurées.

Ainsi, les youtubeurs publient des vidéos qui sont très construites et nécessitent des outils de montage et d'enrichissement du contenu (métadonnées, chapitrage, taggages). Il en va de même pour des podcasts ou des morceaux de musique qui, sans ces données complémentaires, sont difficiles à classer et à organiser sur la plateforme. On retrouve la même logique avec les contenus textuels et les plateformes de blogs sur lesquelles de nombreuses fonctions d'édition et d'enrichissement sont proposées. Elles constituent précisément des dimensions de concurrence entre plateformes pour attirer les éditeurs de contenus.

Dans le cas des plateformes de vente, les places de marché, les fonctions de mise en ligne d'un catalogue sont au cœur des fonctionnalités. Du vendeur individuel au partenaire, l'importation d'un catalogue d'offres ou de produits doit être simple. Cependant, la publication d'un catalogue de produits s'organise par l'intermédiaire d'une fiche produit structurée comportant des descriptifs standardisés, des éléments visuels, des références d'identification (code EAN ou UPC). Tout comme un contenu média, les contenus produits seront enrichis de commentaires (avis des clients, notes).

Quelle que soit la nature du contenu, les éditeurs de contenus doivent pouvoir gérer leurs publications, connaître leurs audiences et modérer les interactions avec les utilisateurs. Ces fonctionnalités sont absolument essentielles. Sans elles, les contributeurs ne connaissent pas les contenus qui développent l'audience et augmentent leur chiffre d'affaires (donc aussi celui de la plateforme). Ces fonctionnalités peuvent aller jusqu'à aider le contributeur à fixer son prix (Airbnb), organiser et catégoriser ses contenus (YouTube), et améliorer son référencement sur la plateforme (Amazon).

Ces outils de gestion et d'édition de contenus sont généralement dénommés des outils de back-end, dans la mesure où ils ne sont accessibles qu'aux contributeurs. Ils permettent aux contributeurs de gérer leur présence sur une plateforme, de suivre leur activité et de la développer.

Sélectionner, classer, évaluer : organiser les contenus

De façon symétrique, la plateforme pilote activement les contributions et les contenus. De ce point de vue, et quels que soient les modèles, la finalité de cette gestion est le développement du volume d'affaires de la plateforme, qu'il s'agisse d'accélérer les ventes sur une place de marché, ou d'attirer davantage d'annonceurs sur un réseau social ou une plateforme vidéo ou musicale.

Dans cette perspective, l'organisation des différents contenus est l'enjeu central pour toute plateforme. Dans le cas des places de marché, cette fonction consiste en toutes les actions dites de *e-merchandising*. Pour celles comportant des millions de produits, la fonction centrale est le moteur de recherche auquel s'associent des fonctions de référencement.

En effet, l'efficacité du moteur de recherche est essentielle pour la conversion d'une visite en achat. Si l'utilisateur ne trouve pas ce qu'il est venu chercher, il n'y aura pas de transaction.

L'ensemble de ces actions est dénommé «curation de contenus». Si aux débuts du Web 2.0, la curation était vue comme une compétence individuelle, la croissance exponentielle des contenus sur les plateformes a conduit celles-ci à automatiser cette curation grâce à des algorithmes (*Newsfeed Ranking Algorithm* chez Facebook).

De fait, les algorithmes développés par les plateformes intègrent des logiques de curation de contenus en sélectionnant les contenus les plus susceptibles de générer de l'audience ou des ventes, mais ils intègrent également des logiques de personnalisation des contenus en fonction des contenus consommés par un utilisateur. Ces algorithmes de recommandation sont désormais essentiels pour toute plateforme afin de faire face à la fois à l'enjeu d'une offre très large et au très grand nombre d'utilisateurs simultanés. Ils suggèrent donc des choix à partir de l'offre en fonction de différents critères et de l'historique individuel de chaque utilisateur ou client, rendant la plateforme efficace.

EXEMPLE

70 % des vidéos vues sur **YouTube** le sont grâce au moteur de recommandation. 75 % des contenus visionnés sur **Netflix** le sont par le biais de l'algorithme de recommandation. En 2012, 35 % des produits achetés sur **Amazon** l'étaient à la suite d'une suggestion de l'algorithme de recommandation.

Appliqués aux contenus multimédias, ces algorithmes sont souvent critiqués. On leur reproche de manquer d'efficacité et d'avoir des conséquences sociétales néfastes: ils exposeraient les utilisateurs des plateformes à des contenus semblables à ceux qu'ils apprécient, ce qui les enfermerait dans des «bulles de filtre» (d'après l'expression d'Eli Pariser) ou des «chambres d'écho». Les travaux de recherche qui s'attellent à ces questions montrent que ces bulles de filtre concernent toutefois un nombre restreint d'utilisateurs.

Les algorithmes de recommandation ne sont plus l'apanage des plateformes historiques et cette classe d'algorithmes est désormais disponible en mode SaaS. Des sociétés comme Target2Sell ou encore Amazon fournissent de tels algorithmes qu'une plateforme peut aisément entraîner si elle possède les données nécessaires.

Les algorithmes se nourrissent en partie des évaluations des contenus effectuées par les utilisateurs. Ces évaluations peuvent prendre la forme de «*like/dislike*» ou de notes sous forme d'échelle (une à cinq étoiles). Ces feedbacks d'utilisateurs sont essentiels pour trier et classer les contenus, et détecter les contenus les plus valorisés par les utilisateurs de la plateforme.

Aux côtés des fonctions d'organisation du contenu, une des fonctionnalités clés d'une plateforme est celle de modération des contenus. Les contenus peuvent être illégaux et engager la responsabilité de la plateforme. Mais d'autres contenus doivent être modérés, comme les commentaires qui peuvent être postés sur un blog ou une vidéo. Les fonctions de modération existent au niveau du contributeur (sur WordPress, par exemple, pour éviter le spam dans les commentaires), mais surtout au niveau de la plateforme.

Identifier les meilleurs contributeurs

Une plateforme doit identifier les meilleurs contributeurs, les meilleurs vendeurs, car ce sont eux qui font son succès et une partie importante de ses revenus. Ces contributeurs clés se voient généralement offrir des fonctionnalités supplémentaires, parfois une meilleure rémunération lorsqu'elle existe.

EXEMPLE

eBay est une place de marché parmi les plus anciennes du Web qui a très tôt identifié l'importance des contributeurs clés sur sa plateforme et décidé de créer pour eux un statut particulier, celui de PowerSeller. Le site anime depuis de nombreuses années une communauté en ligne de ses PowerSellers: the eBay Community.

Cette logique est fondamentale et nombre de plateformes imitent le programme d'eBay, comme Airbnb avec le statut de Superhost ou encore Quora avec celui de Top Writer. L'objectif de ces fonctionnalités supplémentaires est d'éviter que ces utilisateurs avancés, qui constituent une part substantielle des revenus de la plateforme, ne la quittent. De telles fonctionnalités, si elles visent à fidéliser, ont surtout pour but de faciliter la création de contenu ou les ventes. La conception de ces outils est donc essentielle pour la réussite d'une plateforme. Mais au-delà, ce sont généralement de véritables programmes d'accompagnement que les plateformes déploient pour accroître les capacités de ces utilisateurs en les conseillant sur différents aspects de leur activité, généralement au travers d'une communauté en ligne et de conférences annuelles, où les nouvelles fonctionnalités sont proposées.

Afin de faciliter la tâche des contributeurs sur les différentes plateformes qu'ils fréquentent, des acteurs spécialisés se sont développés. On trouve ainsi des sociétés spécialisées dans la gestion de catalogues de produits multiplateformes, ainsi que des sociétés qui gèrent des youtubeurs, les *Multi-Channel Networks* (MCN). Ces acteurs spécialisés contribuent à transformer des pratiques amateurs en pratiques professionnelles sur ces plateformes, devenant ainsi des acteurs plus ou moins importants de l'écosystème que la plateforme gère et développe.

EXEMPLE

Neteven, **Shopping Feed**, **Lengow** et **Sellermania** sont des solutions qui offrent la possibilité à un vendeur ou à une marque d'être présent sur plusieurs places de marché simultanément et de gérer les flux de publications de contenus (catalogues de produits), les flux de commandes, etc.

Monétiser les contenus générés par les utilisateurs

Dans les modèles de place de marché, la monétisation des inventaires des vendeurs tiers est aisée. Elle se traduit par une ou des commissions prélevées sur les ventes des vendeurs. Des frais additionnels peuvent parfois être facturés pour des prestations de services complémentaires, comme la prise en charge du stockage ou de la livraison. Il est possible de faire payer la visibilité sur la plateforme en permettant aux vendeurs d'être mieux classés ou plus visibles. Cela passe par un référencement payant dans le moteur de recherche de la plateforme ; c'est le modèle historique de Google, que l'on retrouve sur d'autres plateformes (App Store, Google Play). Il est également possible de faire payer la visibilité sur la plateforme en offrant la possibilité d'apparaître en haut d'un listing de produits (Leboncoin), ou grâce à de la publicité sur la plateforme (Amazon). Cela s'apparente à une forme nouvelle de *trade marketing* classique dans la grande distribution.

Concernant les autres modèles de plateformes aux contenus générés par les utilisateurs, la monétisation des contenus repose sur les modèles classiques de média. Trois modèles sont possibles :

- Un modèle de commercialisation des audiences auprès d'annonceurs comme une chaîne de télévision. Il existe bien sûr des spécificités propres aux inventaires publicitaires digitaux, puisqu'ils sont commercialisés en temps réel aux enchères en fonction des audiences présentes sur la plateforme (*Real-Time Bidding*, RTB), mais la logique est celle d'une valorisation des audiences par la publicité. On retrouve ce type de monétisation sur les plateformes de contenus comme les blogs (Blogger, WordPress.com), les plateformes de vidéos (YouTube), les plateformes musicales (Deezer, Spotify), les contenus professionnels (LinkedIn) et les plateformes d'images (Pinterest).
- Le deuxième modèle de monétisation est celui des contenus payants, comme il existe des chaînes de télévision payantes. C'est le modèle de certaines plateformes de contenus photo, comme Flickr ou 500px, et de vidéos de qualité comme Viméo. Ce n'est pas le modèle le plus répandu, du fait de l'importance des effets de réseau directs et des effets de réseau croisés (voir chapitre 1).
- Le troisième modèle est celui du freemium. Celui-ci consiste à rendre une partie du contenu payante ou certaines fonctionnalités payantes. C'est un modèle extrêmement répandu, car il tente de combiner les deux précédents (voir chapitre 1).

Rémunérer les contributeurs ?

Dans un modèle où les contenus sont le fait des utilisateurs, la question de leur rémunération est souvent posée. La plateforme qui gère et exploite les contenus doit-elle rémunérer les contributeurs ? Un nombre très limité de plateformes ont fait le choix de ce modèle, comme YouTube qui partage une partie de ses revenus publicitaires avec des youtubeurs ayant atteint un niveau d'audience élevé. Les conditions pour accéder à un tel partage de revenus avec YouTube n'ont eu de cesse de s'élever au fil du temps, limitant toujours plus le nombre de contributeurs éligibles.

EXEMPLE

En 2018, **YouTube** a durci les règles liées à la monétisation en ne permettant pas aux chaînes qui comptabilisaient moins de 10000 vues d'afficher des publicités. YouTube a remplacé cette règle par deux autres: les chaînes devront désormais être suivies par au moins 1000 abonnés et comptabiliser 4000 heures de vues sur leurs vidéos au cours des 12 derniers mois.

Les plateformes considèrent qu'elles n'ont pas à rémunérer les contributeurs, car ils accèdent à un service numérique gratuitement en contrepartie de leurs contenus.

Les limites des modèles UGC

Les modèles de contenus générés par les utilisateurs connaissent plusieurs limites qui ont trait à leur conception même : le nombre de contributeurs peut s'avérer problématique, tout comme les contenus publiés par les contributeurs. La concurrence de ces modèles bouscule les acteurs en place qui cherchent à modifier les cadres réglementaires pour bloquer le développement de ces acteurs.

Tous contributeurs ?

Les modèles de plateformes fondés sur les contenus générés par les utilisateurs reposent sur l'idée que les contributeurs sont nombreux et aisément atteignables. La réalité est assez différente avec une faible part des utilisateurs qui contribuent et une très large part qui consulte ou consomme uniquement. De fait, la proportion des contributeurs est souvent limitée, généralement moins de 5 % de la totalité des utilisateurs. Aussi est-il important de les gérer de façon approprier pour les fidéliser sur la plateforme. Le continuum d'engagement d'un utilisateur d'une plateforme débute avec l'utilisation, puis les commentaires, qui peuvent se résumer à des notes sur les produits ou les contenus ou des évaluations de contenus (*like*), les commentaires déjà moins nombreux, puis la conversation avec d'autres utilisateurs ou les animateurs de la plateforme, et enfin la création de contenus qui ne concernent qu'un faible nombre d'utilisateurs (voir figure 4.3).

Une erreur assez classique consiste à penser que l'ensemble des utilisateurs ont les capacités et l'envie de contribuer à la plateforme. La gestion de l'engagement constitue un enjeu crucial pour le succès des plateformes contributives et plus encore que l'engagement, c'est le maintien dans le temps de cet engagement qui demeure une clé de la réussite de telles plateformes.

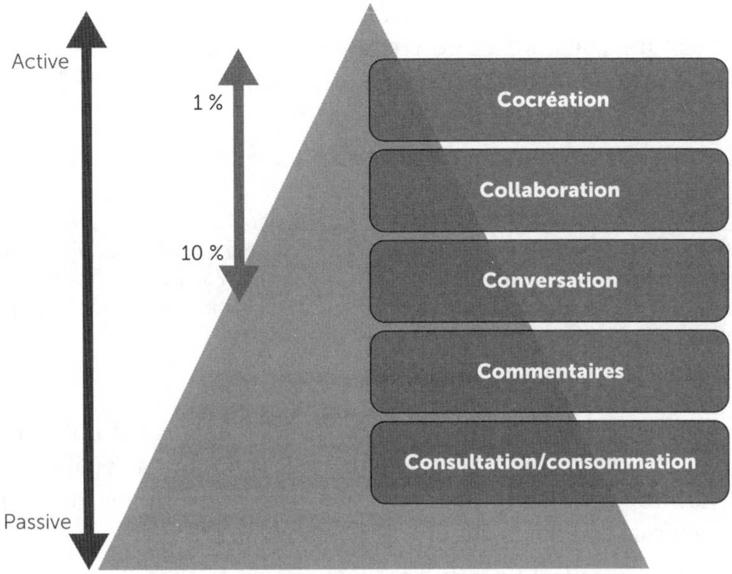

FIGURE 4.3. Pyramide d'engagement des utilisateurs

L'enjeu des contenus illicites et la modération

Les modèles de contenus générés par les utilisateurs, s'ils laissent la production aux utilisateurs, requièrent toutefois de nombreuses ressources pour gérer les contenus et leur licéité, et prévenir les comportements abusifs des utilisateurs de la plateforme. Ces externalités négatives, si elles ne sont pas gérées avec attention et sérieux, peuvent amoindrir la valeur des effets de réseau directs et mettre en péril le modèle lui-même (voir chapitre 1).

Si dans le cadre juridique actuel, les plateformes ne sont pas tenues responsables des contenus qui y sont déposés, elles doivent toutefois veiller au fait que ceux-ci ne violent pas un certain nombre de règles juridiques, comme la propriété intellectuelle ou la contrefaçon, que les contenus ne font pas l'apologie du terrorisme ou de la pédopornographie, et qu'ils ne contiennent pas de propos à caractère raciste ou discriminatoire. Cela peut également concerner le contenu des informations elles-mêmes (*fake news*) ou des publicités à caractère politique.

Cela nécessite la mise en œuvre d'une politique de modération des contenus. Celle-ci peut vite s'avérer coûteuse en ressources humaines et conduit souvent les acteurs à sous-traiter une telle activité à des tiers. C'est pourquoi le recours à des algorithmes de filtrage, qui interviennent avant la publication des contenus, est une pratique qui tend à se développer sur les plateformes de contenus, mais qui n'est pas forcément accessible à toute plateforme compte tenu des coûts de développement de tels algorithmes de filtrage.

EXEMPLE

YouTube a développé Content ID, un algorithme qui vérifie les droits d'auteur sur les contenus musicaux et cinématographiques. **Facebook** applique également des filtres aux images et vidéos, afin d'empêcher la publication de contenus pédopornographiques ou terroristes.

Mais il est encore difficile de détecter des contenus problématiques lorsque ceux-ci sont publiés en temps réel sous format vidéo ou qu'il s'agit de propos haineux ambigus dont aucun algorithme de *machine learning* n'est capable de comprendre le sens ou l'ironie.

Si les contenus peuvent par eux-mêmes être problématiques, le comportement des utilisateurs et des clients peut l'être également. Dans le cadre des relations commerciales et contractuelles d'une place de marché, le non-respect des règles entraîne généralement le déréférencement du vendeur. C'est le cas sur une place de marché comme Amazon. C'est également le cas sur Uber, où en deçà d'une note minimale, le chauffeur est déconnecté de la plateforme.

Mais d'autres comportements peuvent s'avérer plus difficiles à détecter et à exclure de la plateforme, comme le harcèlement d'autres utilisateurs. Ces comportements largement documentés par les travaux de recherche font l'objet de trop peu d'attention de la part des plateformes et conduisent souvent les utilisateurs harcelés à quitter la plateforme. Le départ des audiences et des utilisateurs conduit à affaiblir la valeur des effets de réseau, car il ne reste que des utilisateurs qualifiés de toxiques.

Ces enjeux conduisent les régulateurs à modifier le cadre réglementaire pour tenter de juguler ces phénomènes, mais sans réellement tenir compte de la diversité des plateformes et sans impliquer les utilisateurs eux-mêmes, ces régulations restent trop peu efficaces pour assainir le fonctionnement de ces plateformes de contenus.

Tous ces éléments mettent en évidence des limites à ce type de modèle qu'il importe d'intégrer dès la phase de conception. Les ignorer, c'est une assurance de les subir par la suite.

Le cadre législatif des plateformes contributives et collaboratives

Les modèles d'affaires qui mobilisent les utilisateurs et les clients constituent des remises en cause profondes des modèles existants tant par le fait qu'ils n'immobilisent pas de capitaux (Airbnb) que par l'absence de contrats de travail. Les réactions des acteurs en place pour exiger l'interdiction de tels modèles ou en limiter fortement la portée ont été nombreuses. Cela a été le cas pour les plateformes de location de logement, de chauffeurs, de livraison de repas, les places de marché, etc. Les modèles d'affaires questionnent des cadres légaux qui relèvent à la fois du droit commercial et du droit social. En combinant des logiques de marché et de l'entreprise, les plateformes perturbent profondément l'architecture juridique des échanges élaborée jusqu'à aujourd'hui. C'est donc une architecture juridique nouvelle qu'il est nécessaire de bâtir pour que ces modèles puissent trouver leur place dans le champ économique et social. Celle-ci se construit progressivement en Europe avec des règlements comme « Platform to Business » qui visent à réguler les pratiques sur les places de marché, mais elle peut parfois être aussi conçue pour limiter certaines potentialités de tels modèles, comme le futur règlement européen Digital Services Act. Le cadre légal en construction en Europe constitue donc une limite à certains modèles.

CAS D'APPLICATION

MANOMANO, LES VICISSITUDES DES CLIENTS COMME RESSOURCES

ManoMano est une start-up fondée en 2012 qui vend des articles de bricolage et de jardinage en ligne. Créée par Philippe de Chanville et Christian Raisson, c'est une place de marché se positionnant comme un intermédiaire de confiance entre les clients et les vendeurs de produits. ManoMano n'a ni stock ni logistique : ce sont les marchands qui expédient directement les commandes. Afin d'assurer une qualité de service optimum, la plateforme se porte garante d'une livraison conforme.

ManoMano référence 4 millions de produits, soit quarante fois plus que les très grands magasins Leroy Merlin ou Castorama. La plateforme a réalisé en seulement quelques années un volume d'affaires de 620 millions d'euros en 2019, une goutte d'eau au sein d'un marché évalué à 28 milliards en 2019. En tant que place de marché, elle valorise sa clientèle auprès d'offreurs et de marques qui utilisent la plateforme pour atteindre leurs clients. Ce modèle biface consiste à constituer une clientèle valorisée sur l'autre face, qui paie une commission et génère les revenus de ManoMano.

L'UNIVERS DE MANOMANO

Plusieurs sites proposent des services différents : ManoMano, SuperMano et ManoMano Network, une variété qui vise à construire une communauté soudée de bricoleurs s'échangeant des conseils et se soutenant mutuellement dans leurs projets.

L'offre en produits du site est alimentée et complétée par de nombreux contenus, en partie créés par les consommateurs sur les réseaux sociaux.

Outre les habituels blogs, ManoMano a également une chaîne YouTube très dynamique : elle cumule plus de 11 600 abonnés et plusieurs millions de vues. L'entreprise a aussi développé une « caisse à out's » : une communauté Facebook pour partager ses réalisations et échanger des conseils. Créée en novembre 2017, elle compte plus de 3 250 membres avec une dizaine de posts par jour. Enfin, le site contient plus de 300 fiches produits : dans chaque rubrique ou presque, un « bricoleur autodidacte », une « décoratrice » ou un « chercheur-bricoleur » rédige une fiche-conseil sur « comment choisir » son abri de jardin, son cordon antigel ou son type de parquet. La création de contenus par les clients eux-mêmes enrichit les fiches produits et facilite la conversion auprès d'autres clients. La publication de trucs et astuces par les clients de ManoMano sur les réseaux sociaux constitue également une autre forme de mobilisation des clients qui assistent d'autres clients ou prospects.

Par ailleurs, ce sont des clients qui se chargent du conseil. Il est prodigué via une fenêtre de conversation qui s'ouvre après quelques minutes de navigation sur le site. Les clients les plus motivés peuvent postuler pour devenir un Manodvisor (conseiller Mano) bénévole. Cependant, afin de convertir les contacts en ventes plutôt que de favoriser les échanges entre pairs non experts, ManoMano a également fait le choix de recruter des freelances passionnés de bricolage, anciens employés du bâtiment, artisans, bricoleurs expérimentés via la société iAdvize au travers de sa solution Ibbü. Garants de l'image de marque de la société, ils travaillent également le soir et le week-end, quand se font 60 % des transactions et alors que 70 % des opportunités de contacts sont généralement manquées par les marques, faute de ressources sur ces créneaux. D'après Chloé Martinot, responsable produits, le taux de conversation par cet outil de chat est de 20 %. ManoMano mobilise donc sous une seconde forme une partie de ses clients en allant jusqu'à les rémunérer sur la fonction d'assistance à l'achat.

UNE COMMUNAUTÉ DE BRICOLEURS

ManoMano a créé en 2015 une communauté de bricoleurs, SuperMano. Ce site, fermé en juin 2020, permettait de trouver un bricoleur parmi plus de 4 000 passionnés. La majorité de ces bricoleurs étaient des particuliers, même si le site était également ouvert aux professionnels. Parmi les 4000 bricoleurs, 1800 étaient qualifiés et certifiés par le site grâce à un QCM et des tests. ManoMano employaient deux personnes dédiées au recrutement de ces bricoleurs. Seules 20 % des candidatures étaient retenues et chaque compétence était évaluée par un test technique réalisé.

Les particuliers faisaient une demande sur la plateforme et sélectionnaient un bricoleur ; ce dernier recevait un SMS qui lui donnait l'exclusivité de la mission pendant une heure. Au-delà de ce délai et en l'absence de réponse, la demande était transmise à d'autres bricoleurs, le premier acceptant la mission la remportait. Afin de faire leur choix, les clients disposaient de la notation des prestations des bricoleurs et de commentaires d'anciens clients, ainsi que les photos des travaux qu'ils avaient réalisés. Le bricoleur devait amener chez son client la «petite quincaillerie», charge à ce dernier de s'occuper des «grosses fournitures». À la fin de la prestation, le bricoleur recevait un code de la part du client, code qu'il devait inscrire sur sa fiche mission directement sur le site, déclenchant ainsi le paiement de la mission. Un partenariat avec Allianz permettait d'assurer les différents acteurs de la plateforme, notamment en cas de destruction d'un bien chez les particuliers faisant appel aux bricoleurs qui n'avaient pas d'assurance professionnelle.

La fermeture de cette communauté de bricoleurs démontre la difficulté qu'il y a à garantir le bon fonctionnement d'une telle organisation. En l'occurrence, ce sont les nombreuses plaintes des clients sur la qualité des intervenants qui ont conduit ManoMano à prendre la décision d'arrêter l'activité de SuperMano. Gérer une communauté d'amateurs ou de semi-professionnels constitue donc une réelle compétence et des processus de sélection indispensables pour garantir la qualité des prestations, ce qui faisait manifestement défaut chez SuperMano.

MANOMANO NETWORK

Afin de promouvoir ManoMano, l'entreprise a développé un réseau d'affiliation de bricolage et de jardinage : ManoMano Network. Pour permettre de rediriger des clients potentiels vers l'univers ManoMano, des passionnés peuvent demander à pouvoir référencer les produits vendus par ManoMano. Les affiliés touchent 7 % de commission sur les produits vendus. L'offre s'adresse principalement aux blogueurs (liens d'affiliation dans les contenus éditoriaux et espaces publicitaires, monétisation du trafic du site), youtubeurs (lien d'affiliation dans la vidéo redirigeant vers le site de vente) et gestionnaires de communauté (recommandation de produits). Cette dernière forme d'implication des clients est assez commune, puisqu'elle vise à les transformer en apporteurs d'affaires grâce à un classique programme d'affiliation.

Le cas ManoMano illustre donc plusieurs modalités de la participation du client sur différents processus de la plateforme (démarchage commercial, conseil, assistance à la vente, installation). Il met en évidence les difficultés qui peuvent exister si les règles de gestion de la communauté ne sont pas suffisamment strictes du point de vue de la qualité de service.

CHAPITRE 5

CONCEVOIR ET GÉRER UNE PLATEFORME

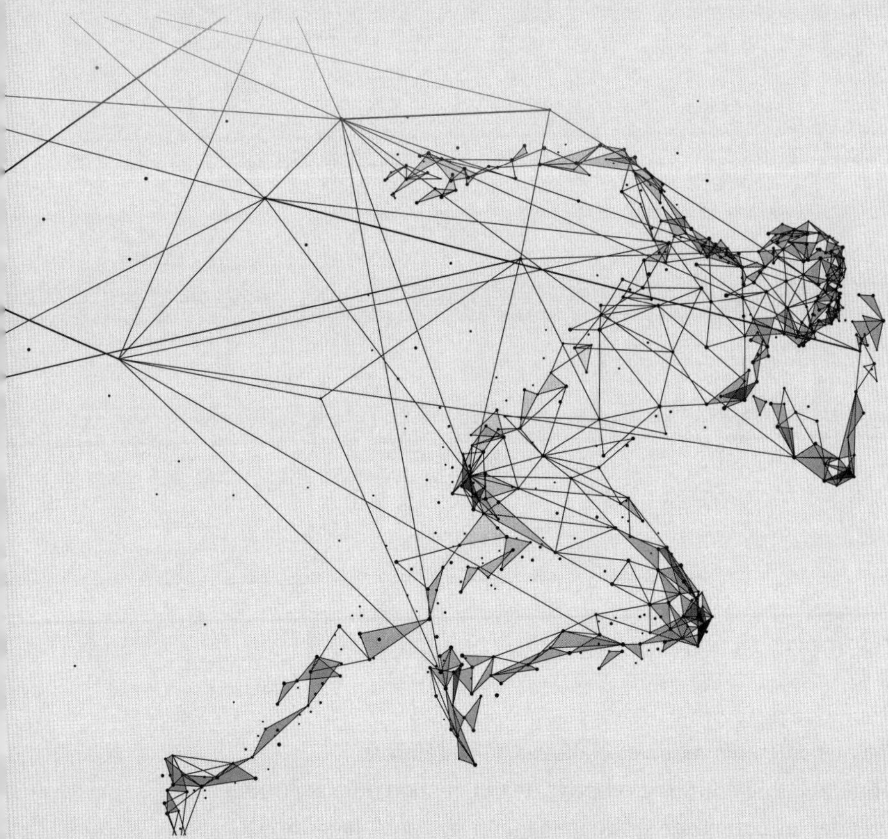

LES OBJECTIFS DU CHAPITRE

- Concevoir une plateforme.
- Identifier les différents modèles d'affaires de plateformes.
- Comprendre les différentes méthodes de conception de plateformes.
- Appréhender les composantes du management d'une plateforme.

La mise en réseau et la mise en données du monde ont fait émerger une nouvelle forme d'organisation des échanges, les plateformes. Nous avons identifié, dans les précédents chapitres, les dimensions fondamentales à l'œuvre dans le fonctionnement d'un tel modèle: l'importance des effets de réseau, le rôle central des données dans les mécanismes de création de valeur et de gestion de la plateforme, l'organisation et la gestion d'un écosystème, ainsi que le rôle de la cocréation de valeur avec les utilisateurs et les clients de la plateforme. Chacune de ces quatre dimensions constitutives d'une plateforme se retrouve de façon plus ou moins prépondérante dans les modèles déployés par les créateurs de ces plateformes.

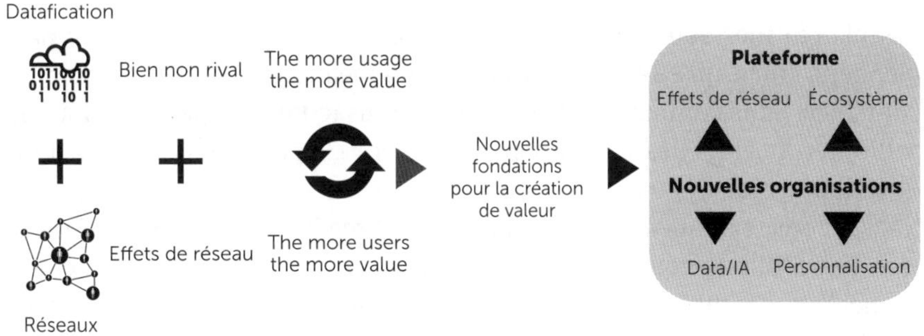

FIGURE 5.1. Logique d'émergence des plateformes

Le présent chapitre vise à fournir des méthodes pour concevoir une plateforme et en permettre la gestion. Il s'adresse aussi bien aux personnes désireuses de réfléchir à un modèle de plateforme en partant d'une feuille blanche qu'à celles qui souhaiteraient transformer leur modèle existant, autrement dit «plateformiser» leur entreprise. C'est le sens même de la transformation numérique des organisations.

Il existe une grande variété de modèles de plateformes. Aussi est-il nécessaire avant d'en concevoir une de maîtriser les différents types de plateformes : orientées innovation, orientée transaction, ou comme souvent à la croisée de ces deux grandes catégories. Plusieurs réflexions ont abouti au développement de méthodes d'analyse et de conception de plateformes. Chacune met l'accent sur l'une ou l'autre des dimensions que nous avons mises en évidence dans les chapitres précédents. Aucune à elle seule n'est satisfaisante dès lors que l'on réfléchit à la conception d'une plateforme. Nous les présentons donc en identifiant leurs spécificités et leur intérêt particulier pour mieux comprendre leur complémentarité.

Concevoir une plateforme est un premier enjeu, la gérer en constitue un second. Dans cette perspective, il convient d'identifier les différentes dimensions de la gestion d'une plateforme, qui diffère nettement de la gestion d'une entreprise, ne serait-ce parce qu'elle nécessite une transformation du management à l'ère numérique.

LA PLATEFORME, HYBRIDATION DE TROIS LOGIQUES

Les plateformes sont de puissants moteurs de transactions. Elles y parviennent parce qu'elles fournissent un nouveau type de mécanisme de confiance. Sans confiance, il n'y a pas de transactions. Cependant, loin de se limiter à cela, elles constituent également de puissants moteurs d'innovation. On distingue ainsi les plateformes orientées vers la gestion des transactions, typiquement les places de marché, des plateformes orientées vers l'innovation par des tiers. Entre les deux, de multiples plateformes combinent ces deux dimensions et sont parmi les plus puissantes au niveau mondial, à l'instar de Steam dans le jeu vidéo, Salesforce dans les logiciels aux entreprises, ou Amazon dans le *cloud computing*.

La plateforme, moteur de transactions

Les plateformes organisent la rencontre entre des offres et des demandes. À ce titre, ce sont des entreprises qui organisent des marchés. Elles créent de la valeur pour les acteurs qui décident de les utiliser, en offrant un cadre pour réaliser des transactions, ainsi que des outils et des fonctionnalités pour les faciliter.

En premier lieu, elles créent de la valeur par l'agrégation de l'offre et de la demande, ce qui évite aux offreurs de subir des coûts élevés d'acquisition de leur clientèle. La gestion de l'appariement et sa simplification par la plateforme réduisent les frictions du marché. Beaucoup d'offreurs et d'acheteurs acceptent de payer des frais de référencement et des commissions sur les transactions qui constituent pour eux des coûts de distribution de leur offre.

En second lieu, les plateformes transactionnelles génèrent de la valeur par des services complémentaires, comme le paiement ou la logistique, des services marketing additionnels ou des services publicitaires.

En maximisant les effets de réseau directs et croisés (voir chapitre 1), la plateforme transactionnelle augmentera le volume des transactions et donc son chiffre d'affaires. Ce volume de transactions sera d'autant plus important que le degré de confiance dans la plateforme sera élevé. C'est encore plus saillant dans les modèles transactionnels qui mettent en relation des offreurs et des demandeurs non professionnels.

Générer et gérer la confiance dans la plateforme est donc une dimension fondamentale de ces modèles, véritables moteurs de confiance.

La plateforme, infrastructure de confiance

La confiance est un mécanisme essentiel de l'activité économique. Sans elle, il n'y a pas d'échange, pas de transaction ; cela semble évident si l'on pense à une plateforme de covoiturage comme Blablacar ou à Uber, par exemple. Dès les débuts du commerce en ligne, la question de la confiance dans l'espace numérique est identifiée comme un enjeu central du développement des échanges dématérialisés.

Les plateformes sont de fait des infrastructures de confiance qui, par leur conception et leurs fonctionnalités, agissent comme des tiers de confiance dans les échanges numériques. Elles créent ainsi de la valeur pour les deux parties (offre et demande) dans la mesure où sans elles, ces transactions auraient peu de chances d'exister. En générant de la confiance, elles génèrent des transactions, donc de la valeur. De nombreux dispositifs leur permettent de créer et de gérer la confiance (voir figure 5.2).

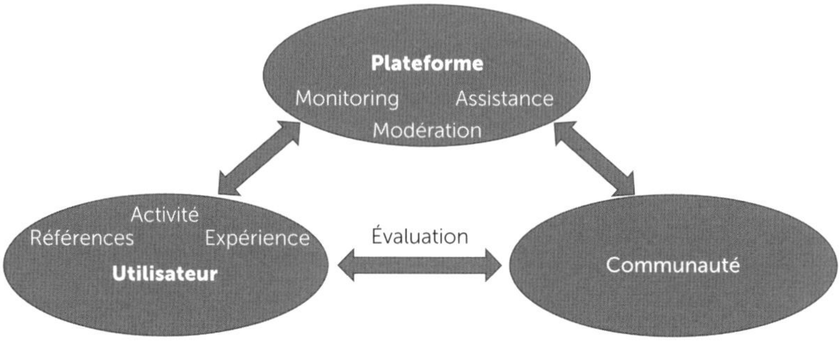

FIGURE 5.2. Dispositifs de confiance d'une plateforme

La plateforme a pour responsabilité le contrôle et la surveillance des activités de ses membres, afin de garantir un environnement sécurisé pour les transactions et les échanges. Que l'on soit une place de marché, un réseau social, une messagerie instantanée ou un magasin d'applications, il existe des membres aux comportements non conformes (ventes de produits frauduleux, harcèlement d'utilisateurs, commentaires déplacés sur les membres, etc.) qui nécessitent une action permanente et vigilante de la plateforme pour les détecter et les gérer. À cet égard, le recours à la communauté pour signaler ces comportements est essentiel, surtout sur des plateformes où le nombre d'utilisateurs est très élevé. Le recours à des algorithmes d'intelligence artificielle est souvent nécessaire lorsque le volume d'échanges est trop élevé.

La plateforme doit modérer les échanges pour s'assurer qu'ils respectent les lois et normes en vigueur (ventes de copies illicites, partage de contenus illicites, contenus terroristes ou pédopornographiques, propos haineux, etc.). Dans cette perspective, un service d'assistance aux utilisateurs est indispensable pour gérer les éventuelles survenues de tels actes.

La plateforme doit également vérifier les identités des parties dans les transactions, afin d'éviter les risques de fraude et d'assurer la sécurité des transactions. À cette fin, un profil d'utilisateur complet avec des éléments de réassurance comme la photo du membre est susceptible de rassurer les utilisateurs. Cependant, à elle seule, cette fonctionnalité n'est pas suffisante.

L'activité d'un utilisateur est importante pour construire la confiance. Plus un utilisateur de la plateforme réalise de transactions sur celle-ci, plus il y a de chance qu'il soit fiable. Une des missions de la plateforme consiste donc à les identifier, à les reconnaître et à les promouvoir, afin d'augmenter le nombre de transactions qu'ils génèrent dans une logique mutuellement bénéfique.

Dans cette perspective, l'activité en volume n'est pas à elle seule suffisante. C'est pourquoi l'expérience de la transaction doit aussi être l'objet d'une évaluation par les utilisateurs de la plateforme. Cette évaluation se traduit par l'existence d'un système de notation, généralement sous la forme d'une échelle à cinq points, complétée par des commentaires sur cette expérience de la transaction, ce que l'on nomme les avis clients. Ce mécanisme de feedback est central dans l'établissement de la confiance et de ce fait, a été adopté par toutes les plateformes.

Au-delà de la valeur de la note elle-même, c'est le nombre d'évaluations qui est, avec la distribution des notes, un aspect important de sa crédibilité, tout comme le fait que les avis ne soient pas polarisés sur la meilleure note. Aussi, la gestion des avis clients, leur affichage et leur contrôle sont essentiels. Certaines plateformes utilisent ces évaluations dans l'algorithme d'appariement, afin de favoriser les utilisateurs les mieux évalués. C'est là un élément capital dans la gestion de la qualité. Sur Uber, par exemple, les chauffeurs sont déconnectés en dessous d'une note minimale.

EXEMPLE

Blablacar, plateforme de covoiturage, agit comme une véritable plateforme de confiance entre des individus qui ne se connaissent pas et qui acceptent de voyager ensemble dans un même véhicule sur de longs trajets. Sans confiance, un tel système a peu de chance de se développer. Aussi la plateforme a-t-elle formalisé une approche globale pour créer et gérer la confiance, l'approche DREAMS: *Declare, Rated, Engaged, Activity Based, Moderated, Social*. Cette approche reprend les principaux éléments identifiés ci-dessus: vérification des identités des participants, évaluation des chauffeurs, modération des commentaires et partage des expériences.

La marque ou la labellisation par des organismes de certification sont aussi génératrices de confiance; il en existe par exemple sur les avis clients, base importante de la confiance des utilisateurs d'une plateforme.

La plateforme, moteur d'innovation

Les plateformes ne se limitent pas à la génération de transactions par le déploiement d'une infrastructure de confiance. Par leur conception et leur architecture, elles sont ouvertes à des tiers qui, sur cette base, peuvent développer des contenus, des services et des produits, ainsi que des données (voir chapitres 3 et 4). Les plateformes sont donc également un puissant générateur d'innovation, ce que la notion de générativité (voir chapitre 3) capture en partie.

Les plateformes d'innovation tirent parti des effets de réseau indirects et de la complémentarité d'offres élaborées par des tiers, les complémenteurs, dans l'écosystème que leur infrastructure technologique rend possible en organisant le partage de ressources au travers d'interfaces logicielles (SDK, API).

Les plateformes d'innovation sont la plupart du temps des plateformes logicielles comme Steam, Shopify, WordPress, Salesforce, WeChat, ou des systèmes d'exploitation comme Windows, iOS, Android, ou encore des plateformes de *cloud computing* comme Amazon Web Services et Azure de Microsoft.

La capacité innovante relève de trois dimensions complémentaires : l'architecture de valeur, l'architecture technologique et les capacités des complémenteurs.

L'architecture de valeur renvoie à la question de la valeur complémentaire est laissée à l'écosystème. Si celle-ci est trop limitée, alors il y a peu de chances que les complémenteurs rejoignent la plateforme. Si elle est trop importante, la plateforme aura des difficultés à contrôler son évolution et ses revenus.

L'architecture technologique est fondamentale dans ce type de plateforme, dans la mesure où son ouverture et sa modularité sont deux clés essentielles du fonctionnement de ce type de plateforme (voir chapitre 3). En effet, l'ouverture, au travers d'API et de SDK, est une condition *sine qua non* de l'existence d'un écosystème de partenaires. La modularité est, quant à elle, importante pour que les partenaires puissent utilement apporter une valeur qui puisse techniquement s'insérer à la plateforme.

À cet égard, **la sélection et la gestion des complémenteurs** sont essentielles à la réussite de la plateforme. Les partenaires qui détournent la plateforme de sa finalité et à leur propre avantage sont nombreux, comme les développeurs d'applications sur Android qui utilisent des jeux ou d'autres types d'applications pour collecter des données à l'insu des utilisateurs. De tels agissements nuisent à la plateforme.

Aussi est-il fondamental d'établir des règles claires qui s'imposent aux partenaires de la plateforme et qui permettent une régulation des comportements malveillants (voir chapitre 3). Le référencement et le déréférencement sont donc des phases logiques dans la gestion des partenaires.

Un des enjeux de ce type de modèle est la phase de démarrage, dans laquelle il faut inciter les tiers à produire des compléments afin de rendre attirante la plateforme pour les utilisateurs finaux. Cela peut passer par l'élaboration par la plateforme de certains compléments afin de guider et d'exemplifier les possibilités de celle-ci. Cela peut également consister à financer les premiers compléments afin d'amorcer la dynamique de compléments.

L'intérêt du modèle de plateforme pour les complémenteurs est d'offrir un système d'innovation spécifique qui combine deux aspects fondamentaux de l'innovation : la partie recherche et développement, et la partie commercialisation.

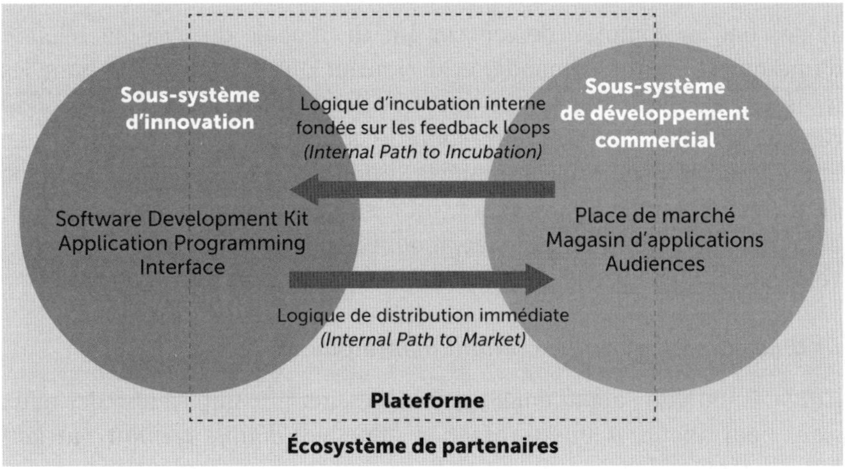

Source : adapté de Isckia *et al.*, 2020.

FIGURE 5.3. La plateforme comme système d'innovation intégré

La combinaison des deux sur un même espace facilite la gestion de l'innovation, notamment par des boucles de rétroaction permanentes de la part des utilisateurs de la plateforme (évaluations, avis clients, données d'usage). De fait, une plateforme est à la fois un moteur d'innovation (*Innovation Factory*) et un système de développement commercial (*Business Development*).

TYPOLOGIE DES MODÈLES DE PLATEFORMES

De nombreux modèles de plateformes ont été présentés dans les chapitres précédents. Sans revenir sur ceux-ci en détail, il importe toutefois d'identifier les grandes catégories de plateformes qui présentent des spécificités dans leur conception et leur gestion, et de saisir que nombre d'entre elles résultent d'une hybridation de différents modèles.

Les modèles de places de marché

Les deux dernières décennies ont fait émerger de nombreux modèles de places de marché qui peuvent être liés à la nature des échanges qu'elles organisent, à leurs modèles de revenus, ainsi qu'au rôle dévolu aux utilisateurs dans la cocréation de valeur.

Toutes ont en commun de reposer sur un modèle de mise en relation d'une offre et d'une demande, et de fournir une infrastructure pour les transactions. Elles sont toutes des modèles bifaces ou multifaces et se caractérisent par un enjeu de gestion de la liquidité (voir chapitre 1). La liquidité de la plateforme s'apprécie différemment en fonction du type de place de marché. À cet égard, on distingue deux grandes catégories de places de marché, selon la façon dont l'appariement entre acheteur et vendeur est opéré par la plateforme.

Double commit et single commit marketplaces

L'organisation de l'appariement peut nécessiter une implication des deux faces pour aboutir à une transaction effective (***double commit marketplace***), comme dans le cas des plateformes de recrutement. Dans ce cas, la liquidité est plus faible que sur les autres plateformes, dans la mesure où la finalisation d'une transaction nécessite un accord préalable des deux parties à la transaction, qui peut prendre du temps, car il nécessite une négociation entre l'offre et la demande. C'est notamment le cas sur les plateformes de recrutement où la négociation du contrat s'effectue en dehors de la plateforme, tout comme la clôture de la transaction. L'objectif prioritaire sur de telles places de marché est de faciliter la recherche de l'offre pertinente. Le moteur de recherche et les algorithmes d'appariement sont essentiels à ce modèle.

À l'inverse, il existe des plateformes où l'implication d'une seule face est requise pour clôturer la transaction (***single commit marketplace***). Dans ce type de place de marché, on distingue les *buyer picks* et les *supplier picks*. Dans le premier cas, l'acheteur peut finaliser directement la transaction sans avoir besoin de l'approbation du vendeur, comme pour la réservation d'un hôtel sur Booking. Dans le second cas, l'offreur valide ou non la transaction, comme sur Airbnb.

Enfin, dans le modèle *marketplace picks*, la transaction est automatique grâce à l'algorithme d'appariement de la plateforme qui attribue une offre directement à chaque demande, comme dans le cas d'Uber.

TABLEAU 5.1. Typologie des places de marché

Double commit	*Single commit*	
Place de marché *Double commit*	Place de marché *Buyer picks* *Supplier picks*	Place de marché *Marketplace picks*
L'acheteur et le vendeur doivent s'entendre pour finaliser la transaction.	Les offreurs mettent à disposition leur disponibilité et l'acheteur sélectionne l'offreur.	L'appariement de l'offre et de la demande est automatiquement réalisé par la plateforme grâce à des algorithmes.
LinkedIn, Monster	Blablacar, Booking, Airbnb	Uber

Dans le cas d'une place de marché *double commit*, la liquidité est plus faible que sur les autres plateformes, dans la mesure où la finalisation d'une transaction nécessite un accord préalable des deux parties, comme c'est le cas sur les plateformes de recrutement. L'objectif prioritaire sur de telles places de marché est de faciliter la recherche de l'offre pertinente. Le rôle du moteur de recherche, et en son sein des algorithmes d'appariement est donc crucial.

Les places de marché de type *buyer picks* améliorent la gestion de la liquidité en automatisant l'achat ou la réservation et en ne nécessitant pas d'interaction directe avec l'offreur. La gestion de la liquidité conduit donc à se focaliser sur la qualité de l'offre en identifiant les offreurs avec le taux d'utilisation le plus élevé de leur inventaire. Ils constituent des acteurs qui participent fortement à la liquidité de la place de marché. Il importe de les reconnaître comme tels et de leur offrir des outils supplémentaires pour mieux gérer leur présence et optimiser leur chiffre d'affaires.

Dans le cas des places de marché de type *marketplace picks*, la liquidité est supérieure aux deux types précédents, dans la mesure où l'appariement repose sur une standardisation forte de l'offre et sur le fait que l'appariement repose exclusivement sur la place de marché et non sur les offreurs et des vendeurs. Dans ce modèle, la vitesse d'appariement (*Time to Fill*) et la qualité de service sont des indicateurs clés pour mesurer le bon fonctionnement de la place de marché.

EXEMPLE

Uber mesure la satisfaction des deux faces du modèle en faisant évaluer à chaque course l'utilisateur et le chauffeur. Par ailleurs, l'indicateur clé de la liquidité de cette place de marché est le temps d'attente d'un utilisateur, qui ne doit pas dépasser les 3 à 5 minutes, afin d'éviter l'insatisfaction et le basculement d'utilisateurs sur d'autres services.

Cette typologie met également en évidence le fait que les plateformes de type *marketplace picks* fonctionnent souvent sur des logiques de temps réel, comme dans la livraison de repas (Deliveroo, Uber Eats), la mobilité (Waze) ou la publicité programmatique (AppNexus, DoubleClick), alors que d'autres ne nécessitent pas dans leur fonctionnement une réalisation en temps réel de la transaction. Cela a des conséquences dans la conception des algorithmes d'appariement.

Au-delà de ces indicateurs caractéristiques de la gestion d'une place de marché, un autre indicateur est central dans leur gestion et compréhension : le *Gross Merchandise Volume* (GMV) ou volume d'affaires brut. Le GMV d'une place de marché est le montant total des transactions réalisées sur une période sur la place de marché. Il est différent du chiffre d'affaires de la plateforme qui est constitué des seules commissions sur ce volume de transaction et des éventuelles ventes en direct. De façon générique, le chiffre d'affaires d'une place de marché se détermine comme suit :

Chiffre d'affaires = GMV × taux de commission + (ventes directes)

Outre l'organisation des transactions et la gestion de la liquidité, les plateformes se distinguent par la nature des transactions qu'elles autorisent.

Distinguer les places de marché en fonction des transactions qu'elles opèrent permet de mettre en évidence l'ampleur du déploiement de ces modèles et leur diversité. Celle-ci illustre des variations importantes dans l'exécution opérationnelle du modèle de place de marché (voir figure 5.4).

En effet, même si on demeure sur une place de marché, il existe de nombreuses différences dans la gestion opérationnelle entre une application de rencontres comme Tinder et une place de marché comme Cdiscount. Ce même Cdiscount est encore très éloigné d'un acteur du *cloud* comme Amazon Web Services, opérateur d'une place de marché de logiciels en mode service (SaaS).

FIGURE 5.4. Typologie des plateformes en fonction de la nature des transactions

Les investissements dans les infrastructures technologiques sont assez différents selon ces transactions. Investir pour développer une plateforme de *cloud* requiert de lourdes immobilisations de capitaux.

Les règles de gestion de ces plateformes diffèrent également en fonction de la nature des transactions : la régulation d'une application de rencontres n'a ni les mêmes enjeux ni les mêmes implications que celle d'un magasin d'applications.

À cet égard, les plateformes d'intermédiation du travail s'avèrent également différentes les unes des autres.

Les places de marché du travail

Les plateformes qui organisent l'appariement du travail (ou de tâches) sont nombreuses et renvoient à plusieurs logiques d'intermédiation : soit elles s'adressent à des personnes dont la seule activité est celle mise à disposition sur la plateforme et qui constitue donc leur activité professionnelle principale, soit elles s'adressent à des personnes pour lesquelles cette activité est accessoire et temporaire. Le second critère qui distingue les plateformes entre elles est la nature des tâches et leur contenu plus ou moins intensif en connaissances.

FIGURE 5.5. Les différentes formes de plateformes d'intermédiation du travail

Sur cette base, il est donc possible d'identifier quatre logiques de plateformes différentes :

- **Le travail tertiaire asynchrone** : il s'agit pour l'essentiel d'indépendants freelance qui exercent une activité à temps plein et qui la distribuent grâce à une plateforme de mise en relation. Qu'il s'agisse de chefs, de graphistes, de développeurs ou de consultants, leurs expertises spécialisées reposent généralement sur des diplômes ou des qualifications professionnelles reconnues.
- **Le travail tertiaire en temps réel géolocalisé** : ces plateformes organisent la mise en relation en temps réel d'une demande de transport ou de livraison, automatisée par un algorithme qui affecte l'offre à la demande et fixe le montant de la prestation automatiquement. La réalisation nécessite peu de compétences, car elle est assistée par des dispositifs numériques de géolocalisation. Ces prestations nécessitent peu de qualification et se limitent la plupart du temps à des marchés locaux urbains.
- **Les amateurs-pro** : ces plateformes offrent aux amateurs la possibilité d'exercer leurs talents dans différentes offres de prestation, qu'il s'agisse de la mise en vente de produits (Etsy), la cuisine (Meet My Mama) ou encore le dépannage de proximité. À la qualification se substitue la satisfaction du client comme mécanisme d'évaluation et de validation, exprimée par des notes et des commentaires sur la prestation gérée par

la plateforme qui joue ici un rôle de tiers de confiance. Cette logique est déterminante dans ce modèle de plateforme, du fait de l'absence d'une validation *ex ante* du niveau de qualification.

- **Les micro-tâches** : ces plateformes mettent à disposition des micro-tâches répétitives de nature variée qui sont très faiblement rémunératrices. C'est un travail à la tâche de l'ère numérique, souvent dénommé *digital labor* dans les travaux de sociologie. La plupart du temps, la réalisation de ces tâches ne nécessite aucune qualification spécifique.

Les infomédiaires : comparateurs et affiliation

Les infomédiaires sont des plateformes d'intermédiation entre des annonceurs et des consommateurs qui reposent sur la recherche d'un prix ou d'un produit. Elles se positionnent dans le cycle d'achat des clients soit dans la phase de découverte pour les plateformes d'affiliation, soit dans la phase de considération et donc de comparaison pour les moteurs de comparaison. Elles sont considérées comme des intermédiaires qui apportent une valeur par leur capacité de traitement de l'information afin d'informer les choix.

Les plateformes d'affiliation intermédient des sites qui ont une audience qualifiée à monétiser et des annonceurs qui cherchent à vendre un bien ou un service à ces audiences. Elles sont de véritables apporteurs d'affaires. Les comparateurs de prix ou d'offres n'en sont qu'une variante qui exploite la logique comparative dans la phase de choix. Les affiliés d'une plateforme génèrent des prospects qualifiés (*leads*) pour les annonceurs.

Les magasins d'applications

Les magasins d'applications ont été développés historiquement sur les consoles de jeux avant de s'étendre aux smartphones avec l'App Store d'Apple, le Google Play de Google, le Windows Store de Microsoft ou encore la plateforme de jeu en ligne Steam. Ils constituent une méthode de distribution des applications pour les systèmes d'exploitation. En instaurant les magasins d'applications, les éditeurs de systèmes d'exploitation contrôlent la qualité des applications et l'accès à leur plateforme (voir chapitre 3).

Mais les magasins d'applications ne se limitent pas aux seuls systèmes d'exploitation. On les trouve également dans les logiciels, notamment dans les logiciels distribués sous forme de service (Saas, *Software as a Service*).

Des logiciels comme Shopify, WordPress (voir chapitre 3) et PrestaShop ont tous des architectures ouvertes qui peuvent être complétées par des tiers qui ajoutent ainsi des fonctionnalités à la solution logicielle de base. Afin de gérer la compatibilité et d'organiser la distribution de ces compléments, le magasin d'applications constitue une solution robuste.

Les opérateurs de *cloud computing* procèdent également de la sorte en déployant des magasins d'applications qui peuvent être installés en plus de l'hébergement qu'ils fournissent. Amazon Web Services possède une offre logicielle très développée sur son *cloud*.

Dans tous les cas de figure, les magasins d'applications constituent des places de marché pour les développeurs et les utilisateurs. Les développeurs peuvent facilement distribuer leur logiciel et être rémunérés moyennant une commission. Pour les utilisateurs, cela simplifie la découverte d'applications et l'installation de celles-ci. On trouve des fonctionnalités classiques d'une place de marché dans les magasins d'applications : classement, curation de l'offre, appariement, évaluation des offreurs et avis clients. Il existe plusieurs manières de concevoir et d'organiser un magasin d'applications :

TABLEAU 5.2. Typologie des magasins d'applications

	Spécialisation fonctionnelle	Finalité générale
Contrôle centralisé	Place de marché fermée Crédit Agricole Store Saxo Bank US Army	Place de marché éditée Apple App Store Amazon App Store
Contrôle décentralisé	Place de marché spécialisée AppChina Yandex Store Taobao App Marketplace	Place de marché ouverte Appslib JollaStore

Source : adapté de Ghazawneh et Henfridsson, 2015.

Les magasins d'applications fermés s'apparentent à des places de marché contrôlées par un seul acteur qui a le pouvoir de décider des applications présentes dans le magasin d'applications. C'est le cas de l'Armée américaine ou des banques Crédit Agricole ou Saxo Bank, qui contrôlent leur propre magasin d'applications.

Les places de marché éditées correspondent à des places de marché ouvertes à tous les producteurs d'applications, mais contrôlées par un seul acteur qui impose des règles strictes pour produire des applications et les distribuer. Dans ce modèle, le propriétaire du magasin d'applications peut révoquer des applications qui ne respectent pas ses règles, comme c'est le cas avec l'App Store d'Apple.

Les places de marché spécialisées sont un type de magasin d'applications numériques où le contrôle est réparti entre de nombreux acteurs dans un écosystème et le champ des applications est spécialisé. Comme dans le cas des marchés ouverts, les développeurs d'applications peuvent généralement télécharger et distribuer leurs applications sans contrôle strict. Les marchés chinois d'applications numériques AppChina, Taobao App Marketplace et Appzil en sont des exemples. Ils répartissent le contrôle entre plusieurs acteurs et se spécialisent dans les conditions d'utilisation des applications. Ce contrôle peut porter sur l'inspection des virus, comme dans le cas du magasin Yandex qui s'appuie sur Kaspersky Lab.

Les places de marché ouvertes sont un type de magasin d'applications où le contrôle est réparti entre de nombreux acteurs dans un écosystème et les applications sont généralement destinées au grand public. Dans le cas idéalisé, il n'y a que peu ou pas de contrôle exercé sur les applications que les développeurs échangent avec l'utilisateur final en utilisant le marché comme lieu de rencontre. Un exemple de ce type de marché est AppsLib, qui est l'un des nombreux marchés populaires et indépendants pour les appareils Android. Les utilisateurs sont autorisés à naviguer et à télécharger de la musique, des livres, des magazines, des films, des programmes de télévision et des applications. AppsLib est partenaire avec plus de trente fabricants d'appareils Android. Le processus de soumission et d'approbation de AppsLib est distribué entre tous les partenaires. En outre, AppsLib permet aux développeurs tiers de choisir les appareils sur lesquels leurs applications apparaîtront.

Les modèles de contenus générés par les utilisateurs

Le Web a connu dans sa première décennie de développement une importante mutation : les contenus accessibles sont progressivement devenus le fait des utilisateurs eux-mêmes, plutôt que d'éditeurs de sites. L'apparition d'outils faciles d'usage pour éditer des contenus comme WordPress (voir chapitre 3) et l'évolution des technologies pour éditer des contenus Web (*rich media*, RSS, *podcast*, etc.) ont conduit des millions d'utilisateurs à produire des blogs et des sites. Rapidement, des plateformes de partage de contenus ont également vu le jour, comme Flickr pour les photos et YouTube pour les vidéos. Cette phase de développement du Web est dénommée Web 2.0, même si l'idée des pionniers du Web a toujours été l'édition et le partage de contenus. Si cela ne s'est pas produit au démarrage du Web, force est de reconnaître que les outils à disposition réservaient cela à une très petite minorité d'informaticiens.

Puis, l'arrivée de Myspace, réseau social centré sur la musique, et de Facebook a popularisé les fonctions de partage de contenus avec un réseau d'amis. Dès lors, les sites fondés sur l'édition et le partage de contenus se sont multipliés pour devenir une catégorie centrale du Web avec l'arrivée des smartphones équipés d'un appareil photo et d'une caméra vidéo.

Cette transformation du Web a profondément perturbé les modèles d'affaires de l'industrie des médias, tels que les journaux, les radios ou les télévisions. Ces médias fondés sur l'émission d'informations éditorialisées grâce à des protocoles propres à chaque média se sont trouvés confrontés à une généralisation de la conversation entre récepteurs et émetteurs autour des contenus partagés.

TABLEAU 5.3. Typologie de la production de contenus à l'ère numérique

	Médias classiques	Médias sociaux
Utilisateur passif	Diffusion de contenus produits par des journalistes et édités	Consommation de contenus UGC
Utilisateur actif	Production de contenus pour les médias classiques	Production de contenus générés par les utilisateurs

Source: adapté de Jensen, 2008.

Ce type de modèle d'affaires de plateforme repose généralement sur un modèle de revenus publicitaires ou un modèle freemium, voire une combinaison des deux (voir chapitre 1). Plusieurs enjeux lui sont propres, comme la gestion de l'engagement des utilisateurs, le choix de l'organisation et la présentation des contenus (curation), tout comme la gestion des contenus indésirables (illicites, propos haineux, etc.). Les réseaux sociaux s'appuient sur ce modèle qu'ils augmentent en ajoutant la gestion des conversations entre les membres.

Il est à noter que certains modèles de place de marché reposent sur la vente de produits fabriqués par les membres et non sur des contenus strictement numériques. C'est le cas de la plateforme spécialisée dans le fait main Etsy. Des plateformes comme La Belle Assiette ou Meet My Mama peuvent également être considérées comme des plateformes commercialisant des produits réalisés par les membres.

Les réseaux sociaux

Le phénomène de mise en réseau du monde s'est traduit par l'émergence d'un nouveau type de service numérique, le réseau social. Rapidement, ce type de service est devenu très populaire. Plusieurs plateformes dépassent désormais les dizaines de millions d'utilisateurs quotidiens (Facebook, Instagram, Pinterest, Twitter, Snapchat, WeChat). Facebook dépasse même le milliard d'utilisateurs quotidiens (*Daily Active Users*, DAU).

Les réseaux sociaux se distinguent également par leur finalité, personnelle ou professionnelle. Dans le cadre des réseaux sociaux professionnels, de grands réseaux mondiaux se sont imposés, comme LinkedIn, mais ils cohabitent avec d'autres réseaux sociaux spécialisés, comme Xing dans le monde germanophone et ResearchGate dans le monde académique.

Aux côtés de ces grands réseaux sociaux, existe une foultitude de réseaux sociaux spécialisés sur des thématiques spécifiques (le vin, la photo, la mode, etc.) qui rassemblent des communautés plus restreintes, mais passionnées par un sujet.

Les fonctionnalités d'un réseau social se définissent par l'existence d'un graphe social, c'est-à-dire non pas un simple carnet de contacts, mais un carnet de contacts incluant les liens et leur intensité entre ces personnes. Les fonctionnalités de base d'un réseau social sont la publication de contenus (textuels, photo ou vidéo) qui peuvent faire l'objet d'interactions entre les membres. Ainsi, les fonctionnalités d'appréciation (*Like*), de commentaire (*Comment*) et de partage (*Share*) sont désormais considérées comme des caractéristiques d'un réseau social numérique.

Ces fonctionnalités peuvent être intégrées à des services qui, à leur démarrage, ne sont pas des réseaux sociaux, comme Spotify, service de streaming musical qui intègre des logiques de socialisation des contenus d'un utilisateur, qu'il s'agisse d'une écoute ou d'une playlist.

Cette généralisation des fonctionnalités et l'évolution des modèles de réseaux sociaux ont conduit à les considérer comme des médias sociaux, c'est-à-dire comme une nouvelle catégorie de média à part entière, qui rivalise avec les médias historiques.

Les réseaux sociaux reposent sur des modèles de revenus publicitaires (Facebook, Instagram, Pinterest), l'affiliation (Pinterest, Instagram), le modèle freemium (LinkedIn), le modèle sur abonnement (Xing) ou une combinaison de ces différents modèles (voir le cas d'application du chapitre 1 sur LinkedIn).

Les réseaux de données

Les réseaux de données sont une illustration de la mise en données du monde (voir chapitre 2). Ces services numériques collectent, analysent et transforment au travers d'une application de grands ensembles de données. Waze illustre typiquement ce type de plateformes (voir chapitre 2). Yelp et Netflix en sont une autre variation : ils collectent des données et des évaluations pour améliorer les recommandations aux utilisateurs. Tous ces réseaux de données ont des effets directs sur le réseau, c'est-à-dire qu'une fois les données de chaque utilisateur ajoutées au réseau, la valeur du service fourni par le réseau augmente pour chaque utilisateur.

Les effets de réseau directs sont donc importants pour collecter des données en volume, mais il existe souvent un seuil à partir duquel toute nouvelle donnée devient inutile à l'amélioration du service (voir chapitre 1). C'est pour cette raison que les effets de réseau directs sont plus limités que dans le cas des réseaux de communication.

Les modèles d'affaires des réseaux de données reposent soit sur des modèles de revenus de type freemium (Citymapper), soit sur un financement par la publicité (Yelp, Waze) ou la monétisation des données (PatientsLikeMe).

Les réseaux de communication

Les réseaux de communication prennent la plupart du temps la forme d'applications de messagerie instantanée comme Skype, WhatsApp, Messenger, WeChat, Telegram et Signal. Souvent simple fonctionnalité d'une plateforme, comme Messenger de Facebook, elles deviennent des services numériques à part entière grâce aux nombreuses fonctionnalités qu'elles incorporent : gestion d'appels, visioconférence, gestion de groupes, ajout d'autocollants dans les messages, chiffrement de bout en bout des échanges. Les plateformes de messagerie reposent massivement sur les effets de réseau directs (voir chapitre 1), c'est-à-dire sur leur capacité à attirer de nombreux utilisateurs qui augmentent la valeur du service.

Plusieurs de ces messageries cherchent au travers de l'ajout de fonctionnalités (*chatbot*, paiement) à devenir des plateformes plus complètes que de simples outils numériques de communication. WhatsApp a ainsi intégré la publicité dans certains pays et offre aux marques la possibilité de gérer une interaction avec leurs clients grâce à des fonctionnalités accessibles au travers d'une API. Seule la messagerie chinoise WeChat a réussi une telle transformation en devenant une plateforme combinant messagerie avancée, plateforme de paiement et plateforme de commerce.

EXEMPLE

WeChat est une messagerie instantanée chinoise lancée en 2011 par le géant chinois du numérique Tencent. Mais cette application va bien au-delà. Créée à l'origine comme une application d'échange de messages textuels, elle intègre rapidement les appels vocaux, la personnalisation des émoticons et la fonction «Moments» qui offre le partage d'images, des filtres pour les photos et des mini-jeux. La fonction «Shake» permet, en secouant son téléphone, de proposer aléatoirement des profils très proches géographiquement qui utilisent eux aussi l'application. Si l'utilisateur aime le profil qui s'affiche, il peut lui envoyer un message et entamer une conversation. La fonction «Drift Bottle», véritable version numérique d'une bouteille à la mer, sert à envoyer aléatoirement à un utilisateur du texte et des messages vocaux. La fonction «Hold to Talk» aide à enregistrer des messages vocaux pour les envoyer. «Friends Radar», comme son nom l'indique, trouve, une fois activée, des utilisateurs de WeChat dans le voisinage, qu'il est possible d'ajouter à sa liste de contacts.

Toutes ces fonctions sont présentes sur WeChat dès 2012, bien avant que d'autres messageries proposent des fonctionnalités similaires (Snapchat, WhatsApp), et depuis la plateforme intègre d'autres fonctionnalités qui modifient profondément son usage, notamment en Chine. La lecture de QR codes, la fonction de paiement en font une véritable plateforme d'e-commerce et un portefeuille électronique accepté dans la très grande majorité des commerces en Chine. WeChat est une application qui permet de prendre rendez-vous chez un médecin, de réserver un taxi et de payer dans un magasin.

Les systèmes d'exploitation

Les systèmes d'exploitation sont parmi les premières plateformes numériques identifiées et largement étudiées, du fait de leur omniprésence et de leur importance pour les autres plateformes qui reposent sur eux. Issus du monde informatique, les systèmes d'exploitation se sont multipliés au fil des années dans les consoles de jeux, les cartes à puces, les smartphones, mais aussi les véhicules (OS embarqué) et les objets connectés, comme les téléviseurs.

Les systèmes d'exploitation offrent un environnement pour développer des applications tierces et sont, de ce fait, certainement les plateformes sur lesquelles les effets de réseau indirects sont les plus puissants (voir chapitre 1), tout comme les effets de réseau croisés. La complémentarité des logiciels au système d'exploitation augmente réellement la valeur du système d'exploitation. De ce fait, les marchés de systèmes d'exploitation sont très souvent duopolistiques ou oligopolistiques (Windows, macOS, Linux sur le PC ; iOS Android dans le mobile). Les effets de verrouillage sont potentiellement puissants, du fait des standards techniques et des enjeux d'interopérabilité des systèmes entre eux et avec les logiciels. Il existe des systèmes ouverts, comme Linux, qui ont été en partie conçus pour limiter ce type d'effets en utilisant des licences logicielles *open source*.

Un des enjeux stratégiques de ce type de plateforme est la gestion des effets de verrouillage en regard de l'évolution technologique de la plateforme. En effet, faire évoluer le système d'exploitation nécessite souvent de modifier des couches basses du système et de générer des incompatibilités avec les versions précédentes des logiciels ou des jeux, complémentaires avec le système d'exploitation. L'enjeu technique comporte donc des risques commerciaux évidents, si les utilisateurs ne basculent pas dans la nouvelle version du système d'exploitation, du fait notamment du coût de renouvellement de la bibliothèque logicielle complémentaire. Aussi, selon les modèles de systèmes d'exploitation ouverts ou contrôlés, il existe plusieurs stratégies génériques pour gérer cet enjeu (voir tableau 5.4).

TABLEAU 5.4. Les stratégies génériques de migration

	Contrôle	Ouverture
Comptabilité	S1 : Migration contrôlée Ex : Windows, Office	S2 : Migration ouverte Ex : OpenOffice
Performance	S3 : Pari de la performance Ex : Sony PS3 ⇨ PS4	S4 : Discontinuité Ex : Android

Source : adapté de Shapiro et Varian, 1999.

La logique de compatibilité entre les différentes versions d'un système fournit l'assurance d'une rétrocompatibilité avec les versions antérieures. Elle est fondamentale pour maintenir la puissance des effets de réseau et le nombre d'utilisateurs.

La logique de performance correspond au choix d'une rupture technologique entre les versions. Si elle apporte aux utilisateurs qui l'adoptent des performances supérieures, elle les coupe des bibliothèques logicielles précédentes et représente de ce fait un coût de migration. C'est la manifestation du fait que les effets de réseau indirects (complémentarité des biens) finissent par jouer le rôle d'effets de verrouillage.

Le degré de contrôle est exercé de façon importante par des entreprises en position dominante dans la diffusion d'une nouvelle technologie. Le contrôle total peut découler d'une supériorité technologique absolue qui conduit des entreprises à contrôler unilatéralement les standards et les interfaces. C'est le cas des systèmes d'exploitation de Microsoft et d'Apple. Le niveau de contrôle effectif se traduira par un contrôle sur :

- les effets de verrouillage et par conséquent, les coûts de changement pour les clients ;
- les biens complémentaires (écosystème) ;
- la propriété intellectuelle (barrières à l'entrée, royalties) ;
- la base installée (accès aux clients) ;
- la chaîne de valeur (partage de la marge).

Le degré d'ouverture correspond au choix qui peut s'imposer lorsqu'aucune entreprise n'est assez puissante pour dicter les standards ou déstabiliser un concurrent installé. Google a ainsi choisi Android pour concurrencer Apple sur le marché des OS mobiles. Une grande prudence est alors de mise car il s'agit de renoncer au contrôle de la technologie pour en assurer le lancement. Cela se traduit souvent par des modifications du système ouvert comme il y en a eu de nombreuses avec Android (Samsung avec Tizen ou HTC, ou encore les opérateurs chinois qui développent leur propre Android). Cela fragmente d'autant le système et crée souvent des enjeux non négligeables de compatibilité pour les développeurs qui font face à de nombreuses versions plus ou moins compatibles.

Les systèmes d'exploitation sont avant tout des écosystèmes (voir chapitre 3) : lorsqu'un composant prend de la valeur, les autres en profitent nécessairement (effets de réseau indirects). Aussi la frontière entre ouverture et contrôle n'est pas toujours évidente. Il existe des approches intermédiaires : une entreprise peut adopter une stratégie ouverte, mais conserver un contrôle sur les modifications ultérieures. Apple licencie certains composants techniques qui augmentent la valeur de son écosystème avec le label « Made for iPhone », laissant à des tiers le soin de compléter ses produits (écouteurs, chargeurs, coques, etc.).

Les quatre stratégies de migration

Quatre stratégies génériques découlent de ces logiques :

- **La migration contrôlée**. Elle consiste à offrir aux clients une technologie nouvelle, mais compatible avec celle qu'ils utilisent déjà. C'est typiquement la stratégie de Microsoft avec Windows pendant de nombreuses années (Windows XP, Vista, Seven, Windows 8). Pour l'utilisateur, elle ne nécessite pas (en principe) de compétences supplémentaires par rapport aux versions précédentes afin de réduire ses coûts d'apprentissage. Cette stratégie peut s'interpréter comme une forme dynamique de différenciation produit, avec des versions pour différents segments du marché. Une telle stratégie réduit la concurrence potentielle d'une nouvelle entreprise qui chercherait à dépasser le système existant en pariant sur la performance de son produit, car cette stratégie capitalise sur la base installée existante et la puissance des effets de réseau. Une telle approche limite l'innovation ou la contraint fortement.
- **La migration ouverte**. C'est la stratégie la plus appréciée des consommateurs. Le nouveau système d'exploitation est offert par de nombreux fabricants et les coûts de changement sont faibles pour les clients. Cette stratégie est la plus intéressante si l'avantage de l'entreprise réside essentiellement dans la capacité de production afin de bénéficier d'un vaste marché du fait de l'accord général sur les spécifications. C'est la stratégie des logiciels avec une licence *open source* qui offre un accès au code informatique du système avec un format de fichiers ouvert et des spécifications techniques utilisées par de nombreux offreurs. Cette stratégie est de plus en plus présente pour accélérer la constitution de la base installée et imposer un standard technique au marché.
- **Le pari de la performance**. C'est la plus risquée des quatre stratégies. Elle consiste à introduire un système d'exploitation propriétaire. Elle se conçoit lorsque l'avantage est principalement fondé sur le développement

d'une technologie radicalement nouvelle qui offre des avantages substantiels par rapport à celles qui sont déjà sur le marché. Cette stratégie est attractive pour les entreprises nouvellement venues sans base installée d'utilisateurs, car elles peuvent plus facilement ignorer les problèmes de rétrocompatibilité.

- **La discontinuité**. Cette stratégie correspond au choix d'un nouveau système d'exploitation incompatible avec les systèmes existants, mais offert par de nombreuses entreprises. C'est la stratégie choisie par Google lors de son entrée sur le marché de la téléphonie avec un OS *open source* non compatible avec les plateformes existantes de l'époque : iOS, Symbian, Windows Phone. C'est une stratégie risquée surtout s'il existe des effets de réseau indirects puissants, car elle oblige à des coûts de changement pour les partenaires et les développeurs. Google choisit le langage Java pour son SDK, car il veut réduire les coûts de changement pour les développeurs d'applications.

Les modèles hybrides

Dans la pratique, s'il existe des modèles purs, nombre de plateformes combinent de fait plusieurs modèles afin de maximiser la valeur des différents effets de réseau (voir chapitre 1). Dès lors, de nombreuses combinaisons sont possibles entre une place de marché, un réseau social structuré en communauté d'intérêts autour de ces échanges, un média social, etc.

Notons que la plupart des grandes plateformes assemblent différents modèles. Facebook est un réseau social et une place de marché publicitaire, tout comme Pinterest est un réseau social centré sur les objets et une plateforme d'affiliation. En outre, Facebook comporte un magasin d'applications de jeux et une place de marché. Les éditeurs de systèmes d'exploitation utilisent de plus en plus des magasins d'applications pour gérer la valeur de leur écosystème et le contrôler (voir chapitre 3), et certains magasins d'applications développent un système d'exploitation comme Steam avec SteamOS. De nombreuses autres plateformes cherchent la combinaison de modèles, notamment après avoir débuté par un seul modèle qu'elles complètent au fur et à mesure de leur développement.

EXEMPLE

Vivino est une application lancée en 2011 au Danemark qui permet de scanner une étiquette de bouteille de vin pour en connaître les caractéristiques et organiser une cave. Elle débute par une plateforme de réseau social centrée sur les amateurs de vin. Chaque utilisateur de l'application possède un profil de consommation. Il est possible d'inviter ses amis et de suivre leur profil. Les utilisateurs partagent leur consommation, leur découverte ou déception en notant chaque bouteille dégustée. À ce réseau social est ajoutée une place de marché dans laquelle les utilisateurs peuvent acquérir des bouteilles découvertes grâce au réseau social. L'application utilise également les données du profil de consommation de l'utilisateur pour lui recommander des vins qu'il est plus susceptible de préférer.

Houzz est un service en ligne de rénovation et de décoration d'intérieur, qui permet à un individu de trouver l'inspiration grâce à une rubrique de partage de photos de rénovation d'intérieur qui fonctionne comme le réseau social Pinterest spécialisé sur la rénovation. Un utilisateur peut ainsi se créer un profil pour conserver des photos et les partager avec un professionnel. Les professionnels sont présents sur la plateforme et peuvent présenter leur activité et leurs réalisations. La plateforme joue le rôle de mise en relation. Houzz offre aussi un vaste ensemble de produits de partenaires sur lesquels elle se rémunère par des commissions. La plateforme comporte également une section magazine dans un objectif inspirationel. Enfin, elle a développé une suite logicielle complète à destination des professionnels pour gérer les projets et les chantiers.

Ces exemples démontrent l'intérêt de combiner des modèles dans la mesure où ils permettent de monétiser une première étape de constitution d'une base d'utilisateurs (communautés, réseau social). L'hybridation de modèles permet également de définir une stratégie de développement en ajoutant des fonctionnalités nouvelles à la plateforme initiale. La difficulté dans l'hybridation de modèles réside dans la cohérence des fonctionnalités et la gestion des parties prenantes, notamment les communautés initiales.

EXEMPLE

Ssense est une place de marché canadienne spécialisée dans la vente de produits de mode et de luxe. En 2018, elle a acquis Polyvore, une communauté d'intérêt autour de la mode créée en 2007. Les utilisateurs de Polyvore créaient des tableaux rassemblant différents produits qu'ils avaient repérés et les partageaient avec leur réseau social. Polyvore était également une plateforme d'affiliation qui se rémunérait en commissions sur les ventes générées depuis sa plateforme. Les utilisateurs de Polyvore n'ont pas apprécié le rachat par Ssense et la plupart ont fermé leur compte, limitant l'intérêt de l'acquisition pour Ssense et le changement de modèle.

COMMENT CONCEVOIR UNE PLATEFORME ?

Pour concevoir un modèle d'affaires de plateforme, il est nécessaire de s'appuyer sur une méthode qui permettra aux décideurs d'identifier le potentiel de plateformisation de son activité, l'architecture de la valeur dans un écosystème, les ressources, les partenaires qui composeront l'écosystème, ainsi que les fonctionnalités et les services que la plateforme proposera. Il existe à ce jour peu de méthodes adaptées aux modèles de plateformes. Le modèle du *Business Model Canvas* est souvent mobilisé à cette fin, mais il repose sur une conception de la valeur qui renvoie à celle d'une entreprise et non d'une plateforme. En revanche, la méthode du *Platform Stack* permet une première approche globale du projet de plateforme. Elle ne peut à elle seule suffire, mais peut être complétée par l'approche la plus complète à ce jour, le *Platform Design Toolkit* 2.1.

Identifier le potentiel de plateformisation

Nombre d'entreprises existantes observent la montée en puissance des plateformes dans de nombreux secteurs (commerce, transport, hôtellerie, programmation, livraison, etc.). Leur interrogation porte sur la nécessité de se transformer en plateforme ou de rejoindre une plateforme. Cette dernière option est évidemment la plus facile, sans qu'elle offre à l'entreprise une certitude sur son indépendance et sa pérennité. Aussi, la question de devenir une plateforme se pose. Cette transformation profonde du modèle d'affaires n'est pas simple à opérer tant le changement de paradigme de création de valeur est fondamental. Ce ne sont plus les mêmes ressources que l'on agence ; la technologie joue un rôle essentiel dans l'orchestration et de nouvelles relations doivent être construites avec un écosystème lui-même à faire émerger. Se lancer dans une telle transformation doit donc se faire en ayant acquis la certitude que la plateformisation est la voie du futur et que l'entreprise a clairement identifié ce choix stratégique. Dans cette perspective, il existe deux approches : la matrice de plateformisation et le *Platform Opportunity Exploration Guide*.

La matrice de plateformisation

Cette matrice identifie la tendance à la plateformisation d'une industrie et permet d'éclairer la prise de décision sur l'opportunité de mettre en œuvre une plateforme plutôt que d'autres options stratégiques.

La tendance d'une industrie à la plateformisation est affectée par sa **réceptivité** aux modèles de plateformes et par sa protection contre les plateformes. La réceptivité s'évalue selon quatre critères :

- **L'intensité informationnelle** de l'industrie. Plus une industrie aura l'information comme source de valeur, plus elle offrira une opportunité pour la plateformisation.
- L'existence d'**entreprises en position de verrouillage du marché** (*non scalable gatekeepers*). Plus une industrie est verrouillée par des acteurs puissants (centrale d'achats, édition), plus le potentiel de disruption est élevé.
- **Le degré de fragmentation** de l'industrie. Plus un marché est fragmenté, plus l'opportunité d'agréger les contenus par une plateforme est élevée, car la plateforme réduit les coûts de recherche et de distribution.
- L'existence d'**asymétries informationnelles**. Plus elles sont élevées, plus il existe une opportunité pour les lever et organiser les échanges entre les acteurs grâce à une plateforme.

La **protection** s'évalue selon trois critères :

- Le **degré de régulation** de l'industrie. La régulation d'une industrie favorise toujours les acteurs existants et défavorise les nouveaux entrants, et donc les plateformes qui voudraient pénétrer ces industries (c'est le cas d'Uber sur le marché des taxis).
- Les **coûts de l'échec**. Plus ils sont élevés, moins il est pertinent de plateformiser l'activité. Recommander le mauvais morceau de musique est moins risqué que de recommander le mauvais médecin.
- L'**intensité en ressources**. Plus les ressources physiques sont importantes et constituent des coûts fixes élevés, moins les stratégies de plateformisation sont pertinentes.

En croisant ces deux dimensions (réceptivité et protection) et en évaluant chacun des critères sur une échelle (faible, moyenne et forte), on construit la matrice d'intensité de la plateformisation dans une industrie (voir figure 5.6). Elle identifie trois zones qui constituent autant de décisions de lancer ou non une stratégie de plateformisation.

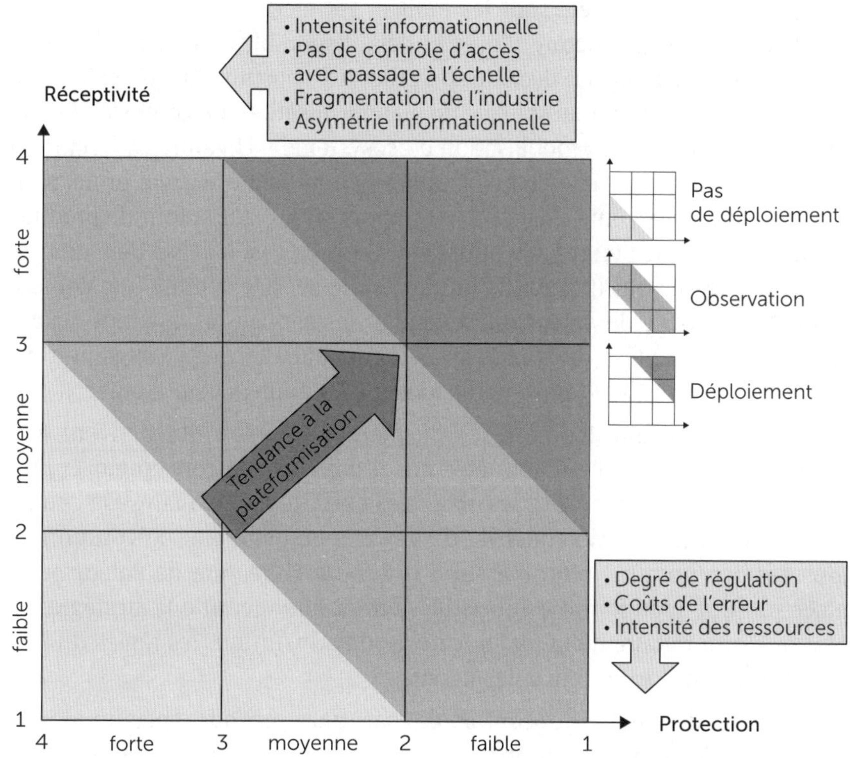

FIGURE 5.6. Matrice d'intensité de la plateformisation dans une industrie

La zone en haut à droite de la matrice correspond à une industrie dans laquelle il est parfaitement envisageable de lancer une stratégie de plateformisation Dans la zone intermédiaire, la stratégie est beaucoup plus risquée d'un point de vue opérationnel ou réglementaire; il serait donc plus prudent d'attendre des évolutions avant de se lancer. Dans la dernière zone, en bas à gauche de la matrice, la stratégie de plateformisation n'a aucune chance de prospérer.

Le Platform Opportunity Exploration Guide

La méthode du *Platform Opportunity Exploration Guide* complète cette analyse sur les opportunités de plateformisation. Elle évalue l'opportunité de s'engager dans une telle démarche en cartographiant les expériences existantes dans l'environnement de l'entreprise. Elle identifie comment l'écosystème interagit et quels sont les entités, les médiateurs, les courtiers et les éléments d'infrastructure d'ores et déjà disponibles. Elle postule qu'un marché qui fonctionne en deçà de son potentiel constitue un contexte particulièrement propice à une stratégie de plateformisation. Ce contexte d'application est dénommé la « mobilisation d'écosystème ». Un autre cas récurrent est celui d'un acteur cherchant à utiliser l'approche de plateforme pour organiser un écosystème existant, ou qui pourrait exister autour de produits ou de services que l'entreprise offre déjà. Dans ce cas, il existe déjà un écosystème d'agents qui utilisent le produit ou le service comme une composante de la chaîne de valeur qui amène à des services à plus forte valeur ajoutée : le concepteur de la plateforme peut souhaiter mieux organiser cet écosystème, en facilitant des interactions à plus haute valeur ajoutée.

Elle identifie ensuite les modèles de plateformisation qui peuvent être utilisés, les atouts qui peuvent être mis à profit par le concepteur et propriétaire de la plateforme, et les obstacles existants. Elle analyse la chaîne de valeur, en termes de couches, de valeur perçue, d'état d'évolution de tous ses composants, pour s'assurer qu'une architecture de valeur organisée par une plateforme est possible. Enfin, elle identifie la stratégie, en tant que propriétaire de la plateforme, pour transformer les règles du jeu, en renouvelant l'expérience des clients.

Cette méthode peut être complétée par une seconde spécifiquement centrée sur les transformations internes de l'entreprise, afin qu'elle s'insère dans une logique écosystémique nécessaire à la mise en œuvre d'une stratégie de plateforme. Cette méthode, appelée *Entrepreneurial Ecosystem Enabling Organization*, a été largement éprouvée par l'entreprise chinoise Haier qui a pu systématiser une culture entrepreneuriale en interne et développer une approche écosystémique.

Les limites du *Business Model Canvas*

Les méthodes de canevas stratégiques qui se sont développées à partir des années 2010, comme le *Business Model Canvas*, sont largement utilisées pour initier des réflexions sur un modèle d'affaires. Cette méthode d'analyse repose sur un modèle graphique représentant trois composantes essentielles de l'entreprise : les dimensions marketing, financières et stratégiques.

L'outil s'avère peu adapté pour représenter les modèles d'affaires de plateformes. En effet, l'écosystème de partenaires dans le modèle de plateforme est difficile à représenter. Son importance disparaît dans une telle représentation. Par ailleurs, lorsqu'on souhaite appréhender une plateforme dans laquelle les utilisateurs sont à la fois clients et offreurs, la représentation proposée est peu opérante. Plus encore, la logique de coconstruction de la proposition de valeur par les différents acteurs de l'écosystème est impossible à représenter dans ce canevas, car sa logique repose sur l'hypothèse centrale que seule l'entreprise la définit.

Par conséquent, le *Business Model Canvas* n'est pas adapté pour représenter de façon pertinente ce qui fait la singularité des modèles de plateformes.

La pertinence de la méthode *Platform Canvas*

Dans son ouvrage *Platform Scale* (2015), Choudary propose une analyse du modèle de plateforme qui constitue une première approche pertinente de ces modèles d'affaires. Cette approche représente une plateforme à partir d'un modèle à trois couches qui s'articulent les unes aux autres (voir chapitre 2, figure 2.12).

- **La couche transactionnelle**. Elle rassemble les différents acteurs qui échangent sur la plateforme. Elle assure une fonction d'attraction des parties prenantes. C'est la couche visible des utilisateurs de la plateforme, celle où s'échange la valeur et où se réalisent les transactions. Elle se matérialise par une application mobile ou un site Web. Elle est dotée de fonctionnalités qui enrichissent le moteur de transactions. De très nombreux modèles d'échanges sont ici possibles.
- **La couche de l'infrastructure**. La couche précédente ne saurait exister sans une infrastructure matérielle et logicielle. Cette couche technologique est fondamentale, car sans elle, il n'y a pas de plateforme numérique. Elle facilite les transactions par ses différentes fonctionnalités. Cette couche technologique inclut les composants matériels comme les serveurs sur un *cloud*, les logiciels, les applications mobiles et sites

Web, et les micro-services qui les composent, les SDK ou API. Elle peut inclure des terminaux comme des capteurs physiques et des enceintes connectées.

- **La couche des données**. Elle est plus ou moins importante selon les modèles de la couche de transaction (voir chapitre 2). Elle est également dynamique dans la mesure où son importance est différente au démarrage de la plateforme, qui débute avec peu de données, et lors de la phase mature dans laquelle l'exploitation des données pour construire des modèles auto-apprenants pour améliorer la plateforme est fondamentale (voir chapitre 2).

Cette pile (*stack*) se compose de trois couches complémentaires qui s'articulent les unes aux autres par leurs composants (voir figure 5.8).

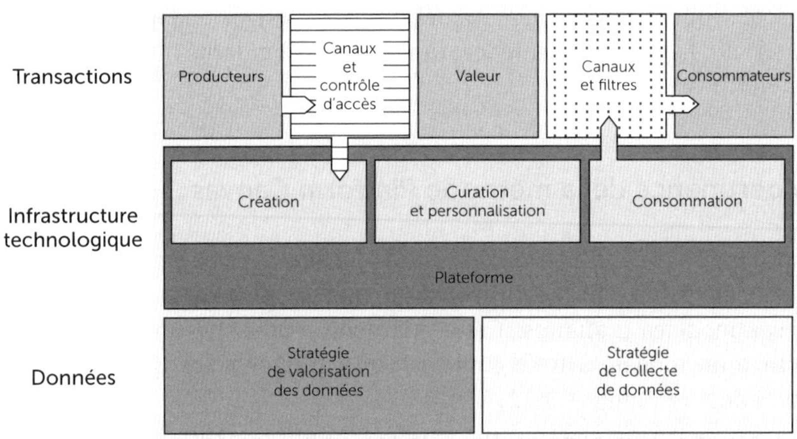

Source: Choudary (2015).

FIGURE 5.8. Les composants du Platform Stack

La couche transactionnelle rassemble l'offre et la demande présentes sur toute plateforme. Elle distingue donc les offreurs, les chauffeurs par exemple sur la plateforme Uber. Ceux-ci accèdent à la plateforme par différents canaux, site Web et application mobile, mais aussi les centres physiques pour les chauffeurs. Cet accès est généralement contrôlé sur toute plateforme et révocable selon différentes conditions que chaque plateforme fixe. Par exemple, il est nécessaire de contrôler l'identité des personnes sur certaines plateformes, leur permis de conduire et la licence VTC dans le cas d'Uber. Cet accès peut être suspendu en cas de non-respect des conditions d'utilisation de la plateforme (note minimale sur la base des évaluations des clients non atteinte). Il importe donc de définir qui accède à la plateforme selon quelles conditions.

Réciproquement, on retrouve la même logique du côté des utilisateurs de la plateforme. La plateforme est accessible par le biais de différents canaux (application mobile, site Web, etc.) et les utilisateurs ont la possibilité de filtrer les offres de la plateforme à l'aide de fonctionnalités spécifiques (évaluation des offreurs, recommandations personnalisées, moteur de recherche, fonction de tri, etc.). Il importe donc de définir ces modalités de filtrage essentielles pour garantir l'expérience de l'utilisateur sur la plateforme et faciliter la génération de transactions entre l'offre et la demande.

Dans la couche technologique (*infrastructure*), l'approche distingue trois composants clés : la création des offres et leur gestion par les producteurs, la consommation de ces offres par les utilisateurs, et les mécanismes qui fluidifient les transactions sur toute plateforme, la curation des contenus et la personnalisation.

Les mécanismes de curation de l'offre sont essentiels dans toute plateforme, dans la mesure où l'agrégation de nombreux offreurs conduit à des logiques d'abondance de l'offre (voir chapitre 2) face à laquelle la plateforme doit offrir des mécanismes de simplification du choix à tout utilisateur de la plateforme. La curation signifie que la plateforme effectue des sélections d'offres sur la base de différentes logiques : meilleures ventes, prix, avis clients, algorithmes de recommandation, etc.

Les mécanismes de personnalisation sont un moyen de faciliter les transactions en automatisant, sur la base de préférences déclarées ou révélées (par les comportements de navigation, de recherche et d'achats), les propositions de transactions à l'utilisateur. Dans cette perspective, la capacité à exploiter les données d'usage de la plateforme est donc fondamentale.

La dernière couche est la couche des données, que nous avons détaillée au chapitre 2. Rappelons qu'une plateforme doit dès sa conception définir une stratégie de collecte de données d'usage de sa plateforme (*capture*), afin d'accumuler des données qui pourront par la suite enrichir et améliorer l'expérience des utilisateurs. Une fois la stratégie de collecte définie, la stratégie de valorisation (*currency*) doit être définie. Celle-ci se décompose principalement en deux possibilités : une valorisation interne des données pour renforcer l'efficacité de la plateforme, et une valorisation externe pour monétiser les données à des tiers (voir chapitre 2).

Pour pertinente qu'elle soit, la méthode du *Platform Canvas* est essentiellement analytique et fournit une heuristique plus qu'une méthode détaillée de construction d'une plateforme. Elle constitue donc une première approche utile que l'on complétera par le *Platform Design Toolkit*.

La méthode du *Platform Design Toolkit*, excellent complément

Platform Design Toolkit a été développé pour appréhender les modèles de plateformes. Il a évolué au fur et à mesure de son utilisation par des entreprises ou des universitaires. Dans cette représentation, la dimension écosystémique est clairement identifiée, ainsi que la coconstruction de la valeur par les différents acteurs de la plateforme. La méthode se décompose en huit canevas qui proposent une progression dans la réflexion et la conception d'une plateforme. Tous sont disponibles gratuitement en ligne, accompagnés d'un guide pratique en français (https://platformdesigntoolkit.com/toolkit/#download).

La démarche consiste à identifier les différentes parties prenantes de l'écosystème, les transactions possibles entre ces acteurs et les services qui rendent possibles ces transactions (moteur de transactions), les facilitent et les développent (moteur d'apprentissage). L'objectif du moteur de transactions est de créer et d'améliorer des canaux pour réduire le coût d'interaction (permettant plus d'interactions à de petits acteurs économiques). En rendant les interactions plus faciles et rapides, en réduisant les coûts d'interaction entre les producteurs et les consommateurs de valeur, les plateformes agrègent et facilitent les interactions dans les plus petites niches du marché. L'objectif du moteur d'apprentissage est de bâtir une plateforme apte à faire face à un monde VICA (Volatile, Incertain, Complexe, Ambigu). La plateforme offre une opportunité d'apprentissage accéléré, des moyens de trouver de nouvelles opportunités et d'affiner de nouvelles capabilités. La promesse d'une stratégie de plateforme est essentiellement que l'apprentissage sera accéléré en étant « dedans » plutôt qu'en restant « dehors ».

Les huit canevas s'enchaînent logiquement :

1. ***Ecosystem Canvas***. La conception débute par l'*Ecosystem Canvas* qui cartographie les différentes parties prenantes de la plateforme. Il distingue le propriétaire de la plateforme, celui qui la conçoit, la gère et

la fait évoluer (*Platform Owner*). Les utilisateurs de la plateforme se décomposent en deux catégories : ceux qui consomment uniquement les services de la plateforme (*Peer Consumers*) et ceux qui sont des contributeurs à la plateforme (*Peer Producers*).

2. ***Ecosystem Entity***. Ce canevas formalise une image cohérente du contexte des différents agents de la plateforme : ce qu'ils essaient de réaliser, avec qui et comment ils tentent de se connecter, quel potentiel ils peuvent exprimer et quel type de gains d'expérience ils recherchent – et par conséquent, ce que la plateforme devrait fournir comme capacités de facilitation.
3. ***Ecosystem Motivation Matrix***. Cette matrice analyse ensuite le potentiel d'échange de flux de valeur : le type d'échange de valeur que les entités effectuent déjà (ou tentent de réaliser) et le type de valeur supplémentaire qu'elles pourraient échanger si cela était facilité par la plateforme.

Ces trois premiers canevas ébauchent une logique d'orchestration d'écosystème. Il est possible de compléter cette analyse par la méthode de l'*Ecosystem Pie Model* présentée au chapitre 3. Elle complète cette première approche en identifiant les mécanismes de capture de la valeur possibles sur les transactions identifiées, les logiques d'interdépendances et les risques associés pour les différents acteurs de l'écosystème qu'organise la plateforme.

4. ***Transactions Board***. Cette matrice détermine comment l'écosystème échange de la valeur sur les entités et les relations qui sont retenues dans la démarche. La matrice doit identifier les mécanismes qui aident les acteurs à créer de la valeur de manière plus simple, moins coûteuse et plus rapidement, en fournissant et en sélectionnant les canaux et les contextes qui rendront les interactions et les transactions plus probables.
5. ***Learning Engine Canvas***. Ce canevas consiste à identifier les services, les fonctionnalités et les types de support qui aideront les acteurs de l'écosystème à adopter la plateforme. Ces services les aideront à évoluer, à émerger de la foule, à devenir de meilleurs producteurs et consommateurs et, en fin de compte, à subir une évolution radicale qui leur permettra d'explorer de nouvelles opportunités et comportements non prévus au départ et de rester des acteurs contributifs à la plateforme qui seront reconnus comme tels.

6. ***Platform Experience Canvas***. Ce canevas permet la conception formalisée d'une expérience qui synthétise la ou les propositions de valeur fondamentales issues de la phase de conception stratégique et qui, plus que d'autres, est considérée comme essentielle pour la stratégie de plateforme. Avec ce canevas, on assemble les éléments issus du ou des *Transactions Boards* et ceux issus du *Learning Engine Canvas*. Ce canevas doit amener une réflexion sur le modèle de soutenabilité de cette expérience, couvrant ainsi les éléments de base de la modélisation économique, les ressources et composantes à mettre en place et à gérer pour offrir cette expérience, et comment en extraire de la valeur.
7. ***Minimum Viable Platform Canvas***. Ce canevas permet de tester dans le monde réel si toutes les hypothèses de conception ont un potentiel ou non. En examinant les résultats de la conception, en particulier le ou les canevas *Platform Experience*, on extrait les hypothèses les plus risquées de la stratégie et on met en place des expériences et des mesures pour les valider avec l'écosystème. Comme pour le *Minimum Viable Product*, cette méthode permet de développer une plateforme en se concentrant sur les fonctions clés et d'itérer grâce à des logiques d'apprentissage rapide (*test and learn*).
8. ***Platform Design Canvas***. C'est le canevas final et l'aboutissement de la méthode. Ce canevas synthétise en une seule représentation les éléments clés de la méthode et permet de présenter les aspects saillants de la plateforme. Il ne constitue pas en soi un outil de conception, mais plutôt un outil de synthèse et de présentation. Il identifie les acteurs et leurs interactions sur la plateforme. Comme pour le *Business Model Canvas*, il identifie la proposition de valeur de la plateforme, mais celle-ci se décompose en trois éléments distincts caractéristiques du modèle de plateforme : la proposition de la plateforme elle-même, la proposition de valeur complémentaire (*Ancillary Value Proposition*) et l'infrastructure qui matérialise la plateforme et rend possible cette création de valeur.

La partie centrale (*Core Value Proposition*, *Ancillary Value Propositions*, *Infrastructures and Core Components*) est une architecture de la valeur qui permet la génération de transactions (*Transaction Engine*) entre les différents utilisateurs de la plateforme (*Peer Consumers*, *Peer Producers*, *Partners*). À cette fin, elle conçoit une expérience au travers de différents canaux (application mobile, site Web, objet connecté, magasin, etc.) et contextes où elle fournit des services différenciés aux différentes catégories d'utilisateurs. La représentation différentie à gauche les éléments que conçoit et gère la plateforme, et à droite la dynamique d'animation d'un écosystème.

Pour intéressante et complète que puisse apparaître cette méthode de conception, elle laisse de côté plusieurs aspects d'un modèle de plateforme, notamment les questions d'infrastructures technologiques, le rôle et la valorisation des données, ainsi que la tarification des services de la plateforme.

Enrichir les méthodes du *Platform Stack* et du *Platform Design Toolkit*

Infrastructure et données

Dans un monde numérique, aucune plateforme ne se conçoit sans porter une attention particulière à l'infrastructure technologique sous-jacente sans laquelle elle n'existe pas. Si les approches précédentes n'ignorent pas le sujet, force est de reconnaître qu'elles le minimisent ou le résument à des choix génériques sans montrer les enjeux et conséquences de ces choix.

Concevoir la plateformisation d'une entreprise de construction automobile ne requiert pas les mêmes technologies que la plateformisation d'une offre de tourisme responsable. Dans le premier cas, de nombreuses technologies entrent en ligne de compte pour capter différentes données essentielles à une telle plateformisation (image en temps réel, distance, vitesse, temps, trafic, position géographique, paramètres du moteur et du véhicule). Des technologies GPS, LiDAR, électronique embarquée et capteurs divers sont indispensables pour la capture des données et le fonctionnement de la plateforme qui construira des services pour des véhicules connectés.

L'infrastructure de stockage et de traitement arrive ensuite comme un second prérequis. L'hébergement de volumes considérables de données en temps réel amène assez rapidement au choix d'une infrastructure de *cloud computing*. Ce choix nécessite une analyse préalable conséquente et minutieuse tant d'un point de vue strictement technologique, que d'un point de vue juridique et financier. En effet, l'hébergement de certaines données ne peut se faire que dans certaines zones géographiques

(Europe pour les données personnelles d'une plateforme européenne, par exemple). Il existe des contraintes réglementaires spécifiques pour certaines catégories de données, comme l'hébergement des données bancaires ou des données de santé.

En ce qui concerne le rôle des données dans un modèle de plateforme (voir chapitre 2), il importe de veiller à identifier dès la phase de conception trois enjeux majeurs :

- **Les cadres juridiques applicables aux données**. Ils ont de fortes conséquences sur les méthodes de collecte et les traitements envisageables et leurs coûts (stockage, anonymisation, chiffrement, etc.). C'est particulièrement le cas sur les données personnelles en Europe et les données dites sensibles (données de santé, par exemple ; voir chapitre 2). À cet égard, les enjeux diffèrent entre des activités centrées sur le B2C et le B2B dans lesquelles les données personnelles sont moins présentes et offrent des perspectives de valorisation différentes.
- **La stratégie de collecte**. Quelles sont les données nécessaires et centrales dans la création de valeur de la plateforme et pour les complémenteurs ? Comme on l'a vu au chapitre 2, construire des modèles auto-apprenants nécessite de collecter des données bien avant de pouvoir les construire et les déployer. Aussi faut-il en phase de conception identifier les données qui auront de la valeur à terme pour la plateforme et débuter leur collecte. Par quels mécanismes cette collecte s'effectue-t-elle ? Par le biais de quelles technologies ? Sont-elles stables ? Évolutives ? Quelle dépendance la plateforme forme-t-elle par sa stratégie de collecte de données ? Existe-t-il des alternatives ? Toutes ces questions doivent être abordées lors de la phase de conception d'une plateforme.
- **Les stratégies de valorisation des données**. Collecter des données sans objectifs précis n'a guère de sens et n'est pas possible dans le cas des données personnelles, où la collecte doit être finalisée pour être licite. Comme on l'a vu au chapitre 2, les données par elles-mêmes n'ont guère de valeur et nécessitent la mise en œuvre d'une chaîne de traitements pour en acquérir. À cet égard, il importe de prendre en considération les compétences humaines capables de se saisir de ces données et de réaliser ces traitements. C'est un enjeu de gestion fort de ressources humaines et d'organisation que d'être en mesure d'attirer les compétences nécessaires, les retenir et les organiser pour délivrer une vraie valeur ajoutée et des services performants à la plateforme (voir chapitre 2).

Le pricing des services et des fonctionnalités de la plateforme

Bâtir une plateforme nécessite d'expliciter son modèle de revenus. Il s'agit d'identifier les sources de ces revenus en ayant en tête les enjeux liés à la nature même du modèle.

Au premier rang de ces enjeux figure la maximisation des effets de réseau, dimension fondamentale de l'économie d'une plateforme. Comme on l'a vu au chapitre 1, il importe de ne pas se tromper dans la conception de la tarification des services de la face qui supporte les frais. Une telle erreur peut anéantir une stratégie de plateformisation (voir le cas d'application du chapitre 1).

Afin de maximiser les effets de réseau, il importe dans un second temps d'identifier le mécanisme de la gratuité de certains services et du modèle de tarification freemium (voir chapitre 1). Là encore, trouver la bonne stratégie de tarification n'est pas chose aisée et varie fortement d'un secteur d'activité à un autre. Il s'agit donc, dans la phase de conception des différents services de la plateforme, d'identifier les services de base qui constitueront un socle gratuit et les fonctionnalités ou services à valeur ajoutée pour lesquels les utilisateurs ont une disposition marginale à payer plus élevée. Plus encore, il est nécessaire de concevoir les incitations qui pousseront les utilisateurs à progressivement basculer vers les services payants afin d'améliorer la rentabilité de la plateforme.

Dans cette perspective, la méthode de l'*Ecosystem Pie Model* (voir chapitre 3) identifie les occasions de capture de la valeur dans l'écosystème, quand la plateforme peut prélever une partie de la valeur d'une transaction entre acteurs de l'écosystème, sous prétexte que celle-ci n'aurait pas lieu sans elle. En complétant cette approche par celle du *Platform Design Toolkit*, notamment en identifiant grâce aux canevas *Transactions Board* et *Learning Engine Canvas* les différentes transactions, les entités rattachées et leur disposition marginale à payer et les conséquences d'une tarification sur les effets de réseau directs.

Un dernier aspect doit faire l'objet de beaucoup d'attention dans la conception de ce modèle de revenus. Il importe, en effet, de veiller à la juste rémunération des contributeurs et des complémenteurs de la plateforme. Si une très grande partie des utilisateurs de la plateforme considèrent que la gratuité du service est une contrepartie à l'utilisation de leurs données d'usage de la plateforme, il importe de veiller à une rémunération des utilisateurs les plus contributifs à celle-ci. Si cette répartition est trop déséquilibrée, elle entraîne des tensions fortes dans la gestion de la plateforme.

EXEMPLE

YouTube a plusieurs fois modifié la rémunération des streamers sans jamais réussir à convaincre ceux-ci que le système de rémunération leur était favorable. Nombre d'entre eux, dont les streamers de jeu vidéo, ont migré vers la plateforme Twitch d'Amazon qui offre des possibilités plus grandes de monétisation de leurs audiences.

Apple a été très critiquée pour sa politique de commission sur l'App Store, sur lequel elle prélève la première année 30 % des ventes d'une application payante, puis 15 % du montant des transactions les années suivantes ou sur les abonnements.

Une fois la phase de conception achevée, il importe de saisir les particularités de la gestion d'une plateforme qui diffère par maints aspects de la gestion d'une entreprise.

COMMENT GÉRER UNE PLATEFORME ?

Le management stratégique d'une plateforme

Les décisions stratégiques

Les décisions stratégiques d'une plateforme doivent avoir comme mesure de leur efficacité la maximisation des interactions qui prennent place sur la plateforme. Si l'économie de l'entreprise est souvent résumée par la fonction de maximisation du profit, celle d'une plateforme se résume parfaitement par la maximisation des interactions qui y prennent place.

Les décisions concernant chaque composant de la plateforme doivent avoir comme seul horizon cet objectif stratégique, car c'est la condition de survie et de développement de la plateforme. Cet objectif stratégique de premier ordre se comprend aisément par l'importance des effets de réseau dans le modèle de la plateforme, et particulièrement l'importance des effets de réseau croisés et des effets de réseau indirects (voir chapitre 1).

Dès lors, découle de ce premier niveau de décision stratégique des décisions de second ordre. La question du degré d'ouverture de la plateforme est une des conditions essentielles de sa survie. Il importe à chaque plateforme d'identifier son degré optimal d'ouverture. Les travaux de Shapiro et Varian (1999), et ceux de Van Alstyne (2016) fournissent des recommandations utiles en la matière, puisqu'ils démontrent l'existence d'un seuil optimal d'ouverture. Il importe pour les décideurs stratégiques d'identifier les leviers de cette ouverture, autrement dit de définir quels sont les éléments de la plateforme qu'il faut ouvrir (base de clients, données, processus, fonctions, systèmes d'information, etc.). À cet égard, l'architecture du sous-système numérique est essentielle et constitue une dimension totalement stratégique.

Dans cette perspective, la gestion des frontières de la plateforme et des différents acteurs au sein de la plateforme relève également du niveau stratégique, car elle répond à la question qui a le droit d'agir et selon quelles modalités. Définir qui est fournisseur de service selon quelles modalités grâce à quelles fonctions de la plateforme est un enjeu essentiel. Cet enjeu d'ingénierie des transactions et des échanges a également des conséquences sur le degré de coopétition auquel la plateforme fait face et qu'elle est prête à soutenir pour exister. Ces décisions conduiront donc à définir le niveau de concurrence interne et externe de la plateforme, ainsi que celui qui existera entre les membres de la plateforme.

La mise en œuvre de boucles de rétroaction afin de garantir la dynamique de la plateforme et son évolution est également une décision stratégique importante, sinon décisive pour sa régulation. Elle se traduit par l'existence de mécanismes d'évaluation sur toutes les faces du modèle, afin de fournir aux acteurs de la plateforme une information en temps réel sur leurs performances et de leur offrir la possibilité d'ajuster leur offre et leurs comportements.

Contrairement au modèle classique d'entreprise qui considère nécessaire de rendre inimitables des ressources et des compétences, la décision stratégique concernant les ressources et les compétences clés est, dans le cas de la plateforme, de comment les faire venir dans la plateforme et les rendre contributives au système. Dans cette perspective, il faut comprendre les fonctions stratégiques d'une plateforme selon une nouvelle « chaîne de valeur ».

La « chaîne de valeur » d'une plateforme

La chaîne de valeur est une représentation ancienne, mais très répandue en management, pour décrire la construction de la valeur dans le cas d'une entreprise, en assemblant différentes fonctions (primaires et secondaires) qui, articulées différemment, modifient la valeur produite et perçue par le client.

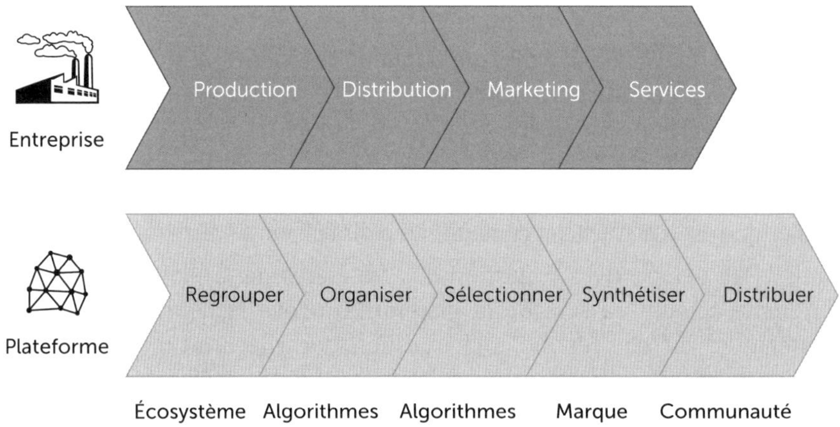

FIGURE 5.10. Les fonctions stratégiques dans le cas d'une plateforme *versus* celles d'une entreprise

Dans le cas d'une plateforme, cet enchaînement qui crée de la valeur, comme le *Platform Design Toolkit* en donne une représentation, peut également se comprendre par un enchaînement de décisions stratégiques qui sont représentées sur la figure 5.10 dans la seconde chaîne de valeur.

Gérer une plateforme consiste à rassembler un écosystème d'acteurs, lui proposer une organisation des transactions, identifier et sélectionner les meilleurs utilisateurs de la plateforme afin d'augmenter la valeur de la plateforme en leur offrant des services supplémentaires, de présenter cette coconstruction de la valeur par une marque capable d'attirer et renforcer les différents types d'utilisateurs, et de distribuer celle-ci auprès des communautés les plus susceptibles d'être intéressées par un tel moteur de transactions. Dans cette chaîne de valeur, les algorithmes occupent une place essentielle par leur capacité à organiser des millions de transactions (appariement, fixation du prix, évaluation, détection d'acteurs frauduleux) et à identifier les meilleurs utilisateurs parmi des millions d'entre eux, grâce à des traitements automatisés de données. Cela est particulièrement vrai dans les modèles de place de marché dans lesquels l'appariement et la tarification sont gérés directement et exclusivement par des algorithmes propriétaires de la plateforme.

Stratégie d'amorçage et stratégie de développement

D'aucuns considèrent la phase de lancement d'une plateforme comme une phase critique de son existence. Si c'est vrai pour n'importe quelle entreprise, cette phase est effectivement des plus délicates concernant les modèles de plateformes. En effet, le déclenchement des effets de réseau directs et des effets de réseau croisés nécessite d'atteindre rapidement le seuil critique qui accélérera l'attraction des utilisateurs et rendra la compétition beaucoup difficile pour les concurrents avec moins d'utilisateurs (voir chapitre 1).

Dans cette perspective, la tarification joue un rôle essentiel. Cependant, la tarification à elle seule n'est pas suffisante, notamment pour déclencher les effets de réseau croisés, en particulier dans les modèles de place de marché dans lesquels ils jouent un rôle déterminant. Dans ces modèles, la question du démarrage est toujours posée selon la métaphore de la poule et de l'œuf (*chicken and egg problem*). En effet, pour qu'ils se déclenchent, il faudrait qu'il y ait un nombre suffisant d'utilisateurs sur les deux faces du modèle (dans le cas d'une plateforme de covoiturage des chauffeurs et des voyageurs). S'il n'y a pas de chauffeurs sur une plateforme de covoiturage, aucun utilisateur ne poursuivra son utilisation. De l'autre côté, s'il n'y a pas de demande de trajets, les chauffeurs migreront vers une autre plateforme.

Dans la pratique, ce problème se résout aisément en identifiant la face du modèle qui correspond à l'offre (locations, chauffeurs, vendeurs, contenus, applications, etc.). Afin d'amorcer le modèle, la stratégie de lancement consiste à subventionner cette face de l'offre pendant une période donnée. Cela nécessite de rassembler les capitaux nécessaires pour que la plateforme puisse survivre suffisamment longtemps en termes de trésorerie durant cette période. Le subventionnement de cette phase de démarrage peut se manifester par le financement du développement d'applications, du financement d'exclusivités (dans les modèles de contenus), ou plus simplement par la rémunération directe des offreurs.

Toute plateforme est confrontée dans son développement à la croissance du nombre des transactions qu'elle peut générer. C'est la question de la générativité (voir chapitre 3). Dans cette perspective, il est intéressant de considérer que nombre de plateformes ont débuté avec un modèle transactionnel simple (eBay, LinkedIn, Amazon, etc.), comme la méthode du *Platform Design Toolkit* le suggère avec le *Minimum Viable Platform*

Canvas. Ces plateformes ont progressivement ajouté des fonctionnalités souvent payantes (la publicité pour les marques sur Amazon, les différents services pour les recruteurs sur LinkedIn), une fois leur base installée d'utilisateurs suffisamment développée et fidélisée (effet de verrouillage).

De fait, ces exemples sont illustratifs d'une stratégie générique que l'on peut qualifier d'*unbundling* et de *rebundling*. Cette stratégie consiste à identifier une industrie dans laquelle le client ne peut qu'acheter un regroupement de produits ou de prestations. Parmi ce package, la stratégie consiste à identifier la transaction centrale pour laquelle le client est prêt à payer et identifier les prestations ou produits secondaires que les offreurs lui imposent.

EXEMPLE

Dans l'industrie hôtelière, un client paie non seulement une nuitée, mais aussi le frigo et le fer à repasser dont très peu de clients se servent. **Airbnb** a clairement fait le choix de ne proposer que des nuitées et uniquement des nuitées dans sa phase de démarrage. Dans un second temps stratégique, Airbnb a développé des prestations complémentaires qui augmentent la valeur de la plateforme pour ses utilisateurs. Ainsi, les services de conciergerie (accueil, gestion des clés, du ménage, assistance, gestion déléguée) sont une première activité complémentaire à destination des hôtes. Airbnb a également introduit les «Expériences» qui consistent en des prestations à destination des locataires qui voyagent. Ce sont des activités touristiques qui sont proposées (de la cuisine, des cours de yoga, des visites personnalisées de ville, des activités récréatives, etc.). Au final, Airbnb devient une véritable agence de voyages gérant un écosystème grâce à une plateforme numérique qui permet aux utilisateurs de créer leurs voyages à la carte.

L'exemple de la stratégie d'Airbnb illustre parfaitement les stratégies de développement des modèles de plateformes. Leboncoin illustre également parfaitement cette stratégie qui consiste à n'offrir qu'une seule fonctionnalité (la mise en relation géolocalisée pour la vente de biens d'occasion), puis de l'étendre aux professionnels avec un modèle payant, puis d'étendre les fonctionnalités de la plateforme aux paiements et à la logistique.

Cette stratégie peut s'appréhender au travers du *Platform Experience Canvas* de la méthode du *Platform Design Toolkit*, dans la mesure où chaque fonctionnalité supplémentaire accroît les potentialités de la plateforme pour ses utilisateurs (quelle que soit la face de la plateforme considérée) et en augmente l'expérience qu'ils en retirent.

Le management opérationnel d'une plateforme

Au-delà des décisions stratégiques concernant la conception de la plateforme et son développement, gérer une plateforme s'ancre dans une gestion opérationnelle qui elle aussi diffère assez fortement de la gestion opérationnelle d'une entreprise classique. En premier lieu, la gestion de la liquidité de la plateforme est un enjeu quotidien pour nombre de plateformes. En second lieu, la gestion des opérations diffère fortement par le fait que, par essence, une plateforme est un écosystème composé de ressources internes et externes et que la mobilisation de ces dernières modifie profondément la logique de leur gestion opérationnelle.

Gérer la liquidité

Comme nous l'avons vu dans la première partie de ce chapitre, lorsque nous avons présenté les différents modèles de places de marché, la gestion de la liquidité est au cœur de ces modèles. C'est un enjeu opérationnel central. En effet, lorsqu'on utilise une application comme Uber, on s'attend à obtenir un chauffeur dans les cinq minutes.

De fait, dans tous les modèles de places de marché, la question de la liquidité relative, c'est-à-dire l'équilibre entre offre et demande, est une question centrale. Afin de gérer cet enjeu, une place de marché peut suivre le ratio de liquidité relative. Celui-ci se mesure en divisant les transactions par acheteur par les transactions par vendeur sur une période de temps donnée.

EXEMPLE

Un utilisateur de la place de marché **Uber** effectue en moyenne une course tous les huit jours. En revanche, un chauffeur effectue six courses par jour. Le ratio de liquidité relative dans ce cas est de 1/48. Cela signifie qu'il faut un chauffeur pour environ 50 clients pour équilibrer la plateforme.

Le ratio de liquidité relative explique pourquoi pour certaines places de marché, une face est plus importante que l'autre, et que souvent il s'agit de l'offre. Un chauffeur réalise plus de transactions, donc de revenus pour la place de marché, qu'un client.

Pour gérer la liquidité d'une place de marché, il est nécessaire de construire et de suivre des indicateurs spécifiques, afin d'assurer le bon fonctionnement de la plateforme. Le tableau 5.5 rassemble les principaux indicateurs de gestion de la liquidité.

TABLEAU 5.5. Indicateurs de la liquidité sur les places de marché

Indicateurs	Définition	Exemples
Taux de transformation (*Search to Fill*)	Pourcentage de recherche qui se conclut par une transaction	Nombre de requêtes sur Airbnb qui aboutissent à une réservation
Taux d'utilisation (*Supplier Utilization*)	Pourcentage d'offreurs qui réalisent x % des ventes	Pourcentage de vendeurs qui réalisent plus de 15000 € de vente par mois sur eBay
Vitesse (*Time to Fill*)	Vitesse d'exécution de la prestation	Temps d'attente du chauffeur sur Uber Délai de livraison sur Deliveroo
Ratio optimal de liquidité relative	Nombre de clients qu'un offreur peut satisfaire dans un temps donné	Nombre de transactions par acheteur/nombre de transactions par vendeur × période donnée

Source : adapté de Nine Point Capital, 2019.

Ces indicateurs doivent faciliter la gestion des inventaires (de produits, de maisons, de chauffeurs, de contenus) de la plateforme. En effet, augmenter indéfiniment l'inventaire n'a guère de sens (voir chapitre 2), car il ne facilite pas la recherche des offres pertinentes pour les utilisateurs et masque les offreurs efficaces. L'efficacité de la plateforme, et au final le volume de transactions qu'elle génère, dépendra donc de l'attention portée par la plateforme à ce sujet.

Gérer les opérations

La déclinaison fonctionnelle du management stratégique de la plateforme a moins de sens dans une approche systémique où les fonctions disparaissent progressivement au profit d'une vision transversale par processus, comme la chaîne de valeur de la plateforme le met en évidence.

Il est toutefois possible de raisonner de la sorte afin de mieux saisir les implications managériales qu'apporte la plateforme à la conception et à l'organisation des processus opérationnels. Le tableau 5.6 offre un récapitulatif de la transformation des fonctions ou de certains processus classiques de l'entreprise industrielle dans la gestion opérationnelle d'une plateforme.

TABLEAU 5.6. Gestion stratégique et opérationnelle dans l'entreprise et la plateforme

Domaine	Entreprise industrielle	Plateforme
Stratégie	Gestion des actionnaires	Gestion des parties prenantes
	Gestion de la croissance	Gestion des effets de réseau Développement des faces
	Business Development	Plug and play API/SDK
	Recherche et développement	Open Innovation Crowdsourcing
Gestion opérationnelle	Gestion des ressources humaines	Gestion des communautés
	Gestion des stocks	Gestion de la liquidité
	Gestion de la qualité	Curation et réputation
	Processus de décisions opérationnels	Algorithmes
	Business Process Optimization	Data science
Marketing	Marketing Push Outbound	Marketing Pull Inbound
	Canaux de vente	Parcours clients utilisateurs
	Programme de fidélité	Expérience utilisateur (UI & UX)
	Étude de marché	Personnalisation temps réel
	Sales Commission	Social feedback
Système d'information	ERP/CRM/SCM	IaaS/SaaS/PaaS/API/SDK

Source: adapté de Choudary, 2015.

Une des transformations majeures de la gestion opérationnelle d'une plateforme est la focalisation sur les ressources externes plutôt que sur les ressources internes. Cela découle du fait que la plateforme étant un système ouvert, elle doit pour se maintenir et se développer sans cesse convaincre les différents acteurs de s'impliquer dans ce système pour y effectuer et maintenir leurs échanges.

Dès lors, la gestion stratégique est moins focalisée sur la valeur créée pour les actionnaires que pour les partenaires. La gestion de la croissance est liée aux nombres d'utilisateurs de la plateforme et donc aux mécanismes qui en garantissent le développement. Toutes les actions qui augmenteront les effets de réseau (direct, indirects, croisés) augmenteront la valeur de la plateforme pour ses utilisateurs. À cet égard, l'ouverture de nouvelles faces grâce à des fonctionnalités nouvelles ouvre de nouvelles perspectives aux utilisateurs de la plateforme et donc des raisons de maintenir leur activité sur la plateforme.

En termes de gestion de la recherche et développement, une importante partie s'effectue au contact direct des usages qui se développent sur la plateforme grâce aux traces des interactions qui y prennent place, mais également grâce aux différents mécanismes d'innovation ouverte.

Un des enjeux clés dans la gestion opérationnelle d'une plateforme réside dans la liquidité de celle-ci entendue comme la disponibilité sur chacune des faces d'un nombre suffisant d'utilisateurs afin de rendre possible les échanges. C'est un élément décisif qui comporte de nombreuses dimensions dont la question de la tarification (comme l'algorithme Surge Pricing sur la plateforme Uber)

Autre modification substantielle dans la gestion opérationnelle, la gestion de la qualité qui est fondée sur les boucles de rétroaction médiatisée par plusieurs mécanismes d'évaluation des différents acteurs par les utilisateurs. Ces mécanismes occupent une place centrale dans le fonctionnement opérationnel de la plateforme, remplaçant les mécanismes classiques de gestion de la qualité.

L'ensemble des mécanismes classiques du marketing sont en conséquence largement transformés dans la mesure où la place et le rôle du client sont fondamentalement différents dans une telle organisation des échanges. Les évolutions du marketing digital sont là pour en témoigner. En effet, le client devient une ressource coproductrice des données et des services qui s'ajustent aux différents usages, parfois en temps réel.

Envisager la plateforme comme un système ouvert et dynamique ouvre de nouvelles perspectives d'analyse des stratégies de ces organisations et des dynamiques concurrentielles qu'elles contribuent à générer.

INDEX

F

G

I

J

K

L

M

N

O

P

R-S

T

U

V

W

Y-Z

BIBLIOGRAPHIE

Ressources utiles

Business Model Canvas
https://en.wikipedia.org/wiki/Business_Model_Canvas#/media/File:Business_Model_Canvas.png

Ecosystem Pie Model
https://ecosystempie.com

Plateform Design Toolkit
https://platformdesigntoolkit.com

Pipelines to platform (S. Choudary)
https://platformthinkinglabs.com

Chapitre 1

Castells M., *L'ère de l'information, Volume 1, La Société en réseaux*, Nouvelle Édition, Fayard, 2001, 601 p.

Church J., Gandal N., Krause D., « Indirect Network Effects and Adoption Externalities », *Review of Network Economics*, 7, n° 3, 2008.

Desrosières A., *La politique des grands nombres. Histoire de la raison statistique*, La Découverte, 2010, 462 p.

Easly D., Kleinberg J., « Networks, Crowds and Markets, Reasoning about a highly connected world », Cambridge University Press, 833 p.

Eisenmann T., Parker G., Van Alstyne M., « Strategies for two-sided markets », *Harvard Business Review*, 2006.

Evans D.S., Schmalensee R., *Matchmakers. The New Economics of Multi-sided Platforms*, Harvard Business Press, 2016, pp. 22-27.

Gawer A., Cusumano M., *Platform leadership: How Intel, Microsoft, and Cisco drive industry innovation*, Harvard Business School Press, 2002.

Gawer A., Cusumano M., « The elements of platform leadership », *MIT Sloan Management Review*, 2002.

Gawer A., Cusumano M., «How Companies become Platform Leaders», *MIT Sloan Management Review*, 2008.

Gawer A., *Platforms, Markets and Innovation*, Elgar, 2009.

Gillepsie T., *Custodians of the Internet. Platforms, Content Moderation, and the Hidden Decisions That Shape Social Media*, Yale University Press, 2018, 304 p.

Hagiu A., «Pricing and commitment by two-sided platforms», *The RAND Journal of Economics*, vol. 37(3), 2006, pp. 720-737.

Hoffman R., Yeh C., *Blitzscaling. The lightning-fast to building massively valuable companies*, Currency, 2018, 325 p.

Libert B., Beck M., Wind J., *The network imperative. How to survive and grow in the age of digital business models*, Harvard Business Press, 2016, 230 p.

Parker G., Van Alstyne M., «Two-Sided Network Effects: A Theory of Information Product Design», *Management Science*, 2005.

Parker G., Van Alstyne M., «Opening Platforms: How, When & Why», ch. 6 *in* Gawer A. (ed), *Platforms, Markets and Innovation*, 2009.

Shapiro C., Varian H., *Information Rules: A Strategic Guide to the Network Economy*, Harvard Business School Press, 1998.

Chapitre 2

Ackoff R., «From Data to Wisdom», *in Ackoff's Best*, John Wiley & Sons, New York, 1989, p. 170.

Bostrom N., *Superintelligence. Paths, Dangers, Strategies*, Oxford University Press, 2014, 415 p.

Chignard S., Benyayer L.D., *Datanomics : Les nouveaux business models des données*, éditions FYP, 2015.

Desalles J.L., *Des intelligences très artificielles*, Odile Jacob, 2019, 204 p.

Ganascia J.G., *Le Mythe de la Singularité. Faut-il craindre l'intelligence artificielle ?*, Seuil, 2017, 144 p.

Gandomi A., Haider M., «Beyond the hype: Big data concepts, methods, and Analytics», *International Journal of Information Management*, vol. 35, n° 2, 2015, pp. 137-144.

Gitelman L. (dir.), *Raw Data is an Oxymoron*, Cambridge, MIT Press, 2013.

Goodfellow Y., Bengio Y., Courville A., *L'apprentissage profond*, Massot, 2018, 800 p.

Graham T., «Platforms and hyper-choice on the World Wide Web», *Big Data & Society*, janvier-juin, 2018, pp. 1-12.

Isaac H., «La donnée, une marchandise comme les autres?», *Enjeux numériques*, n° 2, juin 2018, p. 20.

Isaac H., «La donnée numérique, bien public ou instrument de profit», *Pouvoirs*, n° 164, 2018, p. 75-86.

Julia L., *L'intelligence artificielle n'existe pas*, First, 2019, 287 p.

Kessous E., «L'économie de l'attention et le marketing des traces», texte présenté lors du colloque «Web social, communautés virtuelles et consommation», 79e congrès de l'ACFAS, 2011.

Lecun Y., *Quand la machine apprend: La révolution des neurones artificiels et de l'apprentissage profond*, Odile Jacob Science, 2019, 394 p.

McAfee A., Brynjolfsson E., Davenport T.H., Patil D.J., Barton D., «Big data. The management revolution», *Harvard Business Review*, vol. 90, n° 10, 2012, pp. 61-67.

Porter M.E., Heppelmann J.E., «How Smart, Connected Products Are Transforming Competition», *Harvard Business Review*, novembre 2014.

Renaissance numérique, «La valeur des données en agriculture», février 2018.

Renaissance numérique, «Tous acteurs des données. Appréhender les données pour mieux les valoriser», mai 2019, 97 p.

Chapitre 3

Autio E., Nambisan S., Thomas L., Wright M., «Digital affordances, spatial affordances, and the genesis of entrepreneurial ecosystems», *Strategic Entrepreneurship Journal*, vol. 12, n° 1, 2018, pp. 72-95.

Benzell S., Lagarda G., Van Alstyne M., «The Impact of APIs in Firm Performance», Boston University Questrom School of Business Research Paper n° 2843326, 2017.

Brandenburger A., Nalebuff B., *Co-opetition*, Doubleday, New York, 1996.

Chesbrough H.W., *Open Innovation: The New Imperative for Creating and Profiting from Technology*, Harvard Business Press, 2005.

Cusunamo A., Gawer A., Yoffie B.D., *The Business of Platforms: Strategy in the Age of Digital Competition, Innovation, and Power*, Harvard Business Press, 2019, 320 p.

Gawer A., Cusumano M., «Industry Platforms and Ecosystem Innovation», *Journal of Product Operation Management*, vol. 31, n° 3, 2014, pp. 417-433.

Ghazawneh A., Henfridsson O., «Balancing platform control and external contribution in third-party development: the boundary resources model», *Information Systems Journal*, vol. 23, n° 2, 2012, pp. 173-192.

Hein A., Weking J., Schreieck M., Wiesche M., Böhm M., Krcmar H., «Value Co-Creation Practices in Business-to-Business, Platform Ecosystems», *Electronic Markets*, vol. 29, n° 3, 2019, pp. 503-518.

Iyer B., Subramaniam M., *The Strategic Value of APIs*, hbr.org, 2015.

Kapoor R., «Ecosystems: Broadening the locus of value creation», *Journal of Organization Design*, vol. 7, n° 1, 2018, p. 12.

Moilanen J., Niinioja M., Seppänen M., *API Economy 101: Changes Your Business*, 2019, 258 p.

Parker G., Van Alstyne M., «Innovation, openness, and platform control», *Management Science*, vol. 64, n° 7, 2017, pp. 3015-3032.

Tiwana A., *Platform Ecosystems: Aligning Architecture, Governance and Strategy*, Waltham, MA, 2014.

Zittrain J., «The Generative Internet», *Harvard Law Review*, n° 119, 2006, pp. 1974-2040.

Chapitre 4

Bayus B.L., «Crowdsourcing New Product Ideas over Time: An Analysis of the Dell IdeaStorm Community», *Management Science*, vol. 59, n° 1, 2013, pp. 226-244.

Eiglier P., Langeard E., *Servuction: le marketing des services*, Paris Ediscience International, 1987.

Grönroos C., «Service logic revisited: who creates value? And who co-creates?», *European Business Review*, vol. 20, n° 4, 2008, pp. 298-314.

Joachim M., «L'orchestration des clients comme ressource», thèse en sciences de gestion, PSL-université Paris-Dauphine, 2019.

Lenka S., Parida V., Wincent J., *Digitalization Capabilities as Enablers of Value Co-Creation in Servitizing Firms*, Psychology & Marketing, vol. 34, n° 1, 2017, pp. 92-100.

Lovelock C.H., Young R.F., «Look to consumers to increase productivity», *Harvard Business Review*, 57, 1979, pp. 168-179.

Parsons T., «*How are clients integrated into service organizations?*», *in Organization and clients*, Merill, 1970, pp. 1-16.

Prahalad C.K., Ramaswamy V., *The Future of Competition: Co-Creating Unique Value With Customers*, Harvard Business Publishing, 2004, 320 p.

Shirky C., *Here Comes Everybody: The Power of Organizing Without Organizations*, Penguin Books, 2009, 352 p.

Slywotzky A., *Value Migration: How to Think Several Moves Ahead of the Competition*, Harvard Business Press, 1995.

Vandermerwe S., Rada J., «Servitization of Business: Adding value by Adding Services», *European Management Journal*, vol. 6, n° 4, 1988, pp. 314-324.

Vargo S.L., Lusch R.F., «Service-dominant logic: continuing the evolution», *Journal of the Academy of Marketing Science*, vol. 36, n° 1, 2008, pp. 1-10.

Vargo S.L., Lusch R.F., «From goods to service(s): Divergences and convergences of logics», *Industrial Marketing Management*, vol. 37, n° 3, 2008, pp. 254-259.

von Hippel E., *Democratizing Innovation*, MIT Press, 2006, 216 p.

Wenger E.C., Snyder W.M, «Communities of practice: The organizational frontier», *Harvard Business Review*, vol. 78, n° 1, 2000, pp. 139-146.

Chapiter 5

Cennamo C., Santalo J., «Generativity Tension and Value Creation in Platform Ecosystems», *Organization Science*, vol. 30, n° 3, 2019.

Eaton B., Elaluf-Calderwood S., Sorensen C., Yoo Y., «Dynamic structures of control and generativity in Digital Ecosystem Service Innovation: The Case of Apple and Google Mobile App Stores», Working Paper Series 183, Information Systems & Innovation Group, London School of Economics and Political Science, 2011.

Ert E., Fleischer A., Magen N., « Trust and Reputation in the Sharing Economy: the Role of Personal Photos in Airbnb », *in Advances in Consumer Research*, vol. 43, 2015, pp. 518-519.

Gawer A., Cusumano M., « How Companies become Platform Leaders », *MIT Sloan Management Review*, 2008.

Gawer A., *Platforms, Markets, and Innovation*, Elgar, 2009.

Gefen D., Straub D., « Consumer trust in B2C e-commerce and the importance of social presence: Experiments in e-products and e-services », *Omega*, 32, 6, 2004, pp. 407-424.

Ghazawneh A., Henfridsson O., « A Paradigmatic Analysis of Digital Application Marketplaces », *Journal of Information Technology*, vol. 30, n° 3, 2015, pp. 198-208.

Hagiu A., Wright J., « Platforms and the Exploration of New Products », *Management Science*, vol. 66, n° 4, 2020, pp. 1527-1543, doi:10.1287/mnsc.2018.3272.

Hogan B., « Social Media Giveth, Social Media Taketh Away: Facebook, Friendships, and APIs », *International Journal of Communication*, 2016.

Isckia T., De Reuver M., Lescop D., « Orchestrating platform ecosystems: the interplay of innovation and business development subsystems », *Journal of Innovation Economics & Management*, n° 32, 2020, pp. 197-223.

Juneja C., Rai R.S., Kothari H., « Logic of digital competition: A framework for impact of digital architecture on firm performance in software-based ecosystems », *7th International Conference on Cloud Computing, Data Science & Engineering – Confluence*, 2017.

Mazzella F., Sundararajan A., D'Espous V., Möhlmann M., « How digital trust powers the sharing economy », *IESE Insight*, Third Quarter, vol. 30, 2016, pp. 24-30.

Möhlmann M., « Sharing economy: Building trust in P2P online marketplaces », *New York Computer Science and Economics Day*, New York, 2016.

Moon J., Choi S., « Impact of mobile platform strategy on platform generativity and competition », *Academy of Strategic Management Journal*, vol. 15, n° 2, 2016, pp. 48-61.

Msiska B., Nielsen P., « Innovation in the fringes of software ecosystems: the role of socio-technical generativity », *Information Technology for Development*, vol. 24, n° 2, 2017.

Ngai Keung C., « The Rating Game: The Discipline of Uber's User-Generated Ratings », *Surveillance & Society*, vol. 17, n° 1/2, 2019, pp. 183-190.

Parker G., Van Alstyne M., « Opening Platforms: How, When & Why », ch. 6 *in* Gawer A. (ed), *Platforms, Markets and Innovation*, 2009.

Ratnasingham P., « The importance of trust in electronic commerce », *Internet Research*, 8, 4, 1998, pp. 313-321.

Stewart K.J., « Trust transfer on the world wide web », *Organization Science*, 14, 1, 2003, pp. 5-17.

Stone T.W., Alarcon J.-L., « Platform as a Service in Software Development: Key Success Factors », Proceedings of the Ninth International Conference on Engaged Management Scholarship, 2019.

Sundararajan A., *The Sharing Economy: The End of Employment and the Rise of Crowd-Based Capitalism*, MIT Press, 2017, 256 p.

Tadelis S., *The Economics of Reputation and Feedback Systems in E-Commerce Marketplaces*, 2016.

Utz S., Kerkhof P., van den Bos J., « Consumers rule: How consumer reviews influence perceived trustworthiness of online stores », *Electronic Commerce Research and Applications*, vol. 11, 2012, pp. 49-58.

REMERCIEMENTS

Cet ouvrage est issu d'un enseignement à l'Université Paris Dauphine au sein des masters Management et organisations et Systèmes d'information, réseaux et numérique, mais aussi de l'Executive MBA. Il est né d'un constat que nombre d'étudiants ne cernaient guère les contours exacts de la transformation numérique des organisations et que, trop souvent, ils reprenaient des idées circulant dans les médias sans jamais les questionner et les analyser en profondeur. Ce livre s'adresse donc en priorité à eux, mais également à tout manager désireux de comprendre les fondements économiques et managériaux de la transformation numérique pour les maîtriser et les mettre en œuvre. Il est également le fruit de nombreuses interactions avec les étudiants de ces masters qui, par leurs questions, remarques et critiques, ont contribué à la présentation de certains concepts ici abordés. Cet enseignement est aussi le fruit d'un travail d'équipe auquel plusieurs doctorants ont largement contribué. Je remercie tout particulièrement Aurélie Leclercq-Vanderlanoitte, Pierre Laniray, Guillaume Carton et Marie Joachim qui, grâce à leurs remarques, commentaires et enseignements, ont contribué à améliorer la présentation de certains concepts.

PEFC PEFC/30-32-821

Achevé d'imprimer en février 2021
par Wilco aux Pays-Bas
Dépôt légal: février 2021
N° éditeur MAGSI20191386